UTB

Eine Arbeitsgemeinschaft der Verlage

Böhlau Verlag · Wien · Köln · Weimar
Verlag Barbara Budrich · Opladen · Toronto
facultas.wuv · Wien
Wilhelm Fink · Paderborn
A. Francke Verlag · Tübingen
Haupt Verlag · Bern
Verlag Julius Klinkhardt · Bad Heilbrunn
Mohr Siebeck · Tübingen
Nomos Verlagsgesellschaft · Baden-Baden
Ernst Reinhardt Verlag · München · Basel
Ferdinand Schöningh · Paderborn
Eugen Ulmer Verlag · Stuttgart
UVK Verlagsgesellschaft · Konstanz, mit UVK / Lucius · München
Vandenhoeck & Ruprecht · Göttingen · Bristol
vdf Hochschulverlag AG an der ETH Zürich

StandardWissen Lehramt

Die Bände zur Didaktik des Deutschen werden herausgegeben von Jakob Ossner

Bislang sind erschienen in der Reihe:

Jakob Ossner: Sprachdidaktik Deutsch
Achim Barsch: Mediendidaktik Deutsch
Roland W. Wagner: Mündliche Kommunikation in der Schule
Ursula Bredel: Sprachbetrachtung und Grammatikunterricht
Gabriele Kniffka/Gesa Siebert-Ott: Deutsch als Zweitsprache
Peter Marx: Lese- und Rechtschreiberwerb
Christine Garbe/Karl Holle/Tatjana Jensch: Texte lesen
Gina Weinkauf/Gabriele von Glasenapp: Kinder- und Jugendliteratur
Jakob Ossner: Orthographie
Jakob Ossner/Heike Zinsmeister: Sprachwissenschaft für das Lehramt

Ergänzend:

Christine Garbe/Maik Philipp/Nele Ohlsen: Lesesozialisation. Arbeitsbuch

Martin Fix

Texte schreiben.

Schreibprozesse im Deutschunterricht

2. Auflage

Ferdinand Schöningh

Der Autor:

Martin Fix, Dr. paed. habil., ist Professor für deutsche Sprache und ihre Didaktik und Rektor an der Pädagogischen Hochschule Ludwigsburg. Nach dem Lehramtsstudium arbeitete er sechs Jahre als Hauptschullehrer. Nach Abschluss der Habilitation wurde er 2000 zum Professor berufen. Publikationen u. a.: die empirische Studie *Textrevisionen in der Schule* (2000). Neben dem Arbeitsbereich »Texte schreiben« sind weitere Schwerpunkte seiner Tätigkeit Rechtschreibunterricht, Leistungsbeurteilung im Deutschunterricht und Deutsch als Zweitsprache. Fix arbeitete auch an mehreren Schulbüchern mit und ist an der Entwicklung neuer deutschdidaktischer Konzeptionen für das Studium beteiligt.

Bibliografische Information Der Deutschen Nationalbibliothek
Die Deutsche Nationalbibliothek verzeichnet diese Publikation in der Deutschen Nationalbibliografie; detaillierte bibliografische Daten sind im Internet über http://dnb.d-nb.de abrufbar.

2. Auflage 2008

(Verlag Ferdinand Schöningh GmbH & Co. KG, Jühenplatz 1, D-33098 Paderborn)
Internet: www.schoeningh.de

Printed in Germany
Einbandgestaltung: Atelier Reichert, Stuttgart nach einem Entwurf von Alexandra Brand und Judith Karwelies
Layout: Alexandra Brand und Judith Karwelies

UTB-Band-Nr. 2809
ISBN 978-3-8252-2809-5

Vorwort zur Reihe

StandardWissen Lehramt – Studienbücher für die Praxis

Wie das gesamte Bildungswesen wird sich auch die künftige Lehramtsausbildung an Kompetenzen und Standards orientieren. Damit rückt die Frage in den Vordergrund, was Lehrkräfte wissen und können müssen, um ihre berufliche Praxis erfolgreich zu bewältigen. Das Spektrum reicht von fachlichen Fähigkeiten über Diagnosekompetenzen bis hin zu pädagogisch-psychologischem Wissen, um Lehren als Unterstützung zur Selbsthilfe und Lernen als eigenaktiven Prozess fassen zu können.

Kompetenzen werden nicht in einem Zug erworben; Lehrerbildung umfasst nicht nur das Studium an einer Hochschule, sondern ebenso das Referendariat und die Berufsphase. Die Reihe StandardWissen Lehramt bei UTB bietet daher Lehramtsstudierenden, Referendaren, Lehrern in der Berufseinstiegsphase und Fortbildungsteilnehmern jenes wissenschaftlich abgesicherte Know-How, das sie im Rahmen einer neu orientierten Ausbildung wie auch später in der Schule benötigen. Fachdidaktische und pädagogisch-psychologische Themen werden gleichermaßen in dieser Buchreihe vertreten sein – einer Basisbibliothek für alle Lehramtsstudierenden, Referendare, Lehrerinnen und Lehrer.

Inhaltsverzeichnis:

Vorwort

»Schreiben lernt man nur durch Schreiben!«

So lautet eine trivial klingende, aber durchaus zutreffende Maxime der Schreibdidaktik. Daraus lässt sich natürlich kein Konzept für den Unterricht im Verfassen von Texten ableiten. Denn schon in dieser einfachen Aussage steckt didaktischer Zündstoff: Es ist nicht klar, was sie für das professionelle Handeln von Lehrerinnen und Lehrer konkret bedeutet (wenn ich im Folgenden der Kürze wegen häufig nur von Lehrern, Schülern usw. schreiben werde, meine ich dennoch beide Geschlechter). Sollen Lehrer z.B. möglichst viele Schreibaufgaben stellen und eine möglichst zahlreiche Produktion von Texten einfordern? Oder ist es Erfolg versprechender, wenn sie den Schülern einen denkbar großen Freiraum für eigene Schreiberfahrungen schaffen – aber wie regen sie diese dann zum Schreiben an?

Meine Suche nach einer Antwort auf solche Fragen begann in der Praxis mit dem Berufseinstieg als Lehrer in einer Stuttgarter Hauptschule Ende der 1980er Jahre. Ausgestattet mit neuen Ideen aus dem Studium erlebte ich so manche Überraschung, was die Anwendung des Gelernten betraf. Zehn Jahre später – nun als Wissenschaftler – beschäftigte ich mich im Rahmen empirischer Untersuchungen mit dem schulischen Schreibprozess und musste erneut feststellen, dass es *den* einfachen Königsweg der Schreibdidaktik nicht gibt, sondern dass es vielmehr darum geht, einen Überblick über die Vielzahl miteinander verbundener Bedingungsfaktoren zu bekommen, die man durch Unterricht beeinflussen kann.

Diese Erfahrungen und Studien bilden die Basis des vorliegenden Buches. Einige Inhalte sind somit auch schon in anderen Publikationen vorgestellt worden (vgl. u.a. Fix 2000). Neu ist aber deren Aufbereitung in Form eines Lehrbuches mit vielen Beispielen und Aufgaben. Letztere werden die Leserinnen und Leser vielleicht nicht immer zufrieden stellen, weil es sich häufig um eher offene Fragestellungen handelt. Das liegt daran, dass jede Textproduktion eben ein Problem mit offenem Ausgang ist, das – anders als etwa eine Rechenaufgabe – oft keine eindeutigen Antworten möglich macht; in solchen Fällen finden sich aber Lösungsvorschläge im Lösungsteil des Buches.

Eine Beschreibung des Schreibenlernens, wie sie das vorliegende Buch versucht, zielt vor allem auf Adressaten im Umfeld des Lehrerberufs: Studierende sollen durch die Lektüre eine Grundlage für den Aufbau ihrer Lehrkompetenz im Bereich der Textproduktion bekommen; Lehrende, die sich über den Hintergrund ihrer Tätigkeit informieren möchten, sollen hier zentrale Informationen erhalten. Alle Kapitel können zu diesem Zweck auch unabhängig voneinander gelesen werden.

Danken möchte ich Studierenden und Kollegen verschiedener Seminare zum Thema »Schreibprozesse im Deutschunterricht«, die die eine oder andere Aufgabe schon erprobt haben, sowie den Schülern, deren Texte als Beispiele verwendet wurden.

Stuttgart und Ludwigsburg im August 2005 *Martin Fix*

Einleitung | 0

Schreibenkönnen, hier verstanden als Fähigkeit zur Produktion eigener Texte, ist eine zentrale Schlüsselkompetenz – gerade in der Medien- und Informationsgesellschaft. Das Schreiben von Texten kann die Kommunikation zwischen nicht gleichzeitig Anwesenden ermöglichen, Wissen speichern, Denkprozesse und Erkenntnisse entfalten, der Identitätsgewinnung dienen und vieles mehr.

Der vorliegende Band versucht, das fachdidaktische Grundlagenwissen darzustellen, das für die Arbeit mit Schülern im Bereich »Texte schreiben« erforderlich ist. Die zentrale Frage ist hierbei, wie die Fähigkeit, eigene Texte zu produzieren, durch Unterricht generiert und gefördert werden kann. Es geht somit weniger um die sprachliche Oberfläche des Textes, also die Ebene der Schrift oder der Orthografie (für diese Bereiche gibt es eigene Bände), sondern um die konzeptionelle Ebene: Ein Text wird erzeugt, in der Regel in einen Handlungszusammenhang integriert.

Aufsatzunterricht

Bewusst wird im Titel nicht von Aufsatzunterricht gesprochen. Mit diesem Begriff könnte man eine Vorstellung von Schreibenlernen assoziieren, nach der formale und stilistische Vorgaben den Mittelpunkt des Unterrichts bilden. Die neuere Schreibdidaktik fragt dagegen nach den Funktionen des Schreibens im realen sprachlichen Handeln und der Unterstützung verschiedener Teilaspekte des komplexen Schreibprozesses. Sie untersucht Schreiblehr- und lernvorgänge anhand empirischer Methoden unter Einbezug von Erkenntnissen aus benachbarten Disziplinen, z.B. der Schreibprozess- und Schreibentwicklungsforschung, der Textlinguistik, der Kognitionspsychologie oder der Kommunikationswissenschaft. Im vorliegenden Band werden diese Forschungshintergründe einbezogen und schreibdidaktische Konzeptionen und Methoden behandelt.

Schreibdidaktik

Bei einer Darstellung des schulischen Schreibens sind nicht nur eine Subjektperspektive und eine Sachperspektive, sondern auch eine institutionelle Perspektive zu bedenken:

Subjektperspektive

- Die Subjektperspektive stellt den schreibenden Schüler in den Mittelpunkt und fragt nach dessen Voraussetzungen, Interessen und Kompetenzen.

Sachperspektive

- Aus der Sachperspektive heraus werden die sprachlichen Gegenstände und deren linguistische Hintergründe genauer beleuchtet.

Institutionelle Perspektive

– Die institutionelle Perspektive repräsentiert die Sichtweise des Lehrers und die schulischen Vorgaben. Ihr Steuerungsinstrument sind die Schreibaufgaben, mit denen die Schüler konfrontiert werden.

Alle drei Seiten dieses Modells, das an das so genannte »didaktische Dreieck« (Schüler-Sache-Lehrer) angelehnt ist, werden hier berücksichtigt. Die isolierte Darstellung in der folgenden Grafik soll jedoch nicht verdecken, dass die Perspektiven im Idealfall identisch sein können, wenn etwa eine Schreibaufgabe sich sowohl mit den Interessen und Fähigkeiten des Schülers als auch mit den institutionellen Erwartungen deckt:

Die drei Perspektiven sind gleichermaßen entscheidend für den Erfolg oder Misserfolg schulischen Schreibens: Berücksichtigt eine Lehrkraft nicht die kognitiven und motivationalen Bedingungen ihrer Schüler, also die subjektbezogene Perspektive, kann es z.B. zu einer Überforderung kommen, die wiederum Disziplinschwierigkeiten nach sich zieht. Fehlt es an einer grundlegenden Sachanalyse, passen möglicherweise die gewählten Methoden und Übungen nicht zum Gegenstand oder es werden etwa Textnormen vermittelt, die kommunikativ gar nicht funktional sind (z.B. wenn der Zwang zur Variation des Satzanfangs, der bei Erzählungen Sinn machen mag, auch bei einem Anleitungstext verlangt wird, wo er die Verständlichkeit erschweren kann). Ebenso liegt – nicht erst seit der PISA-Studie – auf der Hand, dass der Unterricht an den bildungspolitischen Diskurs und die aktuelle didaktische Diskussion angebunden sein muss.

In der Gliederung des Bandes tauchen die drei Sichtweisen explizit in Form der Teile 1-3 auf, sie sind aber in allen Kapiteln implizit und quer zu den Teilen enthalten.
Teil 1 stellt die Subjektperspektive in den Mittelpunkt:

- Zunächst geht es in Kapitel 1.1 um den Kompetenzbegriff, also die Frage, was ein Schreiber können muss, wenn er erfolgreich einen Text produzieren will; dies wird anhand eines Selbstversuchs über Fragen erarbeitet, die beim Verfassen eines Textes zu beantworten sind, wodurch der Begriff der Schreibkompetenz in Teilkompetenzen aufgefächert wird. Anschließend skizziert
- Kapitel 1.2 die kognitive Handlung des Schreibens genauer. Ausgehend von einem Standardmodell des Schreibprozesses als einem zielorientierten Problemlösen, das die Subprozesse Planen – Formulieren – Revidieren unterscheidet, werden auch kritische Einwände vorgestellt und die Grenzen dieser schematisierenden Expertenmodelle im Hinblick auf Lernende diskutiert.
- Kapitel 1.3 greift die Schreibentwicklung auf und geht auf Stufenmodelle des Erwerbs von Textproduktionskompetenz ein. Interessant ist dabei die Frage, ob sich aus der Schreibentwicklung überhaupt curriculare Abfolgen von Schreibaufgaben ableiten lassen (etwa ein Stufenmodell vom Erzählen bis zum Argumentieren).

Teil 2 rückt die Produktseite ins Zentrum und beleuchtet textlinguistisches Hintergrundwissen aus funktionaler Perspektive:

- In 2.1 geht es um die Frage, was konzeptionelle Schriftlichkeit im Unterschied zur Mündlichkeit bedeutet. Außerdem soll geklärt werden, was überhaupt ein Text ist: Sowohl unter pragmatischen Aspekten (Situationalität und Funktionalität) als auch unter dem Aspekt der Kohärenz, die unter einem thematischen, strukturellen und grammatischen Blickwinkel betrachtet werden kann.

- In 2.3 werden die Charakteristika der schulischen Textmuster Erzählen, Berichten, Beschreiben, Erörtern in einem Überblick vorgestellt.

Auf der Folie des bisher Gezeigten kann nun in Teil 3 die Perspektive der Institution Schule gewählt werden.

- Kapitel 3.1 beginnt mit einem kurzen historischen Rückblick und erläutert dann aktuelle Konzeptionen einer Didaktik des Textschreibens, die die traditionelle Aufsatzerziehung abzulösen versuchen: ein kreativer, ein prozessorientierter und ein integrativer Ansatz.
- Diese Überlegungen münden in Kapitel 3.2, in dem Fragen der Unterrichtsplanung thematisiert und Planungshilfen für schreibdidaktische Unterrichtseinheiten vorgestellt werden.
- Die beiden folgenden Kapitel sollen anhand praktischer Beispiele die Planung von Unterricht auf der methodischen Ebene konkretisieren. Kapitel 3.3 stellt Methoden vor, mit denen – je nach didaktischem Ansatz – auf unterschiedliche Weise schulisches Schreiben ausgelöst werden kann.
- Kapitel 3.4 skizziert Methoden für den weiteren Verlauf des Schreibprozesses vom Entwurf bis zum Endprodukt. Dabei liegt der Schwerpunkt auf der Unterstützung des Formulierens und Revidierens.
- Am Ende des Prozesses liegen Produkte vor. Kapitel 3.5 thematisiert die lernerorienterte Analyse von Schülertexten und den Sonderfall der Bewertung.

Teil 4 greift Fragen der Schreibdidaktik im Kontext des Studiums auf. Hier geht es eher um Ratschläge für eigene Studien, weshalb es keine Arbeitsaufgaben mehr gibt.

- Kapitel 4.1 stellt in einem knappen Überblick einige Forschungsmethoden und Überlegungen für das Planen einer schreibdidaktischen Untersuchung zusammen,
- Kapitel 4.2 geht auf Besonderheiten des Schreibens im Studium ein.

Den Schluss des Bandes bilden die Antworten zu den Arbeitsaufgaben aus Teil 1-3, die aber aufgrund der Offenheit didaktischer Fragestellungen häufig nur als ein Angebot für eine mögliche Lösung unter mehreren verstanden werden können.

Arbeitsaufgabe zum »Einstieg«:

1. Untersuchen Sie den folgenden Schülertext der 15-jährigen Barbara und stellen Sie Vermutungen dazu an, an welchen Stellen des Textes stärker die Subjektperspektive, die Sachperspektive oder die institutionelle Perspektive dominiert:
   - Wo zeigen sich eher Barbaras persönliche Schreibmotive?
   - Wo schreibt sie mehr sachorientiert?
   - Woran wird deutlich, dass sie sich an einem Muster orientiert, das vermutlich von der Schule erwartet wird, obwohl es sich um ein von Vorgaben freies Schreiben handelt?

Beispiel

Cliquen
Die meisten Jugendlichen unserer Zeit bewegen sich in einem mehr oder weniger festen Freundeskreis. Diese ganz unterschiedlich großen Gruppen werden Cliquen genannt. Sie können wie in meinem Fall sehr wichtig für die Jugendlichen sein. Als meine Eltern sich scheiden ließen, hat mir meine Clique den Halt gegeben, den ich verloren hatte. Es ist wirklich ein schönes Gefühl mit seinen Freunden zusammenzusitzen, ganz gleich wie alt oder hübsch.
Wenn man allerdings in die falschen Kreise gerät und den falschen Leuten vertraut, kann es auch sehr gefährlich werden. Viele Jugendliche lassen sich von ihren »Freunden« zu illegalen oder riskanten Dingen verführen, wie z. B. Stehlen, Drogenmissbrauch u. ä. Man sollte sich immer sehr sicher sein, wer seine richtigen Freunde sind.
In einer richtigen Clique mit wahren Freunden würde keiner versuchen, einen anderen zu irgendetwas zu überreden oder sogar zu zwingen. Richtige Freunde akzeptieren jede Einstellung. Wer sich ihrer Freundschaft sicher ist, kann von seiner Clique auf jeden Fall profitieren, denn eine gute Clique geht durch Dick & Dünn!

Subjektperspektive: Der Schreiber | 1

1.1 Schreibkompetenz

1.1.1 Verschiedene Kompetenz- und Wissensbegriffe

Um herauszufinden, was Schreibkompetenz bedeutet, beginnen wir die Suche zunächst mit einer allgemeinen Definition und nähern uns dabei von verschiedenen Seiten an:

Kompetenz

»competere« steht im Lateinischen für »zu etwas fähig sein«. Kompetenzen sind also Fähigkeiten, die Personen benötigen, um bestimmte Anforderungen erfüllen zu können.

Kompetenz – Performanz

So wird in der Linguistik in Anlehnung an den amerikanischen Sprachwissenschaftler Chomsky unter Sprachkompetenz ein grundlegendes, im Kopf des Sprachbenutzers vorhandenes Regelsystem verstanden, das die konkrete Sprachverwendung, Performanz genannt, erzeugen kann. Diese Transformation hängt auch von den Situationen ab, in der sich die Kommunikation abspielt.

Schreibkompetenz als kommunikative Kompetenz

Ein erweiterter Begriff von »kommunikativer Kompetenz« schließt somit die Fähigkeit ein, sich intentions- und partnerangemessen zu verständigen – auch im Fall der schriftlichen Kommunikation.

Sprachkompetenz umfasst also sowohl systembezogene (z.B. Grammatikregeln) als auch handlungsbezogene Aspekte (z.B. »Wie überzeuge ich jemanden?«). Dem entsprechen die beiden Zweige der Linguistik, die sich auch auf zwei übergeordnete Kompetenzbereiche übertragen lassen:

grammatische und pragmatische Kompetenz

Grammatische Kompetenz	Pragmatische Kompetenz
Ein Schreibziel kann nur realisiert werden, wenn entsprechende sprachliche Mittel als Werkzeuge zur Verfügung stehen: von der Textebene (z.B. Verknüpfungsmittel) über die Satz- und Wortebene bis hin zur sprachsystematischen Richtigkeit und zur korrekten Orthografie.	Die intendierte Wirkung eines Textes kann nur erreicht werden, wenn der Sprachhandlungszusammenhang berücksichtigt wird. Dazu gehört die Bildung einer Vorstellung über das Schreibziel und über die Rezipienten des Textes (Leser-Bewusstheit oder Adressatenorientierung).

Die traditionelle Rhetorik hat für diese beiden Aspekte die Bezeichnungen »ars recte dicendi« (die Kunst, es richtig zu sagen) und »ars bene dicendi« (die Kunst, es gut = passend zu sagen) gefunden. Bei dieser Zweiteilung in Sprachwissen und Handlungswissen fehlt allerdings die inhaltliche Komponente, die als Weltwissen oder enzyklopädisches Wissen zu ergänzen wäre (vgl. Müller 1997: 21).

Sprachwissen und Handlungswissen

In der Psychologe wird heute in Bezug auf die Definition von Kompetenz besonders der Problemlöseaspekt hervorgehoben: Nach Weinert umfassen Kompetenzen »die bei Individuen verfügbaren oder durch sie erlernbaren kognitiven Fähigkeiten und Fertigkeiten, um bestimmte Probleme zu lösen, sowie die damit verbundenen motivationalen, volitionalen und sozialen Bereitschaften und Fähigkeiten, um die Problemlösungen in variablen Situationen erfolgreich und verantwortungsvoll nutzen zu können (Weinert 2001: 27.f.). Damit gehören zu den Kompetenzen nicht nur die kognitiven (Denk-)Fähigkeiten an sich, sondern z.B. auch Motivation und Wille (volitionale Faktoren). Das trifft sicherlich auch auf die Schreibkompetenz zu, denn die Fähigkeit zur erfolgreichen Textproduktion erfordert genau diese Koordination von kognitiven, sprachlichen, emotionalen, sozialen (auf Leser bezogenen) bis hin zu motorischen (die Fertigkeit des Aufschreibens betreffenden) Teilkompetenzen (vgl. Sieber 2003: 209). Allerdings hilft diese Definition nur weiter, wenn sie für die konkreten Schreibaufgaben näher spezifiziert wird, denn die Anforderungen beim Schreiben können sehr variabel sein (dazu folgen Ausführungen in späteren Kapiteln).

Schreibkompetenz als Problemlösekompetenz

Auch die folgende Darstellung von vier Wissensarten (vgl. Ossner 1994: 15) ist an psychologischen Erkenntnissen orientiert. Sie beschränkt sich nicht auf das Problemlösungswissen, sondern greift auch auf die Unterscheidung zwischen einem deklarativen und einem prozeduralen Gedächtnis zurück (vgl. Zimbardo 1999: 235). Das prozedurale Gedächtnis speichert Vorgänge, die man unbewusst tun kann und über die man sich keine Gedanken mehr machen muss, weil sie inzwischen automatisiert sind. Das deklarative Gedächtnis dagegen merkt sich Fakten oder Ereignisse. Hinzu kommt neben dem bereits erwähnten Problemlösewissen das metakognitive Wissen, also das Nachdenken über das eigene Denken, das beispielsweise für das Überarbeiten des eigenen Textes eine wichtige Unterstützung bietet:

deklaratives, prozedurales, Problemösungs-, metakognitives Wissen

Deklaratives Wissen	Prozedurales Wissen	Problem-lösungswissen	Metakognitives Wissen
Wissen über Sachverhalte	Wissen, das psychomotorischen und kognitiven Fertigkeiten zugrunde liegt	Wissen über Strategien zur Bewältigung von Problemsituationen	Wissen, das die Reflexion über das eigene Wissen und über die eigenen Handlungen steuert
z.B. Kennen von Merkmalen einer Erörterung, enzyklopädisches Wissen über ein Thema	z.B. Operationen beim Schreiben	z.B. durch Nachschlagen eine Formulierung finden	z.B. seine Vorgehensweise bei der Textproduktion reflektieren

Prozedurales Wissen entlastet den Schreibenden: Er beherrscht Schreiboperationen oder hat diese sogar automatisiert, ohne dass sie ihm im Moment des Schreibens bewusst sind. Ein geübter Erzähler kann gut erzählen, auch wenn er auf Anhieb die Merkmale der Erzählung nicht verbalisieren kann. Deklaratives Wissen über solche Merkmale kann auf dem Weg zum Aufbau prozeduralen Wissens wichtig sein, es muss beim Schreiben jedoch nicht explizit verfügbar sein; dagegen ist deklaratives Wissen über die Inhalte dessen, was man schreibt, unverzichtbar.

Eine andere Auffächerung des Kompetenzbegriffs versucht die folgende Definition, die in schulpädagogischen Kontexten häufig zu finden ist. Der dahinter stehende Lernbegriff richtet sich gegen die Dominanz der Sachorientierung des traditionellen Unterrichts, die durch Erweiterung um drei Aspekte aufgebrochen werden soll (vgl. z.B. Klippert 1994: 31, Baurmann 2002: 13f.). Die folgende Tabelle konkretisiert den Bezug zum Schreiben an jeweils einem Beispiel:

Sachkompetenz	Methodenkompetenz	Sozialkompetenz	Personalkompetenz
inhaltlich-fachlich	methodisch-strategisch	sozial-kommunikativ	personal
z.B. Wissen über Textsorten oder stilistische Standards anwenden	z.B. exzerpieren, nachschlagen, strukturieren, organisieren	z.B. einen Leser antizipieren, über Formulierungen diskutieren	z.B. sich ein Schreibziel setzen, seine Fähigkeiten einschätzen

Sach-, Methoden-, Sozial-, Personalkompetenz

Von den vier Teilkompetenzen ist für die Schreibdidaktik vor allem das Zusammenspiel von Sach- und Methodenkompetenz bedeutsam; Sachwissen, z.B. über Textsorten, steht nicht isoliert, sondern wird mit arbeitstechnischen Wissen verknüpft.

Wenngleich die beiden Tabellen unterschiedliche Begriffe thematisieren – einmal geht es um Wissen, einmal um Kompetenzen – ist ein Vergleich in Bezug auf die Eignung für die Darstellung der Schreibkompetenz bedingt möglich.

- Deklaratives Wissen bildet die Basis der Sachkompetenz, hier entsprechen sich die Darstellungen 1:1.
- Sowohl prozedurales Wissen als auch Problemlösungswissen kann man als Bestandteile der Methodenkompetenz verstehen. Diese Auffächerung der Methodenkompetenz in zwei Wissenskomponenten ist gerade für die Erklärung des Schreibens hilfreich, bei dem prozedurale Anteile eine wichtige Rolle in spielen.
- Sozial- und Personalkompetenz sind Kategorien, die näher am Subjekt liegen und sich von dem Gegenstand »Textproduktion« weiter entfernen. Soweit sie sich auf die Sache beziehen, können sie auch als Bestandteile des deklarativen und metakognitiven Wissens beschrieben werden: Leserbewusstheit setzt sowohl die deklarative Kenntnis von Lesekontexten als auch metakognitive Reflexionen voraus, da man seinen Text aus einer distanzierten Perspektive betrachten muss. Dagegen sind personale und soziale Kompetenzen wie Selbstvertrauen oder Empathie nicht Gegenstand des Lehr-Lern-Prozesses im engeren Sinne, weshalb sie sich weniger für die didaktische Modellierung eignen.

Fachkompetenz als *spezifische* »Wissen-Fähigkeiten-Kombination«

Bis hierhin können wir festhalten: Ein allgemeiner Kompetenzbegriff ist, wie die Beispiele zeigen, noch nicht ausreichend. Fingerhut definiert Fachkompetenz als *spezifische* »Wissen-Fähigkeiten-Kombination, die sich bei Evaluationen als die Indikatoren der geforderten Qualifikation zeigen« (vgl. Fingerhut 2002: 100). Die Genese von Kompetenz für einen bestimmten Gegenstandsbereich muss somit von der Fachdidaktik konkret auf die im Unterricht erwerbbaren sprachlichen Gegenstände bezogen werden, zum Beispiel auf unterschiedliche Schreibfunktionen und Textsorten. Diese Klarstellung ist umso wichtiger, je mehr in der Bildungspolitik mit zentralen Bildungsstandards operiert wird. Wenn Lehrkräfte bei der Suche nach so genannten »Niveaukonkretisierungen« (z.B. für Diagnosearbeiten) nicht auf fachdidaktische Präzisierungen zurückgreifen können, kann es zu eklatanten Missverständnissen des Kompetenzmodells kommen. Sie greifen dann auf althergebrachte Prüfmerkmale zurück und tragen so zur Konservierung traditioneller Schulnormen bei. Nicht zuletzt auch deshalb wird im vorliegenden Band der Begriff »Schreibkompetenz« dem Begriff »Textkompetenz« vorgezogen, weil er die Prozesshaftigkeit stärker in den Vordergrund stellt als das entstehende Produkt »Text«.

1.1.2 Annäherung an eine Definition von »Schreibkompetenz«

Die Wissen-Fähigkeiten-Kombinationen, die zur Produktion eines Textes erforderlich sind, sind nicht alle gleichermaßen empirisch erforscht. Es liegen nur über einzelne Teilkompetenzen, z.B. das Überarbeiten, aufgabenspezifische Studien vor. Die Befunde weisen aber insgesamt in die Richtung, dass die im Prozess erforderlichen Kompetenzen nicht isoliert von der Funktion des Schreibens, von den situativen Bedingungen aus dem Umfeld des Schreibprozesses und vom jeweiligen Textmuster gesehen werden können.

Dies soll im Folgenden an der Beschreibung eines Experiments entwickelt werden, das in der Erwachsenenbildung mehrfach erprobt wurde. Sie können es selbst durchführen, wenn Sie über Arbeitspartner verfügen. Als einzelner Leser lässt sich das Beispiel aber auch nur gedanklich mitverfolgen.

Beispiel

Das Experiment »Papierflieger«

- *Jeder Proband faltet einen Papierflieger nach seinen eigenen Vorstellungen, testet die Flugfähigkeit, optimiert das Objekt, bis er damit zufrieden ist.*
- *Anschließend sucht er sich etwa drei weitere Personen. Die Gruppe wählt einen Flieger für die Textproduktionsaufgabe aus: Es soll eine Faltanleitung erstellt werden.*
- *Dabei wird folgende Arbeitsteilung festgelegt: Zwei bis drei Gruppenmitglieder sind die Autoren, die etwa 10 Minuten für die Anleitung Zeit bekommen. Sie sollen sich dabei auf Formulierungen einigen. Ein bis zwei andere Gruppenmitglieder sind Schreibprozessbeobachter, die das »Ringen« um Formulierungen protokollieren: Stichworte zu Vorgehen, Problemen, erwogenen Alternativen und Entscheidungen der Autoren.*
- *In einem abschließenden Gruppengespräch werden die Einzelkompetenzen analysiert, über die der Autor eines Anleitungstextes verfügen sollte.*

Vor dem Experiment werden den Teilnehmern bewusst keine Hilfen oder engere Vorgaben gegeben, um Imitationseffekten vorzubeugen; auch zum pragmatischen Aspekt gibt es keine Angaben (Schreibfunktion, Adressat). So sind die Probanden gezwungen, sich eine Vorstellung von ihrem Zielobjekt und potenziellen Lesern zu bilden und daraus dann eine Vorstellung von einem Anleitungstext zu entwickeln; sie müssen z.B. im Prozessverlauf selbst festlegen, wie voraussetzungsreich ihr Text sein darf, ob es ein diskontinuierlicher Text sein soll, der mit Zeichnungen durchsetzt ist (bei der Durchführung kamen viele Teilnehmer gar nicht auf diese Idee, weil sie dachten, das »dürften« sie nicht – eine typische Schülerreaktion?) usw. Durch die Verwendung einer Methode aus der Schreibforschung ist es zumindest in Ansätzen möglich, die dabei ablaufenden kognitiven Prozesse mitzuverfolgen: Die Dialogsituation erfordert »lautes Denken«, das die Beobachter zu einem »Textherstellungstext« weiterverarbeiten können.

In Auswertungen dieses Experiments kristallisieren sich einige Probleme heraus, die ein Schreiber bewältigen muss. Die zu vollziehenden gedanklichen Operationen sind im Grunde Ant-

Lasswellsche Formel

worten auf Fragen, wie sie der amerikanische Kommunikationsforscher Harold Lasswell bereits in den 1930er Jahren entwickelte: »Who says what to whom through which channel with which effect?«

Diese Formel kann man für das Textschreiben etwas modifizieren und kommt so zu folgenden Aspekten der Schreibkompetenz:

- Selbsteinschätzung (wer),
- Schreibanlass (warum)
- Zielbestimmung (wozu),
- Adressateneinschätzung (für wen),
- Textgegenstand (was)
- konkrete sprachliche Mittel (auf welche Weise).

Die Frage nach der Wirkung kann im Fall der schriftlichen Kommunikation dagegen nicht unmittelbar geklärt werden.

Konzeptionswissen, Realisierungswissen und Routinewissen

Parallelen gibt es auch zu den Fragen, die Feilke und Augst in Anlehnung an Leontjews Wissensorganisation stellen (»Wozu-Wissen, Was-Wissen und Wie-Wissen«), die sich in den drei Kategorien Konzeptionswissen, Realisierungswissen und Routinewissen fassen lassen (vgl. Feilke und Augst 1989: 301).

Rekursivität

Interdependenz

Während diese drei Kategorien jedoch von einer hierarchischen Reihenfolge ausgehen, soll die folgende Darstellung verdeutlichen, dass es sich bei der Textproduktion um Operationen handelt, die

- rekursiv (zurückverweisend) und
- interdependent (voneinander gegenseitig abhängend) sind,

also nicht linear und Schritt für Schritt ablaufen müssen:

Inhaltliche Kompetenz, Zielsetzungskompetenz, Strukturierungskompetenz, Formulierungskompetenz

	Was schreibe ich? Inhaltliche Kompetenz	
Warum und für wen schreibe ich? Zielsetzungs-kompetenz	**Interdependente Fragen im Schreibprozess**	Wie formuliere und überarbeite ich? Formulierungs-kompetenz
	Wie baue ich den Text auf? Strukturierungs-kompetenz	

Zur Erläuterung:

Zu lösende Problemfragen	**Operationen im Schreibprozess**	**Am Beispiel »Papierflieger«:**
1. Warum und für wen schreibe ich?	• Schreibanlass erfassen, Weltwissen über die Situation aktivieren • Aufgabe dekodieren • Klären der Schreibfunktion und der Schreibmotivation • Setzen eines ersten Schreibziels • Ggf. Emotionen kanalisieren (z.B. Unlust unterdrücken) • Rezipient antizipieren und Angemessenheit an dessen Erwartungen bestimmen	• Bastelanleitung für einen Papierflieger schreiben • Jemand soll anhand der Anleitung das gleiche Objekt nachbauen können, der Vorgang soll also zeitlich geordnet nachvollziehbar dargestellt werden • Wen stelle ich mir konkret als Adressaten vor? • Welche sprachlichen, welche »basteltechnischen« Voraussetzungen hat dieser?

Schreibfunktion
Leserantizipation

Das Wissen über die *Schreibfunktion* und die Fähigkeit zur *Leserantizipation* liefern den Maßstab für sinnvolle Formulierungsentscheidungen. Die Schreibfunktion als intentionale Basis erkennen und in ein konkretes *Schreibziel* umsetzen zu können ist somit ein zentraler Aspekt von Schreibkompetenz.

Schreibziel

Man kann diesen pragmatischen Aspekt auch unter dem Stichwort »Handlungsplanung« fassen (vgl. Fritzsche 1994: 192). Er darf beim kommunikativen Schreiben für Leser nicht unter den Tisch fallen, was in der traditionellen Aufsatzdidaktik häufig geschah. Aus der Sprechakttheorie kann hierzu der Begriff der Illokution herangezogen werden, der mit dem Begriff der Schreibfunktion korrespondiert. Mit Illokution ist »das, was man tut, indem man spricht« gemeint ([hier: schreibt] (Bußmann 1990: 324), also der Handlungswert für den Rezipienten: z.B. unterhalten, aufrütteln, überzeugen, bitten, darstellen. Wenn dem Schreibenden die Funktion seines Tuns klar ist, kann er im Lauf des Prozesses nach und nach konkretere Schreibziele ableiten. Dazu muss die Ziel- und Leservorstellung nicht unbedingt explizit vorhanden sein, sie wird aber zumindest implizit Leitlinie für das Formulieren sein und zunehmend präzisiert. Je offener die Aufgabenstellung, desto stärker ist der Autor gefordert, selbst das Schreibziel zu finden. Ist das Ziel zu vage oder zu

Illokution

global, kann es nicht als »roter Faden« dienen, an dem die Formulierungsentscheidungen gemessen werden. Ist es zu stark festgelegt oder zu detailliert, kann dies zu Schreibblockaden oder zumindest zur Verhinderung von produktiven Einfällen führen. Wer ein Schreibproblem löst, muss seine Ziele somit im mittleren Bereich zwischen Globalität und detaillierter Präzision ansiedeln und sie im Lauf des Prozesses weiterentwickeln und gegebenenfalls modifizieren. Die Fähigkeit, sich Ziele mittlerer Präzision setzen zu können, ist eine Basis erfolgreichen Handelns und ein Weg zur Ausschaltung der »Logik des Misslingens« (Dörner 1989). An diesen Zielen misst sich der sprachliche Erfolg hinsichtlich der Angemessenheit und Verständlichkeit des produzierten Textes.

Ziele mittlerer Präzision

Schreibmotivation

Es mag überraschen, dass hier auch der Aspekt der Schreibmotivation zur Zielsetzungskompetenz gezählt wird. Die Motivation ist aber eng mit der Schreibfunktion verknüpft. Sie ist nur im Idealfall intrinsisch, das heißt hier, durch ein unmittelbares Mitteilungsbedürfnis bestimmt. Gerade im schulischen, aber auch später im beruflichen Umfeld ist extrinsische Motivation sogar häufiger der Fall (eine Schreibaufgabe wird von außen an den Schreiber herangetragen). Daher ist die auf das Schreiben bezogene Fähigkeit zur Selbstmotivation durchaus eine Kompetenz. Hier kann die Bewusstheit über den Zweck des eigenen Tuns im Hinblick auf einen Leser und die damit verbundene intendierte Wirkung helfen, störende Emotionen wie etwa Schreibunlust zu überwinden; im günstigsten Fall wird im Verlauf der Beschäftigung mit der Schreibaufgabe die extrinsische Motivation in Richtung einer intrinsischen Motivation überführt: man will sein mühsam angefangenes Produkt nun mit eigenem Anspruch erfolgreich zu Ende bringen.

Zu lösende Problemfragen	**Operationen im Schreibprozess**	**Am Beispiel »Papierflieger«:**
2. Was schreibe ich?	• Ideen generieren • Imagination entfalten • Vorwissen aktivieren • Informationen beschaffen • Schreibziel präzisieren	• Welche Informationen sind relevant, welche könnte ich weglassen?

Bei der Inhaltsplanung muss das Vorwissen aktiviert und weiteres enzyklopädisches, deklaratives Wissen über Inhalte beschafft werden; man kann diese Ebene auch als die semantische bezeichnen (Textsemantik = Bedeutung des Textes).

Wissen über Inhalte

Beim Verfassen literarisch-ästhetischer Texte geht es hier um das Finden von Ideen (z.B. durch Verfahren wie Brainstorming), die Entfaltung von Imagination (Vorstellungskraft) anhand vorhandener Erinnerungen und vorhandenem Weltwissen. Hier kommt dem episodisch gespeicherten Wissen besondere Bedeutung zu: Erlebtes, Gesehenes, Erfahrenes usw. wird aktiviert, in ein narratives oder lyrisches Muster umstrukturiert und schriftsprachlich ausgearbeitet.

Im Fall pragmatischer Texte (Gebrauchstexte, Sachtexte) muss der thematische Gegenstand gedanklich durchdrungen und geordnet werden. Entsprechend spielen Kompetenzen zur Bereitstellung des erforderlichen systematischen Wissens eine größere Rolle: Recherche, Textrezeption, Verstehens- und Abstraktionsfähigkeit bei der Auswertung, Bewertung, Aufbereitung und Darstellung von Informationen sind Voraussetzung für das Wechselspiel von Produktion und Rezeption, in dem sich vor allem Sachtexte konstituieren. Neben allgemeinem Weltwissen wird hierfür bereichsspezifisches Wissen benötigt, das auch bei Verwendung elektronischer Medien vorrangig über das Medium »Text« bereitgestellt wird. Lesekompetenz wird in diesem Fall zu einem Teil der inhaltlichen (und wohl auch strukturellen) Schreibkompetenz.

Weltwissen
bereichsspezifisches Wissen

Zu lösende Problemfragen	Operationen im Schreibprozess	Am Beispiel »Papierflieger«:
3. Wie baue ich den Text auf?	• Informationen bewerten und strukturieren • Konzeptionelle Vorstellung vom Text entwickeln, planen • Inhalt festlegen • Weiteres Vorgehen organisieren	Wie baut man eine Bastelanleitung sinnvoll auf? Z.B.: • Materialliste vorweg? • Mit Zeichnung? • Möglichst wenig Text? • Übersichtlichkeit? Gedanken in logische Reihenfolge bringen, hier: das eigene praktische Tun reflektieren, rekonstruieren

Wissen über Textmuster

Neben inhaltlichem Wissen benötigt man auch – zumindest implizit – Wissen über Textmuster als Baupläne für das Schreiben (z.B. erzählendes, beschreibendes, erörterndes Muster, zur Begriffsklärung vgl. 2.2). Dieses Strukturwissen kann als abstraktes Rahmenschema vorliegen und kognitiv gespeicherte Prototypen umfassen, es kann darüber hinaus auch explizit die deklarative Kenntnis dazu gehörender Textsortennormen beinhalten, das heißt, man kann z.B. Merkmale eines Berichts aufzählen.

Textsortennormen

Strukturwissen kann so auch zur Planungstechnik werden: Da bei jeder Schreibaufgabe jeweils unterschiedliche Textmuster aktiviert werden müssen, andere Bedingungen für die Strukturierung des Textes und andere stilistische Modi gelten, kann ein Autor sein strukturelles Musterwissen als Schreibstrategie zur Bewältigung der Problemsituation einsetzen.

Zu lösende Problemfragen	**Operationen im Schreibprozess**	**Am Beispiel »Papierflieger«:**
4. Wie formuliere und überarbeite ich?	Schriftsprache produzieren, dabei Probleme auf verschiedenen linguistischen Ebenen bewältigen: – Orthografie – Morphologie – Syntax – Lexik, Semantik – Stilistik – Textkohärenz – Darstellung, Layout Revisionen durchführen, z.B. Formulierungen umstellen, ersetzen, streichen, erweitern (linguistische Operationen), dabei ständig zwischen allen Ebenen hin- und herspringen, gefundene Fehler überprüfen, nachschlagen usw.	Wie realisiere ich die instruktiv-appellative Funktion des Textes verständlich und angemessen? Beispiele: • Nummerieren? • Bestimmtes Muster einhalten? • Bezug zu einer Skizze? • Art der Verknüpfung (pronominale Wiederaufnahme oder Wiederholungen)? • Zeitform (Präsens für Allgemeingültigkeit)? • Satzkonstruktion für explizite Appelle? (Imperativ: 2. Person Singular, Infinitiv, Indefinitpronomen »man«, Passiv, Mischform)? • Besonders prägnante und erklärende Wörter? Handlungsverben

Wissen/Können zum Sprach- und Schriftsystem und zum erfolgreichen Formulieren

Der Erfolg des Formulierens stellt sich nicht zwingend mit dem Verfügen über inhaltliches und textmusterbezogenes Wissen ein. Hier geht es um weitere Kompetenzen auf allen linguistischen Ebenen: von der Laut-Buchstaben-Ebene (bei der Entscheidung über orthografische Fragen) über die Bauformen der Wörter (morphematisch: Flexion, Wortbausteine, Wortbildung), die Satzstruktur (Syntax), die Wortwahl und die passende Bedeutung (Lexik, Semantik) und die Verbindung all dessen in passendem Stil (Stilistik) zu einem zusammenhängenden Gewebe (Textkohärenz), das auch noch lesefreundlich dargestellt werden muss (Layout).

Ohne ein Mindestmaß dieser sprachlichen »Methodenkompetenz« kann die Textproduktion nicht gelingen, selbst wenn man sich über Schreibfunktion, Ziel, Inhalt, Textmuster im Klaren ist. Diese Kompetenz umfasst »linguistisches Mikrostrukturwissen« und «literale Routinen« (Feilke und Augst 1989).

Mikrostrukturwissen und literale Routinen

Der Übergang ist fließend: Beim Schreiben sind zahlreiche kognitive Operationen bis hin zu psychomotorischen Fertigkeiten gleichzeitig verlangt. Diese müssen jedoch nicht alle bewusst reflektiert werden, sondern können als Prozeduren internalisiert, unbewusst verinnerlicht sein. Je geübter ein Schreiber ist, desto mehr kann er auf solche literale Routinen, also ein kognitiv entlastendes prozedurales Wissen, zurückgreifen – etwa wie Autofahrer, die sich nicht mehr zu überlegen brauchen, dass sie beim Schalten die Kupplung betätigen müssen. Die Überführung des bewussten, deklarativen Wissens in unbewusstes, prozedurales Wissen kann man daher als »Entlastungsprinzip« kennzeichnen (vgl. Feilke und Augst 1989: 303). Die Formulierungskompetenz umfasst darüber hinaus auch Problemlösewissen: Arbeitstechniken, mit denen sich der Schreiber Hilfe zur Bewältigung eines Problems beschaffen kann, wenn er nicht über genügendes deklaratives oder prozedurales Wissen verfügt, z.B. Nachschlagen. Um überhaupt auf ein solches Problem zu stoßen, ist im Zusammenhang mit der oben genannten Zielsetzungskompetenz außerdem metakognitives Wissen erforderlich, ohne das die Reflexion der sprachlichen Angemessenheit, Verständlichkeit oder Korrektheit einer Formulierung nicht gelingt.

Die Liste der Operationen zeigt, dass Schüler komplexes Wissen und Können benötigen, um einen Schreibprozess erfolgreich gestalten zu können, hier: um einen guten Anleitungstext zu schreiben.

Die Trennung in mehrere Kompetenz- und Fragenbereiche erweist sich jedoch als eine theoretische, da alle Seiten eng miteinander verzahnt sind und die zu bewältigenden Probleme teilweise quer zu verschiedenen Wissensbereichen liegen. Einzelne Wissens- und Kompetenzbereiche, etwa die inhaltliche und die sprachliche Seite des Formulierens, lassen sich nur in der modellhaften Darstellung trennen, sind aber im Kopf des Schreibers miteinander verbunden. Die genannten Komponenten sind somit nicht isoliert voneinander zu sehen. Wer deklaratives Wissen anhäuft, aber nicht über prozedurales Wissen verfügt, kann wenig damit erreichen. Wer nur die Operationen kennt, aber inhaltlich nichts weiß, schreibt auch keine guten Texte. Zwischen verschiedenen Schreibern bestehen dabei gravierende Unterschiede. Darüber hinaus bedingt die Aufgabenspezifik eine unterschiedliche Relevanz: So rücken beim Schreiben einer Fantasie-Erzählung eben andere Teilkompetenzen in den Vordergrund als beim Schreiben eines Protokolls. Bei stark normierten, eher schematischen Texten, z.B. einem Geschäftsbrief, dominiert das Nachdenken über Text- und Stilnormen die konkreten Formulierungs- und Textgestaltungsentscheidungen, bei offeneren Schreibaufgaben dagegen wird mehr auf Inhalte und Ideen als auf sprachliche Details geachtet (vgl. Fix 2000).

Auch im Fall der Bastelanleitung ist eine Entscheidung über die Ansprache der Rezipienten zu treffen: Imperativ: »Falte den Flügel ...«, Infinitiv »Den Flügel falten«, Passiv »Der Flügel wird gefaltet«, Indefinitpronomen »Man faltet den Flügel« oder 2. Person Singular »Du faltest den Flügel«? Um dieses Formulierungsproblem zu lösen, muss man zum einen über die grammatische Kompetenz verfügen, hier verschiedene Varianten ausprobieren zu können, eventuell unterstützt durch deklaratives Wissen über Stil und Textsorte; zum anderen ist es ein Aspekt der pragmatischen Kompetenz, zu überlegen, welche Formulierung für die angezielten Leser am passendsten ist, z.B. freundlicher oder persönlicher.

Trotz dieser Interdependenz kann es für didaktische Zwecke hilfreich sein, den Blick schärfer auf die einzelnen Aspekte zu lenken. Die in diesem Kapitel ausgeführten Fragen können dabei in Form von Frageproben zu Strukturierungshilfen für das Schreiben werden.

Zusammenfassung:

Die verschiedenen Annäherungen an den Begriff der Schreibkompetenz führen abschließend zur folgenden Definition:
Schreibkompetenz wird hier verstanden als die Fähigkeit,
a) pragmatisches Wissen,
b) inhaltliches (Welt- und bereichsspezifisches) Wissen,
c) Textstrukturwissen und
d) Sprachwissen
in einem Schreibprozess so zu anzuwenden, dass das Produkt den Anforderungen einer (selbst- oder fremdbestimmten) Schreibfunktion (z.B. Anleiten, Erklären, Unterhalten...) gerecht wird.
Dazu gehört die Integration von folgenden Teilkompetenzen:
a) Zielsetzungskompetenz (Setzen eines konkreten Schreibziels aufgrund der Analyse der Schreibfunktion und – situation (Leserantizipation: Wissen über die Angemessenheit des Geschriebenen für die Leser)
b) Inhaltliche Kompetenz (Vorwissen aktivieren, neues Wissen rezipieren, Semantik)
c) Strukturierungskompetenz (eine sinnvolle, kohärente Textstruktur finden, ein Textmuster realisieren)
d) Formulierungskompetenz (operationales Sprachwissen, bis hin zur motorischen Umsetzung; Syntax, Lexik, Morphologie, Orthografie), Revisionskompetenz (Problemdiagnosefähigkeit, Überarbeitungsverfahren).
Die Qualität eines Textes lässt sich somit nur in Bezug auf die Angemessenheit an die pragmatische Funktion, nicht anhand isolierter Textsortennormen beschreiben.

Aufgaben:

1. Der folgende Schülertext entstammt einem älteren Unterrichtsmaterial. Beurteilen Sie ihn aus Sicht des Schülers hinsichtlich der Fragen:
   – Warum und für wen schreibe ich?
   – Was schreibe ich?

– Wie baue ich den Text auf?
– Wie formuliere ich?

Beispiel

»Wie ich meinen Wecker stellte.«
Gestern stand mein Wecker auf dem Nachttisch und lief nicht mehr. Ich faßte daher die Aufziehschraube fürs Uhrwerk und zog das Werk auf. Dann zog ich auch das Läutwerk auf. Ich ging zu meinem Vater und fragte ihn: »Vater, wieviel Uhr ist es? Mein Wecker geht nicht mehr.« Er sagte mir, wieviel Uhr es war; ich dankte ihm und ging wieder. Nun machte ich mich daran, den Stunden- und Minutenzeiger zu stellen, und zwar so: ich faßte die Stellschraube, die sich ebenso wie die Aufziehschraube an der Rückwand des Weckers befindet, und stellte die Uhrzeiger auf die richtige Zeit; dann stellt ich den Weckzeiger auf 6 Uhr. Den Sperrhebel, mit dem man das Läutwerk abstellen kann, stellte ich nach rechts hinüber auf »Wecken«. Nun konnte ich beruhigt einschlafen.«

2. In einem Museum zur römischen Geschichte bekommen Kinder eine Pappvorlage für einen Römerhelm zum Falten und Zusammenheften. Die darauf gedruckte »Klammeranleitung« lautet:

Beispiel

»Erste Klammer am Helmbusch vorne bei ›hier klammern‹. Zweite Klammer am Helmbusch hinten. Dritte Klammer am Nackenschutz. Bitte beachten: Die Linien des Nackenschutzes müssen senkrecht nach unten zeigen und parallel verlaufen. Wenn notwendig, Maß nehmen und dann klammern.«

Beurteilen Sie auch diesen Text hinsichtlich der in Aufgabe 1 genannten vier Fragen.

3. Untersuchen Sie die Bastelanleitungen von Hauptschülern (Kl. 5) nach Spuren, die auf die Schreibkompetenz der Schüler verweisen. Welche Kompetenzaspekte werden deutlich, was können die Autoren noch nicht?

Für mein Flugobjekt brauche ich
Bakardieschachtel 1
Orangensaftschachtel. 1
Alufolie und ein paar Pappreste
2 Federungen aber klein und
2 Becher gebraucht.

So sieht mein Flugobjekt aus:

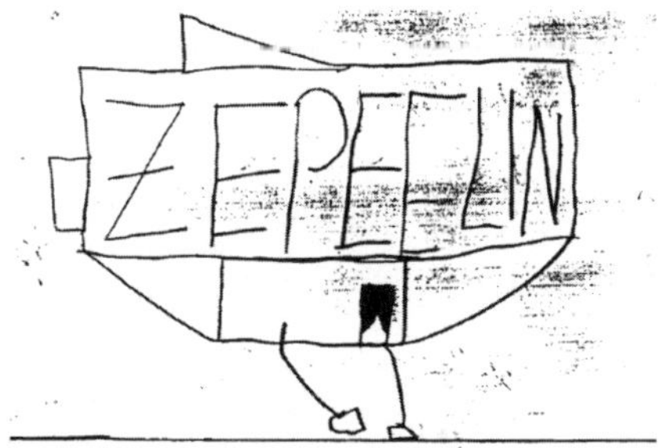

Ich habe die große Schachchtel
genomen und hab sie mit Alufolie
überzogen
Dann hab ich Orangensaftsachtel
genommen und die 2 kleine Federungen
und hab sie zwischen den Zepeelin ein gebaut.
Die orongensaftschahtel hab ich auch mit
Alufolie überzogen.
Jetzt hab ich die Pappreste genommen und hab sie ausgeschiten.
Danach hab ich als Lenkwerk benuzt.
Dann hab ich 2 Schnure genommen und hab eine nach vorne gebracht und die zweite hab ich nach hinten gebracht.
Jetzt hab ich 2 lange Schnure genommen und hab sie bei der Orangenensaftschachtel befestigt und dann hab ich di2 Becher genommen und hab sie an den 2 langen Schnuren befestigt als Anker.

Petros

Bastelanleitung für einem Fallschirm
Wast du brauchst:
1 Ein Playmobilmänchen, Schnur oder Faden, und den Stoff von einem kauputten Regenschirm,
2 Wie man das zusammeenbastelt:
Man nimmt das Playmobilmännchen und die Schnur oder den Faden und bindet sie an dem Playmobilmännchen fest. Den Stoff am anderen Ende festbnden, so dass alle Zipfel des Regenschirmstoffes festgebunden sind.

Wenn man ihn von einem höheren Punkt fallen lässt, fliegt der Fallschirmspringer schön langsam hinunter.

Markus

1.2 Der Schreibprozess

1.2.1 Ein »klassisches« Modell des Schreibprozesses

»Kognitive Wende«

In den letzten Jahrzehnten beschäftige sich die Schreibforschung zunehmend mit dem Schreibprozess und damit dem Schreiber selbst: Der textlinguistischen Betrachtung von Schreibprodukten folgte eine kognitionspsychologische, die sich in die so genannte »kognitiven Wende« in verschiedenen Wissenschaftsdisziplinen einreihen lässt. Schreiben wurde als ein umfassender kognitiver Konstruktionsprozess modelliert.

Schreibprozessmodell von Hayes & Flower

Ausgangspunkt für Modelle des Textproduzierens war eine intensive Forschungstätigkeit in den USA, die seit Mitte der Achtzigerjahre in der deutschsprachigen Schreibdidaktik rezipiert wurde und bis heute fortgeführt wird (vgl. dazu z.B. Sieber 2003). Am bekanntesten wurde das Modell von Hayes & Flower (1980).

Phasen im Schreibprozess

Hayes & Flower bezeichnen den zu schreibenden Text als ein »ill-defined problem«, ein ungeklärtes Problem mit offener Lösung, die vom Aufgabenumfeld (Adressat, Motivation, Thema) und dem Langzeitgedächtnis bzw. Wissen des Autors abhängig ist. Anhand von »Thinking-aloud-Protokollen« (die Probanden wurden zu »lautem Denken« während des Schreibens angehalten) analysierte die Forschergruppe einzelne Phasen, die man innerhalb des Prozesses einer Textproduktion ausmachen könne. Er besteht danach aus drei Subprozessen:

- Planen (Abrufen von Vorwissen, Erzeugen von Vorstellungen, Strukturieren),
- Formulieren (im Modell »translating« genannt: Übersetzen von einer gedanklichen auf eine sprachliche Ebene) und
- Überarbeiten (»reviewing«).

Ein »Monitor« überwacht die einzelnen Handlungen als Prüfinstanz:

Schreibprozessmodell von Hayes & Flower (1980: 11):

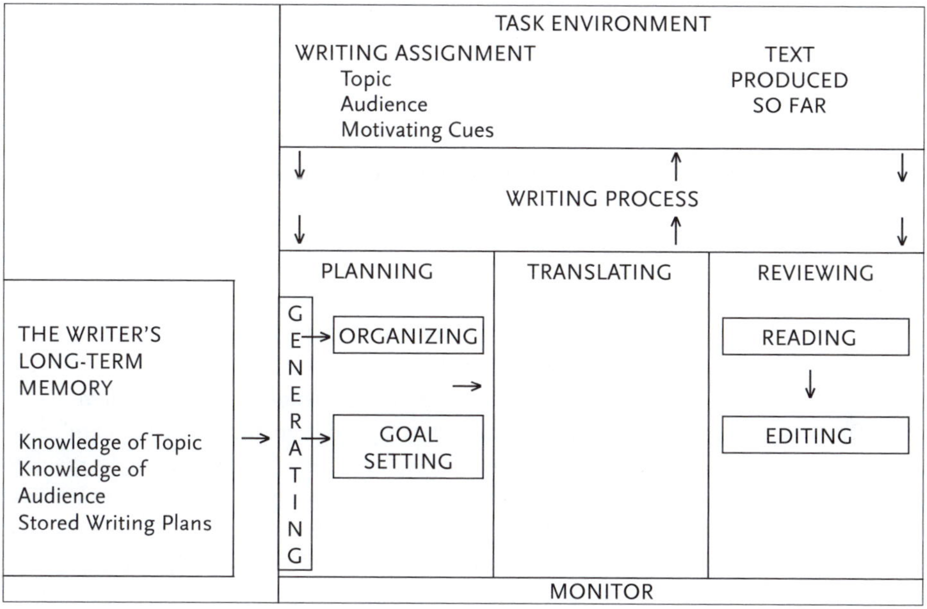

Die drei Subprozesse Planen, Formulieren und Überarbeiten lassen sich noch näher charakterisieren:

- In der Planungsphase wird das komplexe Handlungsproblem vorstrukturiert. Es werden Ideen erzeugt (generiert), Informationen geordnet und ausgewertet, das weitere Vorgehen organisiert und ein Schreibziel ermittelt, das die anstehende Konstruktionsarbeit steuert. Dabei dient das jeweilige Planungselement als Suchschema für die Aktivierung des Gedächtnisses: Ein gefundenes neues Element wird geprüft, als nicht brauchbar verworfen oder als brauchbar notiert. Planen
- Bei der Formulierungshandlung im engeren Sinn geht es um die Versprachlichung: Es werden entweder Wörter gesucht und dann zu Sätzen zusammengefügt (bottom up) oder umgekehrt Satzschemata gewählt und dann mit Wörtern gefüllt (top down) – beide Richtungen sind prinzipiell möglich. Formulieren ist jedoch mehr als die reine Übersetzung von Gedachtem in Sprache. Ähnlich der von Kleist beschriebenen »allmählichen Verfertigung der Gedanken beim Reden« werden auch beim schriftlichen Formulieren Gedanken gerade Formulieren

durch das Suchen nach einer sprachlichen Form weiterentwickelt, Widersprüche des bereits Formulierten beseitigt usw. (vgl. Kleist 1805).

Überarbeiten

– Damit ist deutlich, dass der dritte Subprozess, das Revidieren, eng mit dem Formulieren verknüpft ist. Eine Formulierung kann schon vor der Niederschrift als Prätext im Kopf überarbeitet werden, weshalb Revidieren auch als Sonderfall des Formulierens bezeichnet werden kann bzw. beide Teilprozesse zusammenfallen (vgl. Wrobel 1995: 87).

Zur näheren Beschreibung von Revisionshandlungen wurden weitere Modelle entwickelt, die an Hayes & Flower anknüpfen. Nach dem »CDO-Modell« (compare-diagnose-operate) von Bereiter & Scardamalia (1987: 265ff.) besteht Überarbeiten aus einem rezeptiven (vergleichenden, diagnostizierenden) Anteil, bei dem die im bereits formulierten Text vorliegende semantische Struktur mit dem verglichen wird, was man sich vorgestellt hatte. Weicht die mentale Repräsentation des intendierten Texts von der vorliegenden Fassung ab, kommt es zu einem produktiven (operierenden) Anteil, die Diskrepanzen führen dann zu Eingriffen in den eigenen Text.

CDO-Modell zum Überarbeiten

»CDO-Modell« zum Überarbeitungsprozess von Bereiter & Scardamalia

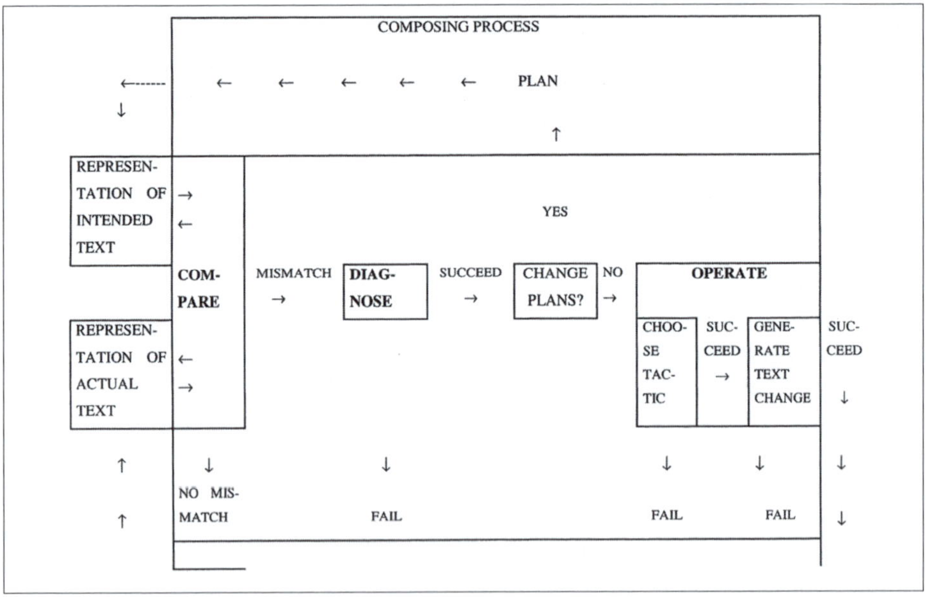

1.2.2 Schreiben als zielorientiertes Problemlösen?

Kognitionspsychologisch orientierte Modelle charakterisieren Schreiben als ein zielorientiertes Problemlösen – zur Erreichung eines Ziels wird ein Handlungsplan entwickelt. Die Darstellung des Problemlösens als einem Suchprozess findet sich bereits 1960 in Miller, Galanter & Pribram (1991: 164). In einem Problemlöseprozess muss eine Barriere überwunden werden, die zwischen einem unbefriedigenden Anfangszustand und einem angestrebten Endzustand liegt. Ein Problem unterscheidet sich von einer Aufgabe dadurch, dass es bei der Aufgabe eine eindeutige Lösung gibt, für das man ein bestimmtes Wissen benötigt, während im Problemlösemodell nur Operatoren für den Lösungsvorgang benannt, Verlauf und Ergebnis der Lösung im Voraus aber nicht exakt bestimmt werden können. Im Fall des Schreibens heißt das, dass der Endzustand – der Text – selbst nicht klar definiert ist, sondern nur eine ungefähre Vorstellung von ihm besteht, die erst während des Schreibprozesses zunehmend deutlicher wird. Währenddessen sind Formulierungsalternativen ständig zu prüfen, zu verwerfen oder sprachlich zu verifizieren.

Problemlösen als Suchprozess

Problem und Aufgabe

Nicht zuletzt Einwände gegen die kognitionspsychologische Sichtweise führten in der Folge zu Modifikationen und neuen, recht heterogenen Modellen, die den Schreibprozess entweder nach Sequenzen oder nach linguistischen Strukturebenen aufteilen. An den Kritikpunkten, die gegen das Modell von Hayes und Flower eingewandt wurden, lassen sich weiterführende Aspekte des Problemfelds »Schreiben als Prozess« erläutern:

Kritikpunkt: Funktionale Zielorientierung eines Expertenmodells

Kritiker von Hayes & Flower sehen unter anderem in der kognitionspsychologischen Ausrichtung eine Einseitigkeit des Modells, weil hier von einer stets planvollen, partnerbezogenen kommunikativen Handlung eines Experten ausgegangen wird. Das Modell sei somit nur bedingt auf Lernende (sie werden in der Schreibforschung gerne »Schreibnovizen« genannt) übertragbar; Erwerbsprozesse ließen sich darin nicht abbilden (vgl. Merz-Grötsch 2000: 90).

Schreibexperte – Schreibnovize

Ein idealer Textverfasser müsste danach bei der Konstruktion seines Textes »top-down« vorgehen:

– Schreibziel ermitteln – Konstruktion der semantischen Tiefenstruktur – Sequenzierung – sprachliche Kodierung (vgl. Baer 1995: 146).

Diese »idealen Textverfasser« unterscheiden sich allerdings erheblich von Schülern: Schreibnovizen haben mit einer »Top-down-Strategie« enorme Schwierigkeiten. Und umgekehrt gibt es alltägliche Schreibprozesse, die so stark routiniert sind, dass sie nicht mehr als Problemlöseprozess zu klassifizieren sind.

Ludwig hält an der Zielorientierung des kognitionspsychologischen Modells fest (1983, später auch Baurmann 1990), er erweitert den Ansatz aber unter didaktischer Perspektive und nimmt motivationale und motorische Prozesse auf, sodass er zu fünf Teilprozessen gelangt:

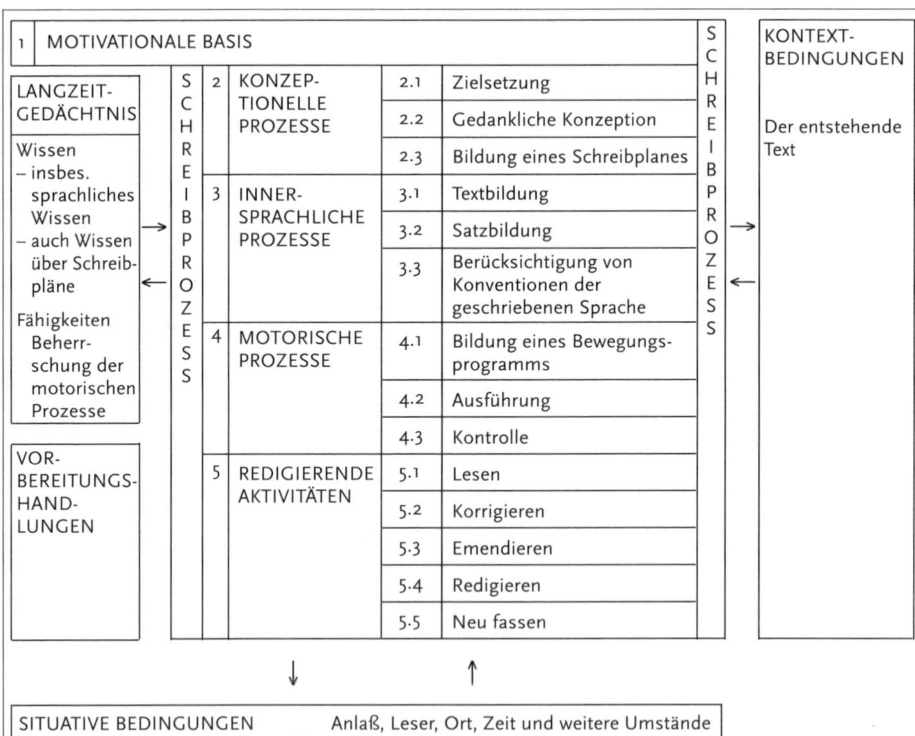

Schreibprozessmodell von Ludwig (aus: Molitor-Lübbert 1996, S. 1009)

Eng mit der Motivation verbunden ist die Intention des Schreibens. In Bezug auf konzeptionelle Teilprozesse rückt Ludwig den Begriff der Schreibabsicht bzw. der Schreibfunktion ins Zentrum (1980, 1983, mit neun Kategorien). Ossner (1995) unterscheidet

Schreibfunktionen

- eine psychische (für sich schreiben),
- zwei soziale (für und an andere schreiben) und
- zwei kognitive Hauptfunktionen (Schreiben zur Gedächtnisentlastung, Schreiben, um Erkenntnisse zu gewinnen).

Diese Kategorien lassen sich vereinfachend zwei Bereichen zuordnen:

Schreibfunktionen:

Schreiben für/an andere (kommunikatives Schreiben)	Schreiben für sich selbst (personales und heuristisches Schreiben)
z.B. etwas mitteilen, darstellen, begründen, weitergeben, verlangen	z.B. sich über etwas klar werden, Probleme lösen, sich von einem inneren Zustand befreien; Schreiben, um Erkenntnisse zu gewinnen etwas für sich planen, konzipieren, konservieren

Eine Zwischenstellung nehmen literarisch-ästhetisch orientierte Texte ein, wie sie etwa bei Konzepten des »kreativen Schreibens« entstehen; sie können sowohl personal-selbstreflexiv als auch leserorientiert sein.

Je nachdem, ob ich *für mich* oder *für andere* schreibe, erlangt das Bemühen um sprachliche Explizitheit oder Korrektheit eine völlig andere Relevanz. Die Schreibfunktion ist als handlungsleitender Rahmen an *bestimmten Stellen* des Prozesses stärker, an anderen weniger stark zu reflektieren. Klarheit über die Schreibfunktion ist besonders beim Überarbeiten der Texte wichtig.

Die intentionale Orientierung der prozessorientierten Schreibdidaktik Baurmanns und Ludwigs ruft erneut Kritik hervor. So wirft Ortner dem Problemlöse-Ansatz generell vor, er sei zu zweckrational, weil er der Zielperspektive einen zu hohen Stellenwert einräume (vgl. Ortner 2000: 100 und 335f.). Weder Schreib-

Schreibstrategien

novizen noch Schreibexperten könnten auf eine Schreibstrategie festgelegt werden. Ortner differenziert sowohl vom Individuum als auch vom Schreibanlass her in zehn verschiedene Schreibstrategien: Es kann sowohl ein

- »Schreiben in einem Zug« als auch ein
- »zerlegendes Schreiben«

geben. Letzteres lässt sich wiederum in zwei Grundtypen unterteilen:

- ein »aktivitätszerlegendes Schreiben« (Vorfassungen werden mehrfach überarbeitet) und
- ein »produktzerlegendes Schreiben« (Textteile werden nach einem Puzzle-Prinzip zusammengesetzt), die in sich noch weiter differenzierbar sind.

Sicher muss jeder Schreibende die für ihn passende Strategie finden. Aber die klare Zielorientierung des Problemlösemodells kann für Lernende hilfreich sein, «weil Tätigkeiten, von denen der Ausführende keine Zielvorstellung hat, von ihm nicht steuerbar sind« (Haueis 1995: 107). Lernende brauchen einen Maßstab für die einzelnen Formulierungsentscheidungen, z.B. hinsichtlich der Bedeutung von Textsortennormen und des Beachtens stilistischer Konventionen.

Kritikpunkt: Schematische Sequenzierung

Ein zweiter Einwand richtet sich dagegen, dass das Modell von Hayes & Flower den Eindruck vermittle, Schreiben sei ein sequenzieller Vorgang, bei dem die Subprozesse nach linearem Schema aufeinander folgen (auch wenn Hayes & Flower die Interaktivität des Modells stets betonten). Eine solche Lesart läuft Gefahr, das Modell zu einem technischen Instrument zu verkürzen. In der Folge wird daher immer wieder gefordert, dass Textproduzieren als ein Zusammenspiel von Aktivitäten auf verschiedenen Ebenen zu sehen ist (bei Ludwig: »multilevel«), die sukzessiv, parallel oder auch rekursiv (zurücklaufend) erfolgen können.

Rekursivität

Molitor-Lübbert verweist ergänzend auf die Problematik der unterschiedlichen Hierarchisierung der Teilprozesse (Molitor-Lübbert 1996: 1008). Wrobel sieht das Formulieren bei der Texterzeugung als einen Prozess wechselseitiger Anpassung konzeptionellen Wissens, kontextueller Erfordernisse und sprachlicher Strukturen, der diskontinuierlich und inhomogen abläuft. Er betont insbesondere, dass Revidieren sich nicht auf den manifesten Text beschränkt, sondern auch Vorstufen im Kopf betrifft: Revidieren findet während des Formulierens als Umformulieren von Prätexten im mentalen Raum statt (Wrobel 1995: 198).

Prätext

Insbesondere beeinflusst der bereits geschriebene Text stark den weiteren Prozess. Für diese Rückwirkung des Textes auf den Leser bzw. Autor wird von Ludwig – wie auch in der Leseforschung – die Bezeichnung »interaktiv« gewählt (obwohl Interaktion in der Regel als Begriff für das Handeln zwischen zwei Personen gebraucht wird).

Text-Leser-Interaktion

De Beaugrande (1984) stellt in diesem Sinne ein Interaktionsmodell des parallelen, stufenweisen Verarbeitens vor (»parallelstage«):

Parallelität

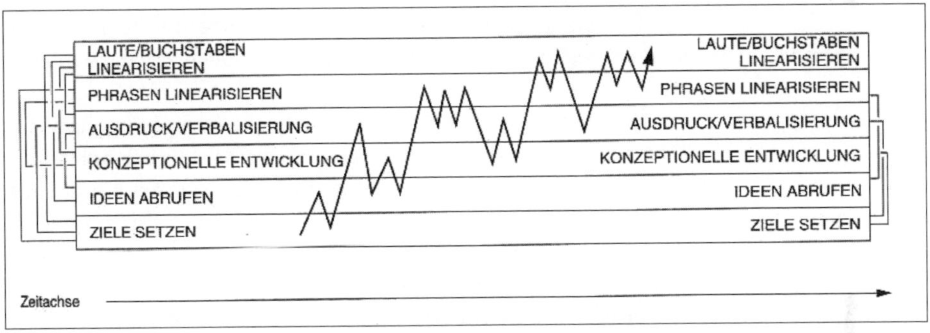

Schreibprozessmodell von De Beaugrande (aus Molitor-Lübbert 1996, S. 1009)

Das gleichzeitige Zusammenwirken der pragmatischen, kognitiven und sprachlichen Ebenen wird hier durch die Zick-Zack-Linien sichtbar gemacht. Dabei laufen Abrufprozesse, Linearisierungsprozesse und Verbalisierungsprozesse ab, die sich zunehmend von eher abstrakten Vorstellungen (z.B. Plänen) auf die sprachliche Realisierung hin orientieren.

Diese Einwände und Weiterentwicklungen sind vor allem als Reaktionen auf eine verkürzte Rezeption des Hayes & Flower-Modells hilfreich. Sie betonen jeweils unterschiedliche Teilaspekte, die im Ausgangsmodell durchaus schon angelegt sind. So dokumentieren die Pfeile im Hayes-Flower-Modell, dass die einzelnen Elemente in der Reihenfolge nicht zwingend festgelegt, sondern rekursiv zu verstehen sind und die Phasen beliebig oft wiederholt werden können. Die Grafik S. 37 muss also nicht nur in einer Richtung gelesen werden, wenngleich einzuräumen ist, dass Hayes & Flower mit zunehmender Fertigstellung des Textes eine Verlagerung des Arbeitsschwerpunktes von links nach rechts sehen (vgl. Molitor-Lübbert 1996: 1007). Aber auch nach diesem Modell können Prätexte vor der Niederschrift während der Suche nach weiteren Formulierungen schon im Kopf überarbeitet werden; das Planen findet ebenso wie das Generieren weiterhin statt. Ein Schreiber wird immer wieder auf eine frühere Prozessphase zurückspringen oder sogar parallel arbeiten, es kommt zu einer ständigen Wechselwirkung zwischen interner Textvorstellung (Plan) und sprachlicher Realisierung. Flower & Hayes vergleichen die Dynamik des Prozesses daher mit dem Jonglieren (1980: 31f.). Der Schreiber muss simultan die interdependenten Teilprobleme lösen. Diesen Aspekt wollten spätere Modelle noch deutlicher herausheben.

Simultanität

Allerdings kann der klare, schematische Aufbau durchaus für eine didaktische Modellierung genutzt werden: Er ermöglicht es, die Komplexität des Schreibprozesses zu dekomponieren, die Problembündel also in Einzelteile zu zerlegen. Schreibnovizen, so die didaktische Hoffnung, bekommen durch eine Zerlegung des Prozesses die Chance, die Aufmerksamkeit nacheinander auf isolierte, dadurch überschaubare Aspekte zu konzentrieren: sei es das »task environment« (Adressat, Wissensaktivierung), die kohärente Weiterführung des Textes oder die Syntax beim Überarbeiten, um nur einige Probleme zu nennen.

Zerlegung zur Komplexitätsreduktion

Diese Schematisierung aus didaktischen Motiven ist nicht ungefährlich. Ortner warnt davor, dass eine Festlegung der Didaktik auf das zerlegende Modell genauso problematisch sein kann wie die frühere Beschränkung auf das »Schreiben in einem Zug«. Die Rekursivität der Subprozesse darf dabei nicht aufgegeben werden. Das Modell ist somit aus didaktischer Perspektive lediglich als Heuristik, also als eine Hilfsstruktur, zu verstehen, nicht als Idealplan. Paradoxerweise muss das Ziel der Sequenzierung in Einzelschritte gerade die Überwindung der schematischen Herangehensweise sein.

Kritikpunkt: Fehlender linguistischer und funktionaler Bezug

Ein weiterer Kritikpunkt am psychologischen Modell kommt von linguistischer Seite: die fehlende Genauigkeit in Bezug auf die Sprachverarbeitung. De Beaugrande versucht daher, psychologische und linguistische Aspekte zu integrieren:

- die Syntax als Spezialfall linearen Verarbeitens,
- die Semantik (Bedeutung) als Spezialfall begrifflichen Verarbeitens und
- die Pragmatik (Sprachhandeln) als Spezialfall von Zielplanung (1984: 34).

Wrobel stellt fest, dass die Organisation gedanklichen Materials in den linearen Strukturen sprachlicher Äußerungen im kognitionspsychologischen Modell »unter dem Terminus ›Translation‹ mehr benannt als begriffen wurde« (Wrobel 1995: 16). Er sieht in allen Modellen der problemlösenden Informationsverarbeitung die linguistische Seite unterrepräsentiert und betont den Unterschied zwischen der Textproduktion und der Lösung eines technisches Problems: Die Modelle bleiben, wenn sie sprach- und textunabhängig sind, aus linguistischer Sicht zu unspezifisch, obwohl gerade der Zusammenhang zwischen mentalen Prozessen und sprachlichen Strukturen für eine Theorie der Textproduktion von Interesse wäre. Außerdem könne beim Schreiben der Problembegriff auf zweierlei Weise verstanden werden: sowohl inhaltlich als auch sprachlich. Schließlich sei die Schwere der Probleme so unterschiedlich (von der Urlaubspostkarte bis zur Dissertation), dass die Modelle der Vielfalt möglicher Schreibprobleme nicht gerecht werden könnten. Sein Vorschlag ist eine handlungstheoretische Einbettung: Für Schreiben gelten die allgemeinen Bedingungen komplexen Handelns: Der Handelnde hat ein Motiv, handelt zu einem bestimmten Zweck mit einem Ziel, entwickelt einen Plan und Strategien, realisiert diese in Teilhandlungen mit entsprechenden Subplänen. Er bewegt sich in einem Handlungsraum, in dem er zu jedem Zeitpunkt entscheiden muss, welche Handlung aus einer Reihe möglicher Handlungen er als nächstes auswählt. Wrobel kommt so zu ähnlichen Teilschritten der Makroplanung, wie sie bereits in Kapitel 1.1.2 als Fragen aufgelistet wurden: Ein zentraler Diskursplan wird in einen Schreibhandlungsplan bzw. Textplan umgesetzt, der die thematische Planung, das Formulieren, Inskribieren und das Überprüfen/Revidieren umfasst (Wrobel 1995: 25f.).

Schreiben als komplexes Handeln

Ob der Schreibprozess als intentionales Handeln oder als Problemlösevorgang dargestellt wird: Letztlich sind die Modelle weniger unterschiedlich, als diese Differenzierung nahe legt: Schreiben wird als planbare Kommunikationshandlung charakterisiert. Ein Verdienst des handlungstheoretischen Ansatzes Wrobels ist aber, dass die funktional-pragmatische Komponente und die Aufgabenspezifik wieder stärkere Beachtung findet.

Beim Schreiben liegt der pragmatische Sonderfall vor, dass es zwar eine sozial interaktive, kommunikative Handlung ist, aber Produzent und Rezipient zeitlich versetzt agieren; Ehlich (1984: 18f.) hat dieses Merkmal als »zerdehnte Kommunikation« charakterisiert: Der Handlungsbezug wird ausschließlich über den Text vermittelt. Ob ein Text letztlich seinen Zweck erfüllt, kann nicht ohne Einbezug des Rezipienten bestimmt werden: Die Schreibfunktion wird nicht nur durch den Autor, sondern auch durch den Leser realisiert, da Lesen ebenfalls ein kognitiver Konstruktionsprozess ist. Der Leser dekodiert das Geschriebene nicht nur auf der Graphem-, Morphem-, Wort-, Satzebene (textgeleitete Rezeption), er setzt den Textinhalt auch in Beziehung zu eigenem Wissen, das nicht im Text steht, und ordnet ihn in seine Wissensstruktur ein (wissensgeleitete Rezeption). Daher sollten die situativen Bedingungen von Produktions- *und* Rezeptionssituation in Prozessmodellen berücksichtigt werden. An beiden Teilsituationen der zerdehnten Kommunikation sind dann sprachsystematische Entscheidungen zu messen: Die Strukturierung des Inhalts und die Wahl der einzelnen sprachlichen Mittel (Syntax, Lexik) hängen von der kommunikativen Intention des Autors und von der Angemessenheit im Hinblick auf die inhaltlichen und sprachlichen Voraussetzungen der Rezipienten ab.

»Zerdehnte Kommunikation«

Produktion und Rezeption

Ergänzend zum eingangs vorgestellten Modell von Hayes & Flower werden in der Darstellung von Böttcher & Becker-Mrotzek (2003: 19) beide Seiten dieser zerdehnten Kommunikationshandlung mit berücksichtigt:

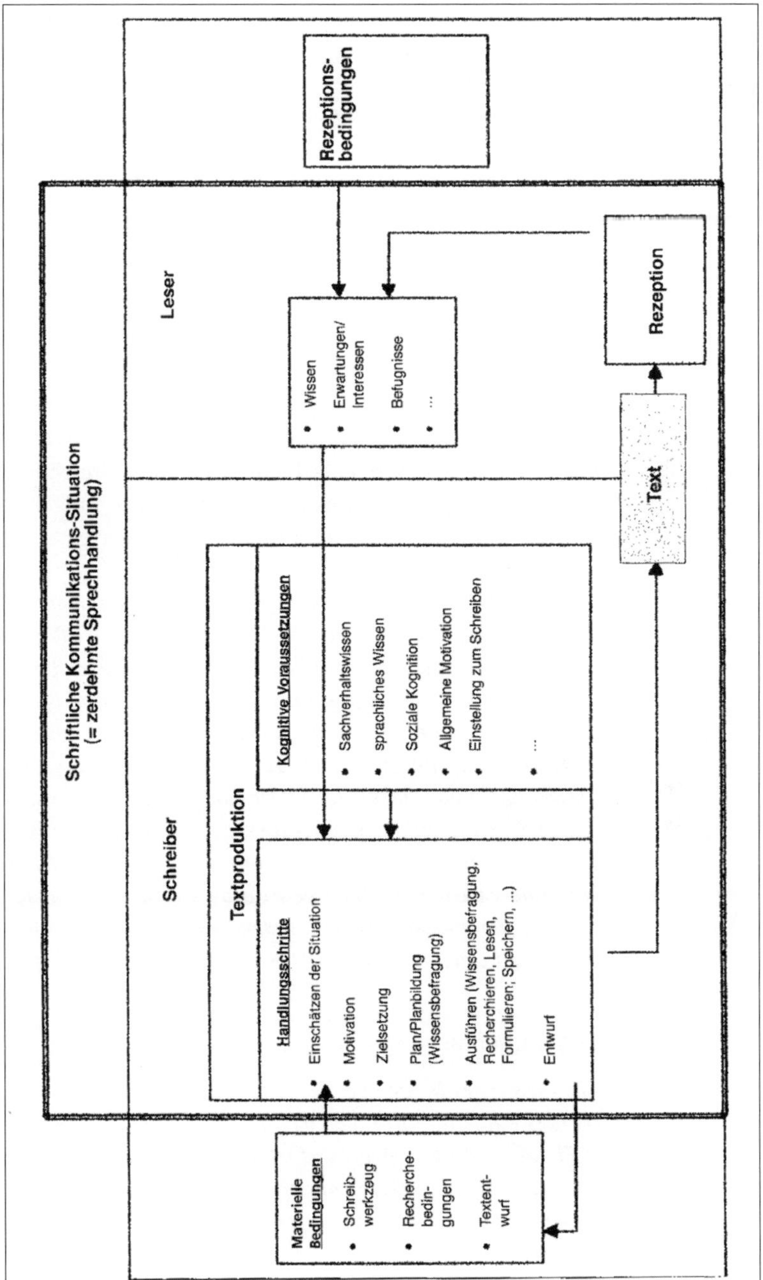
Schriftliche Kommunikations-Situation
(= zerdehnte Sprechhandlung)
Schreiber
Leser
Textproduktion
Handlungsschritte
Einschätzen der Situation
Motivation
Zielsetzung
Plan/Planbildung (Wissensbefragung)
Ausführen (Wissensbefragung, Recherchieren, Lesen, Formulieren; Speichern, ...)
Entwurf
Kognitive Voraussetzungen
Sachverhaltswissen
sprachliches Wissen
Soziale Kognition
Allgemeine Motivation
Einstellung zum Schreiben
...
Wissen
Erwartungen/ Interessen
Befugnisse
...
Rezeptions-bedingungen
Rezeption
Text
Materielle Bedingungen
Schreib-werkzeug
Recherche-bedin-gungen
Textent-wurf

Schreiben und Lesen als Kommunikationshandlungen

Schreiben ist grundsätzlich in Lebenskontexte situiert, ein Schreiber bringt seine Schreibkompetenz ein, die individuell, sozial und historisch bedingt ist; dazu gehörten auch intertextuelle und intermediale Bezüge. Entsprechend verfügt der Leser über eine Lesekompetenz, die ebenso von Zeitumständen, sozialen Bedingungen, Rezeptionserfahrungen usw. abhängt. Der Schreiber verfolgt eine Schreibintention, der Leser eine Leseintention, die sich mit der Schreibintention decken kann, aber nicht muss. Das Problem einer differierenden Sinnerwartung des Lesers stellt sich beispielsweise im Literaturunterricht bei der Interpretation literarischer Texte.

Grenzen der Modellierung

Die gezeigten Modellierungsversuche wollen den Schreibprozess transparent abbilden; sie können dennoch nicht darüber hinwegtäuschen, dass er ein vielschichtiges, von zahlreichen Variablen abhängiges Gebilde ist, das sich nicht in eine einfache Schematisierung pressen lässt. Baurmann & Weingarten stellen daher fest:

»Schreiben besteht wahrscheinlich nur in einem Kernbereich aus einer im Wesentlichen einheitlich beschreibbaren Tätigkeit, für die ein einheitlicher wissenschaftlicher Zugriff und ein einheitliches Modell sinnvoll ist. Demgegenüber kann man eine außerordentliche Varianz sowohl der Schreibprozese als auch der Schreibprodukte beobachten. (...) Bei aller Lust daran, ›Modelle des Schreibens‹ zu entwerfen, sollte die Vielfalt personaler, medialer, textueller, situativer, kommunikativer, kultureller etc. Faktoren des Schreibens nicht vergessen werden. (...) Eine wichtige Aufgabe der Schreibforschung wird darin bestehen, einen gemeinsamen Kern des Schreibens von dessen aufgabenspezifischen, individuellen und kulturellen Ausprägungen zu unterscheiden« (Baurmann & Weingarten 1995: 20f.).

Zusammenfassung:

Ein klassisches Modell des Schreibprozesses mit den drei Subprozessen des Planens, Formulierens und Überarbeitens wurde von Hayes & Flower 1980 vorgelegt, das Überarbeiten wurde im CDO-Modell von Bereiter & Scardamelia näher ausgeführt.
In der Folgezeit erweiterten andere Schreibforscher die kognitionspsychologisch orientierten Modelle um zusätzliche Aspekte. Der Blick wurde noch stärker auf

- *Motivation und Schreibfunktion,*
- *Rekursivität und Interaktivität (Leser-Text),*
- *Parallelität und Simultanität,*
- *Handlungsrahmen und Rezeptionsbedingungen gerichtet.*

Aufgaben:

1. 10-10-Übung: Legen Sie ein Blatt Papier in zwei Spalten an. Schreiben Sie auf die linke Seite in etwa 10 Minuten eine 10-zeilige Argumentation zum Thema »Referate – eine geeignete Arbeitsform in Seminaren?« oder ein anderes Thema Ihrer Wahl. Protokollieren Sie zugleich in der rechten Spalte Ihre Überlegungen, die zu einer Formulierungsentscheidung führten; so entsteht ein »Textherstellungstext« über Ihre Vorgehensweise und Ihre Probleme. Überprüfen Sie anschließend das Schreibprozessmodell von Hayes & Flower in Bezug auf den erlebten Prozess beim Erstellen einer Argumentation (diese Aufgabe kann auch mit Partnern gelöst werden, indem ein Text von zwei Personen gemeinsam hergestellt wird und andere deren Gespräche protokollieren, vgl. das Experiment »Papierflieger« S. 25).
2. Auf welche Schwierigkeiten im Schreibprozess spielt der Reformpädagoge Gurlitt im ersten Teil des folgenden Zitats an? Welche Kritik in Bezug auf schulisches Schreiben lässt sich aus dem zweiten Teil herauslesen? »Geht dir einmal der Gedanke durch, so hast du es in der Rechtschreibung zu büßen; schreibst du recht bedächtig, so meidest du wohl Schreibfehler, aber der Stil wird hölzern; sprichst du hastig, so entschlüpft dir Provinzialismus, ein Wendung der Gasse, und das ist respektwidrig. Am besten also – man drückt sich und wartet, bis der Lehrer hinausgegangen ist. Dann fängt man erst wieder an, Mensch zu sein.« (Gurlitt 1906: 174)
3. Erläutern Sie die folgende, fachsprachlich verdichtete Position mit eigenen Worten:
   »Während kognitive Modelle sich weitgehend auf die (meist nicht weiteranalysierte) Annahme einer ›Übersetzung‹ kognitiver Repräsentationen in sprachliche Formen beschränken, andere Ansätze den Prozess des

> Formulierens in die Phase der Revision manifester Textelemente verlegen (und diese damit überschätzen), wurde Formulieren hier als sprachliche Aktivität im mentalen Raum bestimmt. Formulieren vollzieht sich als Umformulieren (Revidieren und Neuformulieren) von Prätexten, d. h. als ihre durch Produktions- und Rezeptionsakte gleichermaßen bestimmte sukzessive Anpassung an die für den jeweiligen Schreibakt bestehenden konzeptuellen, kontextuellen und kotextuellen Anforderungen.« (Wrobel 1995, S. 198)

1.3 Die individuelle Schreibentwicklung und schulische Curricula

1.3.1 Ein Entwicklungsmodell für das Textschreiben

Schreibentwicklung

Während für das Erstlesen und Erstschreiben die Bezeichnung Schriftspracherwerb steht, hat sich für das weiterführende Schreiben der Begriff »Schreibentwicklung« etabliert. Eine Kernfrage der schreibdidaktischen Diskussion hierzu lautet: Erfolgt die Entwicklung von Textproduktionskompetenz tatsächlich in abgrenzbaren Stufen oder sind diese Stufen quasi »hausgemacht«, weil die Schule entsprechend prägt? Dieser Frage muss die didaktische Forschung bei der Suche nach einem sinnvollen Curriculum für den Erwerb der Fähigkeit, Texte zu verfassen, nachgehen.

Schriftspracherwerb

Die erste intensivere Auseinandersetzung mit Schriftlichkeit erfolgt, abgesehen von frühen Versuchen im Elternhaus, mit dem Schuleintritt. Kinder orientieren sich zu Beginn ihrer Schreibentwicklung beim Verfassen von Texten zunächst an mündlichen Verhaltensformen, sie gehen von ihren Kenntnissen oraler Kommunikation aus, die sie weitgehend ungesteuert über die Primärsozialisation erworben haben. Nun werden sie mit einem durch Unterricht stark gesteuerten (oder zumindest begleiteten) Schriftspracherwerb konfrontiert und sollen Schriftlichkeit als eigenständiges kognitives Konzept aufbauen. Dazu müssen sie die offenen Diskurs-Schemata der mündlichen Kommunikation verlassen und auf die wegfallende direkte Rückmeldung des Kommunikationspartners verzichten (vgl. 2.1.1).

Feilke (1995) findet für die traditionellen Vorstellungen über die Schreibentwicklung einprägsame Etiketten:

- Das »Dornröschen-Konzept« geht davon aus, dass die Schreibfähigkeiten durch das Lesen von Schriftsprache von selbst »wachgeküsst« werden. »Dornröschen-Konzept«
- Nach dem »Geniekonzept« ist die Fähigkeit, gute Texte zu schreiben, eine Begabung, die sich bei zunehmendem Alter eben mehr oder weniger ausdifferenziert. »Geniekonzept«
- Das klassische »Mimikry-Konzept« besagt, dass sich das Schreiben durch die Nachahmung von Textmustern entwickle. »Mimikry-Konzept«

Stadientheorie

Einen differenzierten Ansatz für die Entwicklung konzeptioneller Schriftlichkeit stellt Bereiter vor (vgl. Bereiter 1980). Sein Modell erscheint zunächst als eine Modifikation der Stadientheorie Piagets, indem es Teilfähigkeiten zeigt, die nach und nach erworben werden müssen. Piaget (1896-1980) nimmt etwa für das Schuleintrittsalter an, dass eine »präoperationale Phase« durch eine »Phase der konkreten Operationen« abgelöst wird, in der das Kind zunehmend Sprachkompetenz entwickelt, aber noch im Konkret-Anschaulichen verhaftet bleibt. Ihr folgt eine »Phase der formalen Operationen« ab etwa dem 11./12. Lebensjahr, in der auch abstraktere Problemlösungen unter Berücksichtigung mehrer Faktoren möglich werden. Dementsprechend gingen die Lehrpläne bislang davon aus, dass der Weg vom Konkret-Anschaulichen zum Abstrakten gehen müsste. Im Fall des Schreibens bedeutet das auch einen Weg vom subjektiven (weil näher am konkreten Befinden des Kindes angelehnten) zum »objektiven« (abstrakteren, distanzierteren) Schreiben.

Entsprechend unterscheidet Bereiters Stufenmodell fünf »stages of writing development« mit steigender Komplexität:

Schreibentwicklungsmodell nach Bereiter (mit Erläuterungen von Ossner 1996: 75)

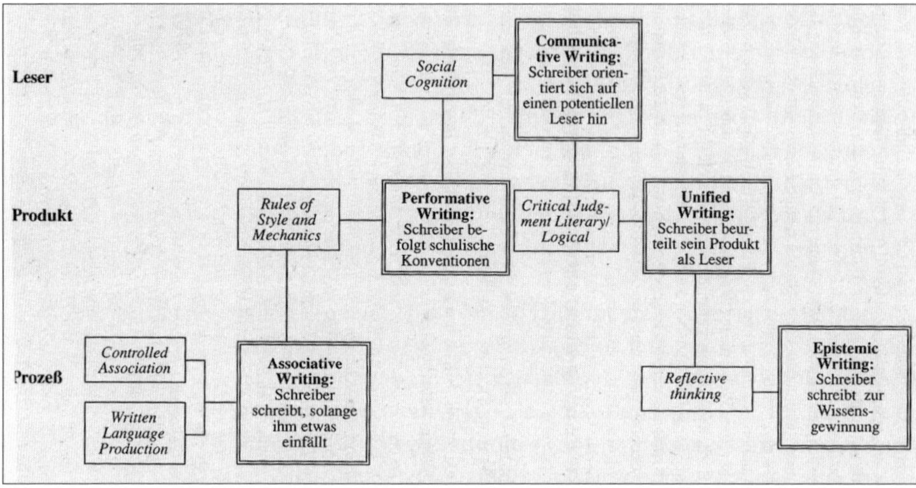

5 Stufen der Schreibentwicklung

Jede Stufe beinhaltet einen ihr eigenen Schreibmodus. Zu Beginn schreiben Kinder (oder erwachsene Schreibnovizen) danach assoziativ, z.B. in einer »what-next«-Strategie, die sich in der Reihung «und dann...und dann« ausdrückt. Sie organisieren ihre Einfälle nicht im Hinblick auf ein globales Textkonzept oder einen Leser, sondern nach der im Gedächtnis vorhandenen Struktur der Wissensinhalte; diese Strategie wird von Bereiter und Scardamalia (1987) auch als «knowledge telling« bezeichnet. Mit zunehmendem Entwicklungsstand und damit fortschreitender individueller Verarbeitungskapazität erwerben sie die Fähigkeit, Schreibkonventionen zu beachten (performative writing), einen Leser einzubeziehen (communicative writing) und finden schließlich zu einem eigenen Schreibstil, der diese drei Stufen integriert (unified writing). Als letzte, am höchsten entwickelte Stufe nimmt Bereiter die Fähigkeit an, Schreiben zur Erkenntnisgewinnung als Mittel des Denkens einsetzen zu können (epistemic writing).

Auf der Horizontale lässt sich in der Darstellung ablesen, welche Ebene der Reflexion beim jeweiligen Stadium im Zentrum steht: der Prozess selbst, das Produkt oder der Leser. Bereiter geht über Piaget hinaus, indem seine Stufen nicht unbedingt als lineare Abfolge, sondern als Organisationsformen verstanden werden können, die die jeweils komplexere integrieren – mit individuellen Unterschieden auch in der Reihenfolge. Es handelt sich also nicht um ein Ersetzungsmodell, sondern um ein Integrationsmodell. Dieser Aspekt wird in der Baurmanns Grafik (1990: 11) zu Bereiters fünf Schreibmodi besonders deutlich:

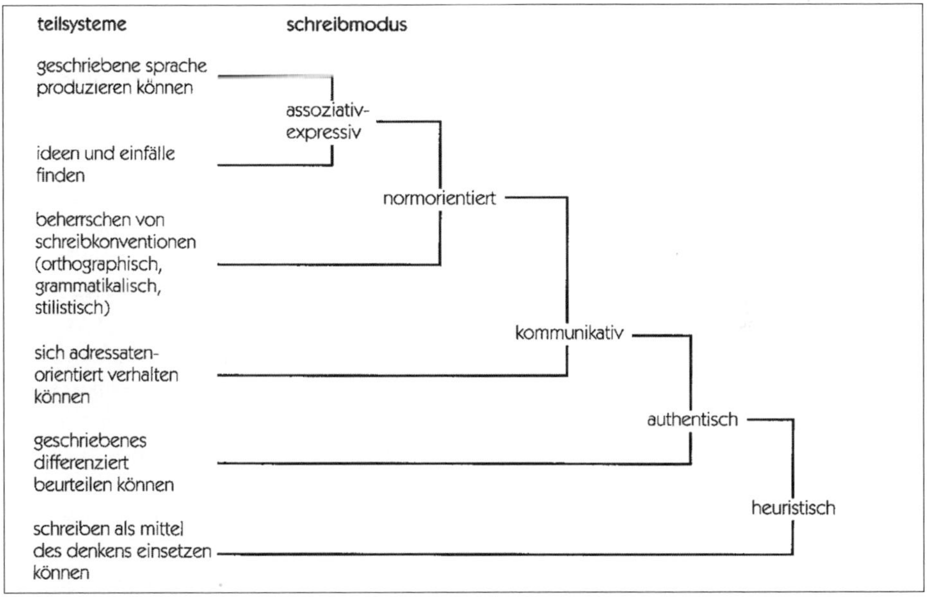

Die Teilfähigkeiten einer vorausgehenden Stufe müssen internalisiert werden, um zu einer höheren Stufe zu kommen. So ließe sich etwa erklären, warum Schreibnovizen, die noch im Stadium des assoziativen Schreibens verhaftet sind, Gesichtspunkte höherer Ebenen unberücksichtigt lassen. Sie verfügen nicht über genügend Verarbeitungskapazität, z.B. die kommunikative Seite (Leserperspektive) in ihren Schreibprozess zu integrieren. Auch Befunde empirischer Studien zur Schreibentwicklung weisen in die Richtung, dass vor dem Erreichen eines leserorientierten Schreibstils eine Phase engerer Normorientierung durchlaufen wird (Feilke 2003: 187). Allerdings bleibt in Bereiters/Baurmanns Modell offen, unter welchen Bedingungen Kinder von einem Stadium zum nächsten kommen.

Grenzen von Stufenmodellen

In der schreibdidaktischen Diskussion wurde mehrfach davor gewarnt, den Ansatz Bereiters und auch andere Ergebnisse zu Entwicklungsstadien als Stufenmodelle zu interpretieren (vgl. Ossner 1996: 83). Denn offenbar können doch schon manche Kinder leserorientiert, also kommunikativ schreiben, obwohl sie sich anscheinend noch auf der Stufe des assoziativen Schreibens befinden. Umgekehrt kommt auch bei Erwachsenen assoziativ-egozentrisches Schreiben vor. Auch die Frage, ob das kommunikative Stadium überhaupt durchlaufen werden muss, um zum epistemischen Schreiben zu kommen, ist noch nicht hinreichend geklärt. Können nur professionelle Schreiber das Schreiben als Mittel zur Erkenntnisgewinnung, als Mittel zum Denken einsetzen, oder gelingt dies auch schon Schreibnovizen, die nach dem Modell eigentlich noch nicht auf dieser Stufe angekommen sein dürften? Möglicherweise ist die Abfolge der einzelnen Stufen also nicht zwingend. Vermutlich erreichen auch viele Erwachsene die letzten Stufen der Schreibmodi nicht.

Die Ergebnisse der Untersuchung von Augst & Faigel (1986) zur Ontogenese der schriftsprachlichen Fähigkeiten im Alter von 13-23 Jahren deuten jedenfalls daraufhin, dass das Lebensalter nicht mit dem »Schreibalter« kongruent sein muss – die Integrationsleistung ist nicht ausschließlich altersabhängig. Feilke (1988, 1996) belegt das anhand des Textmaterials von Augst & Faigel am Beispiel der Fähigkeit, argumentative Texte zu strukturieren. Der Schreiber hat dabei vier Anforderungen zu bewältigen:

- ein Ausdrucksproblem, das die Wiedergabe des eigenen Erlebens betrifft,
- ein Inhaltsproblem, bei dem die Darstellung der Sachverhalte in den Mittelpunkt rückt,
- ein Gestaltungsproblem, etwa die Anwendung formalen Textmuster
- und ein Überzeugungsproblem, bei dem es um den Leser geht.

Ordnungsmuster bei argumentativen Texten

Feilke benennt dazu vier Prinzipien, bei denen analog zu den genannten vier Anforderungen jeweils ein bestimmtes Textordnungsmuster im Vordergrund steht:

- Prinzip der szenischen Kontiguität: ein linear-entwickelndes Textordnungsmuster, bei dem aus der subjektiven Erlebnisperspektive geschrieben wird, also entsprechend der ersten Stufe des Bereiter-Modells. Dieses expressive Muster findet sich auch noch bei älteren Schülern und Studenten sehr häufig.
- Prinzip der sachlogischen Ordnung: auf den Zusammenhang des inhaltlichen Materials bezogene Textordnung
- Prinzip der formalen Ordnung: systematisch auf formale Vorgaben oder routinisierte Textkriterien bezogenes Schreiben (z.B. pro-contra)

- Prinzip der dialogischen Ordnung: Die höchste Stufe sieht Feilke erreicht, wenn alle Perspektiven (Ich, Sache, Text und Leser) vereint werden und der Schreiber flexibel damit umgeht (vergleichbar zu Baurmanns authentischem Schreibmodus).

Die dialogische Ordnung wurde nach Feilkes Auswertung nur von wenigen Schreibern umgesetzt, wobei allerdings eine Zunahme von der Mittel- zur Oberstufe zu verzeichnen ist. Offensichtlich gelingt es aber der Mehrheit der schreibenden Schüler nicht, das Überzeugungsproblem durch eine soziale Zentrierung ihres Textes zu lösen. Vielmehr bleiben sie in einem ich-, sach- oder textzentrierten Schreiben verhaftet. Allerdings ist die Stufung der Textordnungsmuster empirisch nicht ganz unproblematisch, wie Sieber (1998: 68) einwendet, denn die Wahl eines bestimmten Musters muss ja nicht unbedingt bedeuten, dass die anderen Muster nicht beherrscht würden.

Entwicklungsniveaus bei Anleitungstexten

Für den Sonderfall des Anleitungstextes stellt Becker-Mrotzek (1997) in seiner empirischen Untersuchung ab Klasse 4 bis ins Erwachsenenalter drei Entwicklungsniveaus in Richtung einer illokutiven (auf die beabsichtigte Leserhandlung hinzielenden) Präzisierung fest:

- Im ersten beschränken sich die Texte auf Anleitungskerne, der Rezipient wurde kaum berücksichtigt;
- das zweite Niveau umfasst leserorientierte Anleitungen, die aber zu wenig über das textartenspezifische Wissen verfügten;
- dies gelingt Entwicklungsniveau drei, das zugleich den vorläufigen Abschluss der Entwicklung darstellt. Becker-Mrotzek nennt diese Stufe »zweckorientiert«, weil hier – quasi expertenhaft – illokutive Eindeutigkeit erreicht wird (vgl. Becker-Mrotzek 1997).

Becker-Mrotzek geht dabei aber nicht von einer an das Alter gebundenen Stufung aus, sondern von einer Modellvorstellung, nach der sich Entwicklung als zunehmende Entfaltung und Ausdifferenzierung von Kernen darstellt.

Altersunabhängigkeit von Stadien

Die Ergebnisse der Schreibentwicklungsforschung zeigen, dass eine einheitliche Entwicklungsabfolge nicht zwingend gegeben ist. Viele erwachsene Schreiber agieren zwar medial schriftlich, sie bleiben aber konzeptionell mündlich, das heißt: Selbst wenn ihre Texte geschriebene Dokumente sind, entsprechen sie in ihren Strukturen eher einer mündlichen Sprachverwendung. Ergebnisse, die einen Entwicklungseinschnitt etwa in der 7. Klasse feststellen, sieht Ossner (1996) daher als ein Resultat des schulischen Curriculums an, das statt der Ontogenese (Einzelentwicklung) eher eine »institutionsgeleitete Entwicklung« fördere: Weil die Schule eben genau von diesem Einschnitt ausgehe, rufe sie ihn deshalb auch an dieser Stelle hervor, indem sie hier die so genannten objektiven Textsorten wie etwa den Bericht behandle.

Bereiters Modell sollte daher nicht als Entwicklungsmodell, sondern als «Dekomponierung eines komplexen Modells gelesen werden« (Ossner 1996: 83), das heißt, als eine Darstellung, die versucht, die einzelnen Aspekte des Entwicklungsprozesses auszuleuchten, ohne damit zu unterstellen, dass diese in eine lineare Abfolge gehören. Ein zu enges Festhalten an Entwicklungsstadien kann kontraproduktiv für die Förderung individueller Fortschritte sein. Die Schreibdidaktik darf sich also nicht auf «eine dem Geniekonzept gefährlich nahe Position zurückziehen, nach der Schreiben gewissermaßen ›von selbst‹ zum Schreibenkönnen führt«, wie Feilke (1993: 31) feststellt.

»didaktisches Paradoxon«

Ähnlich wie die Prozessmodelle führen auch die Entwicklungsmodelle zu einer paradoxen Konsequenz: Die Prozessmodelle leiden unter dem Problem, dass eine Zerlegung des Schreibens die Sache zwar für Lernende durchschaubarer macht, aber zugleich der Vielfalt und Rekursivität des Prozesses nicht gerecht werden kann. Entsprechend geht es auch bei den Entwicklungsmodellen zum einen darum, die Komplexität zu reduzieren und für die Lernenden einfache Strukturen anzubieten, z.B. zu Beginn der Schreibentwicklung ein assoziatives Schreiben zuzulassen, das später zunehmend strukturiert wird. Diese Art der Erarbeitung der einzelnen Schreibmodi wäre ein Argument für das gestufte schulische Curriculum, das vom Erzählen hin zu anderen Textmustern führt. Aber zugleich sollten die individuellen Entwicklungsunterschiede bedacht und fortgeschrittene Schüler ebenso mit Angeboten versorgt werden, außerdem muss der Zusammenhang der einzelnen Modi betrachtet und die Integration geleistet werden. Dieses «didaktische Paradoxon« bildet entscheidende Pole schulischen Schreibunterrichts: Die Inszenierung des Schreibenlernens erfordert einen Wechsel von Dekomposition und Integration der Teilfähigkeiten.

Konkret bedeutet das, dass der Deutschunterricht flexibel zwischen systematischer Betrachtung einzelner Bausteine und integrativer Anwendung in realen Schreibsituationen wechseln müsste, also keine starre Stufenfolge verfolgen sollte. Es geht nicht um die Begleitung eines entwicklungspsychologischen Reifungsmodells, sondern um die individuelle Förderung vom Unvollkommenen zum Vollkommeneren, von zu simplen hin zu komplexeren Schreibstrategien mit dem Ziel konzeptioneller Schriftlichkeit.

Konzeptionelle Schriftlichkeit als Ziel

1.3.2 Die Sicht der Schüler auf das schulische Schreibcurriculum

Der Aufbau traditioneller Lehrpläne, die durch Piagets Theorie der kognitiven Entwicklung geprägt sind, repräsentiert, wie oben gezeigt wurde, ein Stufenmodell, bei dem sich für den Erwerb von Schriftlichkeit Stadien abgrenzen lassen. Die Lehrpläne beginnen in der Regel mit eher subjektiv geprägten Textsorten wie dem Erzählen (etwa Kl. 1-6), bevor »objektivere« Formen (Beschreiben und Berichten, etwa Kl. 6-8) folgen; später spielt das Subjektive wieder stärker herein, wenn es um Argumentieren und Interpretieren geht (etwa ab Kl. 9): Sprache soll hier als Regelsystem bewusst verfügbar sein.

Interessant ist es nun, Aussagen der Schüler zur Beliebtheit der genannten Darstellungsformen heranzuziehen, hier eine Befragung von etwa 650 Achtklässlern; die Balken zeigen die Mittelwerte auf einer Skala von 1-5 (vgl. dazu Fix 2000):

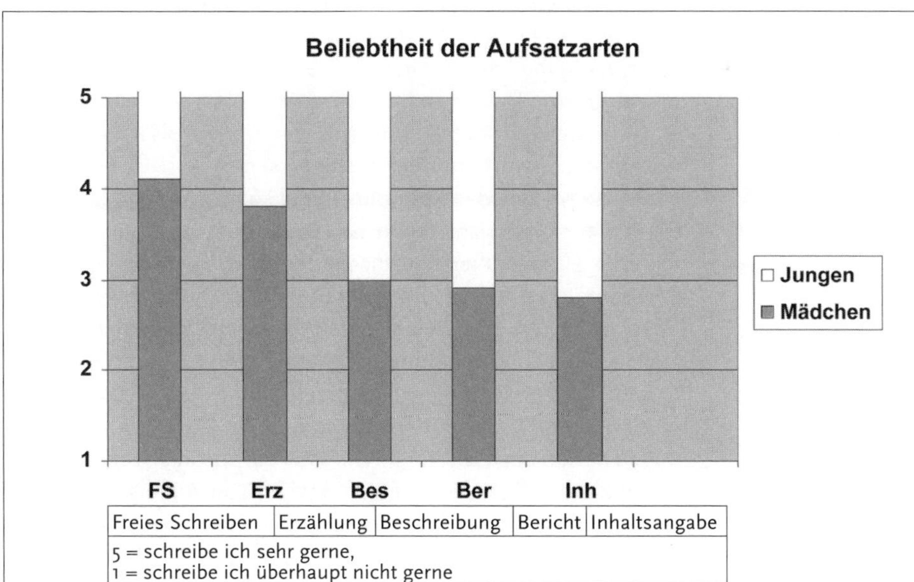

Für diese Sekundarstufenschüler ist das Erzählen die beliebteste Schreibaufgabe, denn beim freien Schreiben werden in aller Regel ebenfalls Erzähltexte produziert, sodass die Majorität der Beliebtheit narrativen Schreibens überwältigend ist. Die Inhaltsangabe ist von den fünf genannten die am wenigsten beliebte Aufsatzart. Ob die Reihe noch weiter absteigen würde, wenn in einer höheren Klassenstufe nach Erörterung und Interpretation gefragt würde, bleibt Spekulation, ebenso die Frage, ob die Werte mit einer in diesem Alter steigenden Schulunlust korrespondieren und nicht an den Textsorten liegen. Man kann auch annehmen, dass das frühe schriftliche Erzählen noch nahe an bekannten mündlichen Strukturen sei und daher weniger anspruchsvoll; außerdem scheint es wegen seiner Nähe zur Unterhaltungsfunktion motivierender zu sein als sachorientiertes Schreiben. Aber mit gewissem Recht könnte man auch das Gegenteil behaupten: Schriftliches Erzählen komme dem literarischen Schreiben am nächsten und habe daher die höchste Komplexität, weshalb es erst in der Oberstufe trainiert werden müsse, während dagegen das alltagsrelevante pragmatische Schreiben den Anfang machen sollte. Diese Variante kann natürlich nicht ohne weiteres nachgeprüft werden, weil man dazu die curriculare Abfolge von Schreibaufgaben umdrehen müsste; aber in diesem Licht betrachtet erscheint eine andere Hypothese durchaus plausibel: Die Beliebtheit der Schreibaufgabe könnte mit ihrer Vertrautheit korrelieren; Erzählen wurde von Anfang an intensiv geübt, es ist für die Achtklässler wohl weniger mit Schulstress verbunden als das erst vor kurzem neu erworbene Textmusterwissen.

Stellen wir uns das Szenario einmal so vor: In der Grundschule griffe der Unterricht schon von Beginn an das Argumentieren auf, etwa anhand altersspezifischer Konfliktsituationen. Zugleich gäbe es interpretierende und gestaltende Schreibaufgaben zu literarischen Texten, zum Beispiel in Form von selbst erstellten Lesebegleitheften zu Kinderliteratur. Beschreibungen und Berichte, z. B. über Tierbeobachtungen und andere Naturphänomene, würden im Zusammenhang mit dem Sachunterricht erstellt. Auch Erzählungen hätten nach wie vor ihren Platz. Ein solches Vorgehen würde bedeuten, dass alle Schreibaufgaben von Anfang an parallel vermittelt und in einer Art Spiralcurriculum nach und nach vertieft werden. Neuere Lehrpläne nehmen Aspekte dieses Ansatzes auf. Dann wäre aber nicht ein Stufenmodell für die Thematisierung

Spiralcurriculum

schreibdidaktischer Inhalte entscheidend, sondern die jeweilige Schreibfunktion, die sich aus größeren Unterrichtsvorhaben ergibt – unabhängig von der Altersstufe, lediglich auf entsprechendem Niveau. Die Erarbeitung des dafür notwendigen Wissens könnte zwar jeweils aus dem Kontext isoliert erfolgen, aber unmittelbar danach wieder funktional angebunden werden – eine Frage der didaktischen Konzeption (vgl. Kapitel 3.1).

Zusammenfassung:

In der Entwicklung der Fähigkeit zum Textschreiben lassen sich verschiedene Modi abgrenzen, die durchaus als Stufen aufeinanderfolgen können, aber nach vorliegenden Forschungsbefunden nicht zwingend müssen. In den Entwicklungsmodellen wird ein eher assoziatives Schreiben über Zwischenstadien mit stärkerer Norm- oder Kommunikationsorientierung in ein authentisches Schreiben überführt, das die Merkmale konzeptioneller Schriftlichkeit aufweist. Die Schule kann diesen Prozess der Ontogenese individuell unterstützen, indem sie Schreibenlernen in einem Wechsel von Dekomposition (Zerlegung) und Integration (Zusammenführung) der Teilfähigkeiten organisiert.

Aufgaben:

1. Untersuchen Sie den auf Seite 69 abgedruckten Text des Schülers Haydar daraufhin, ob er sich einem Schreibmodus nach Bereiter bzw. Baurmann zuordnen lässt.
2. Feilke (1988) unterscheidet für die Strukturierung argumentativer Texte vier Textordnungsmuster:

linear-entwickelnd	Textstruktur geprägt von der subjektiven Erlebnisperspektive
material-systematisch	Textstruktur geprägt durch die Sache, das Problem
formal-systematisch	Textstruktur geprägt durch die Form (schulisches Textmuster)
linear-dialogisch	Leserorientierte Verknüpfung aller Dimensionen (expressive, kognitive und textuelle Probleme)

Ordnen Sie die folgenden Textbeispiele einem dieser Muster zu, das Sie vorrangig realisiert sehen. Begründen Sie Ihre Zuordnung.

Die Schüler waren aufgefordert worden, an Professor Augst einen Brief zu schreiben, in dem sie zu dessen (fiktivem) Vorschlag Stellung nehmen, die Hausaufgaben abzuschaffen (vgl. Augst & Faigel 1986; alte Rechtschreibung, Schülerschreibungen nicht korrigiert):

Beispiel

a) Mädchen, Klasse 7
Sehr geehrter Herr Professor Augst!
Ich bin gegen Hausaufgaben. Sie sind nur zeitraubend und man muß sich mit ihnen herumärgern. Ich sehe ja ein, daß sie in manchen Fächern notwendig sind (z.B. in Mathe, Englisch Latein, Französisch und Deutsch) damit man das, was man am Morgen in der Schule gemacht hat wiederholt. Aber meine Mutter versteht nie meine Hausaufgaben, und kommt so nicht zu ihren Hausfrauenpflichten, wenn sie den ganzen Nachmittag über den Aufgaben grübelt.
In Musik, Erdkunde, Biologie Geschichte und anderer Nebenfächer finde ich Hausaufgaben total überflüssig und noch mehr zeitraubend. Während meine Mutter die Hausaufgaben macht, muß ich ihre Hausarbeiten machen. Außerdem muß mein kleiner Bruder noch versorgt werden, und muß seine Flasche kriegen. Ich will aber auch noch Freizeit haben. Als meine Mutter im Krankenhaus war, war ich von Mittags bis abends um elf Uhr an den Hausaufgaben gesessen. Man müßte die Haussaufgaben stark reduzieren. Dann bräuchte man nicht unter so einem Zwang in die Schule gehen. Das ist meine Einstellung zu Hausaufgaben.

b) Mädchen, Klasse 4
Sehr geerter Professor Augst!
Ich finde Ihre Idee mit der Hausaufgaben abschaffung sehr gut. Nachmittags kann man mehr spielen und man hat mehr Freizeit. Dann kann Ich mehr mit meiner Freundin spielen. Vielleicht darf Ich dann auch in den Reitverein. Herr Professor Augst wir bekommen meißtens viele Hausaufgaben auf. Im Sommer kann man dann ins Schwimmbad gehen. Oder: Wenn man mal wegfahren muß. Deshalb finde Ich Ihre Idee prima.

Herr Professor Augst
Ich finde Ihre Idee wirklich prima

c) Student, männlich, 24 Jahre
Sehr geehrter Herr Augst!
Wie ich von meinem Sohn erfahren habe, haben Sie im Unterricht erklärt, Sie seien gegen die Durchführung von Hausaufgaben. Ich halte dieses Vorgehen für sehr fortschrittlich und kann Ihr Vorhaben nur unterstützen. Ich persönlich bin der Meinung, dass Schüler in 6 Stunden Unterricht genug gefordert werden. Ich beobachte bei meinem Sohn, wie schwierig es für ihn ist, am Nachmittag noch die nötige Motivation für die Hausaufgaben zu finden. Außerdem bemängele ich, dass sich die Lehrer bei der Verteilung der Hausaufgaben nicht absprechen und nur an ihren eigenen Unterricht denken, und damit dem Schüler ein Pensum aufgeben, das oftmals vom Schüler nicht zu bewältigen ist.
Vielleicht sollten die Lehrer versuchen, ihren Unterricht interessanter zu gestalten, so dass der Schüler allein und von sich aus die Lust verspürt, eine Stunde nachzuarbeiten. Dies halte ich für wesentlich sinnvoller, als die Schüler zur Arbeit zu zwingen und dann noch bei eventuell nicht erbrachter Leistung zu bestrafen.
Alles in allem kann ich Sie in Ihrem Vorhaben nur unterstützen und verbleibe mit freundlichen Grüßen

d) Junge, Klasse 7
Sehr geehrter Herr Prof. Augst
Ich bin ein Schüler der Klasse 7a am E.v. Gymnasium in Weidenau. Im allgemeinen mache ich Hausaufgaben ungern. Aber ich versuche die Hausaufgaben nicht zu vernachlässigen, was mir bis jetzt eigentlich gelungen ist. Zum Thema Hausaufgaben fällt mir folgendes ein:
Pro:
durch Hausaufgaben lernt man daß selbständige lösen von Aufgaben. Die Aufgaben werden in der Schule verglichen, so daß man erkennen kann ob man den Unterrichtsstoff kapiert oder noch schwierigkeiten auftreten.
Hausaufgaben löst man selbständig und es ist besser, keine Hilfsmittel zu benutzen (Taschenrechner, Lexikon usw.). Da man bei den Arbeiten diese Geräte nicht benutzen darf.
Außerdem dienen Hausaufgaben zur Vorbereitung der nächsten Stunde. Wenn Hausaufgaben abwechslungsreich und in begrenztem

Maße aufgegeben werden. Machen sie sogar spaß. Zudem bekommt man ohne Hausaufgaben den Stoff nicht durch.
Contra:
Ich finde, Hausaufgaben sollten an besonders Heißen oder schönen Wintertagen ausfallen. Und in Nebenfächern sollten die Hausaufgaben ganz ausfallen, oder nur mündlich aufgegeben werden. Persönlich hätte ich nicht gegen das ausfallen der Hausaufgaben. Eine andere Alternative wäre die Hausaufgaben freiwillig aufzugeben. Allerdings wären dann bei der Besprechung der Hausaufgaben einige nicht beschäftigt.
Viele Grüße

2 Sachperspektive: Das Schreibprodukt »Text«

2.1 Was ist ein schriftlicher Text? Texttheoretische Grundlagen

2.1.1 Wie unterscheiden sich Mündlichkeit und Schriftlichkeit?

Texte können mündliche oder schriftliche Werkzeuge der Kommunikation sein. In diesem Buch richtet sich die Aufmerksamkeit natürlich auf schriftliche Texte, dennoch ist es notwendig, den Unterschied zwischen gesprochener und geschriebener Sprache zu betrachten.

Schriftlichkeit

Der Terminus »Schriftlichkeit« geht auf den englischen Begriff »literacy« – im Gegensatz zu »orality« – zurück (vgl. Ong 1987). Schreiben bedeutet nicht einfach, Gesprochenes in ein anderes Medium umzusetzen. Die Sichtweise von Schrift als einem sekundären, von der Lautsprache abgeleiteten Zeichensystem greift zu kurz. Schriftlichkeit wird in der Forschung vielmehr als ein autonomes System angesehen, das sich in wesentlichen linguistischen Merkmalen vom mündlichen Sprachgebrauch unterscheidet.

Dies kann ein einfacher Test zeigen: Versuchen Sie einmal, ohne Vorbereitung spontan Ihren Federhalter mündlich zu beschreiben und zeichnen Sie das Gesprochene auf. Vergleichen Sie dann Ihren Text mit den folgenden Beispielen:

Beispiel

Mündlicher Text einer Studentin in einem Seminar:
»Also, ähm, also es handelt sich um ein Schreibgerät, des ist ungefähr 12 cm lang, ähm, und der besteht aus'm Füller halt und 'nem Deckel, also, wie nennt man denn des?
Also, da wo man ihn hält, isser schwarz, ähm (Pause), 's is blaue Tinte drin, ähm, er is' grün, wie nennt man des – melliert?
Der Deckel, der hat, ähm, 'n goldenes Ende.

Beispiel für eine schriftliche Beschreibung aus einem Schulbuch:
Mein Schulfüller
Mein Füller ist blau und wird durch eine silberfarbene Schutzkappe verschlossen. Auf der Kappe hält ein blaues Drehköpfchen einen Klemmbügel, der den Füller an Taschen und Kleidern festhält. Im

Innern der Plastikkappe ist ein Gewinde angebracht, durch welches der Füller mit der Schutzhülle fest verschraubt werden kann. Der eigentliche Füller besteht aus zwei Teilen, die durch ein Metallgewinde verbunden sind. Im hinteren Teil ist Platz für eine Ersatzpatrone. Am vorderen Ende des Füllfederhalters ist oberhalb eines Röhrchens die Feder aufgesteckt. Ein kleiner Kanal verbindet die eingesteckte Tintenpatrone mit der Feder. Durch ihn fließt Tinte in die Feder, sobald diese benutzt wird. Die Feder ist aus Gold und von mittlerer Stärke.

Beide Texte leiden unter dem Problem fehlender pragmatischer Funktionalität: Wozu soll man für jemanden etwas so Alltägliches beschreiben? Obwohl diese Frage ungeklärt ist, wird die Aufgabe dennoch in beiden Fällen gelöst, weil sie im Kontext des Unterrichts gar nicht hinterfragt wird; das Schulbuch stellt das Beispiel ohne Hinweis auf die funktionale Seite als gelungene schriftliche Beschreibung vor.

Aber es entstehen zwei völlig verschiedene Texte: Der mündliche Text ist kürzer und weniger informationsreich, zumal der Gesprächspartner den Füller ja selbst sehen kann. Er weist aber auf allen linguistischen Ebenen Unterschiede auf, wie sie allgemein für die Differenz zwischen Mündlichkeit und Schriftlichkeit gelten:

Linguistische Ebene	Mündlichkeit (Oralität)	Schriftlichkeit (Literalität)
Pragmatisch (Sprachhandeln)	• Anwesenheit beider Kommunikationspartner in der Situation, Sprecherwechsel möglich, gegenseitiges Reagieren • Nonverbale Kontaktsignale, z.B. Mimik, Gestik), paraverbale Mittel, z.B. Stimmdynamik, Betonung, Sprechmelodie (Prosodie), aber auch Einschübe wie »mhm«, dadurch Abtönungsmöglichkeiten	• situationsentbunden (nur hypothetische Interaktion zw. Autor und Leser), Produktion und Rezeption nicht simultan, Reaktion nur zeitlich versetzt möglich • Kontaktsignale fehlen (Prosodie hat in Graphie keine Entsprechung, nur Interpunktion als Signal vorhanden)

Linguistische Ebene	Mündlichkeit (Oralität)	Schriftlichkeit (Literalität)
	• offene Struktur • Wiederholungen • spontaner, assoziativer • emotionaler • Sozio- und Dialekte verfügbar • Möglichkeit nur zu unmittelbaren Reparaturen • akustische Realisierung, in der Regel schnell vergänglich	• geschlossene Struktur • Vermeidung von Redundanz • planbarer, kognitiv reflektierter • stärkere Distanzierung von Emotionen • Standardsprache • Möglichkeit zur späteren Revision • nachträglich revidierbar • Kodierung in Schrift, konserviert
sprachsystematisch phonetisch und phonemisch	 • phonetische Varianten im Mündlichen	 • Phonem-Graphem-Diskrepanz (Laut-Buchstabe)
grammatisch (morphologisch, syntaktisch)	• Endungsreduktion • einfache, variationsarme Syntax (6-8 Wörter-Einheiten), reihende Struktur (parataktische Konstruktion) • weniger Zeitformen (v.a. Präsens + Perfekt) • Ellipsen, Abbrüche, Redundanzen • Freie Wortstellung • weniger Informationsgehalt im Verhältnis zur Textlänge	• hoher Explizitheitsgrad • komplexere, elaboriertere grammatische Struktur • längere Sätze, unterordnende Struktur (mehr hypotaktische Konstruktionen) • vollständige Sätze, Vermeidung von Redundanz, feste Wortstellung • verdichtete Information, abstrakt
lexikalisch	• einfachere Lexik	• größere Wortschatzvarianz, schwierigere Lexik
textuell	• offene, meist dialogische Textstruktur, die auch Kohärenzbrüche zulässt	• stärkere Strukturiertheit durch Kohärenz und konsequenten Kohäsionsmittelgebrauch

Die Unterscheidungen der Tabelle sind nur eine Hilfskonstruktion, denn die Übergänge zwischen Mündlichkeit und Schriftlichkeit sind fließend. Wichtig ist bei der Unterscheidung aber der grundsätzliche Unterschied: Schriftlichkeit erfordert einen höheren Grad an Abstraktion und an analytischen Fähigkeiten. Schreibenlernen heißt, ein zweites Register der Kommunikation auszubilden, für das man über ein Mindestmaß an Sprachbewusstheit verfügen muss. Koch und Oesterreicher (1985) unterscheiden daher zwischen einer medialen und einer konzeptionellen Dimension: Ein Text kann zwar im Medium der Schrift präsentiert werden, aber von seiner Konzeption her an der Mündlichkeit orientiert sein und umgekehrt. Die Kommunikation über E-Mails und SMS erfolgt zwar medial schriftlich, ist aber konzeptionell zwischen Mündlichkeit und Schriftlichkeit angesiedelt. Ein abgelesenes Referat, bei dem nicht bedacht wird, dass komplexe sprachliche Strukturen beim Hören nicht so gut erfasst werden können wie beim Lesen (Sprechen ist wesentlich schneller als Schreiben), ist medial mündlich präsentiert, aber konzeptionell schriftlich. Zwischen den Polen Nähe und Distanz, zwischen konzeptionell eher mündlich oder schriftlich, lassen sich Ausprägungsgrade verschiedener Merkmale beschreiben, z.B. Vertrautheit der Kommunikationspartner, Emotionalität, Situations- und Handlungsanbindung und andere. Diese Achse lässt sich grafisch wie folgt darstellen (nach Koch und Österreicher bzw. Merz-Grötsch 2000, S. 36f.):

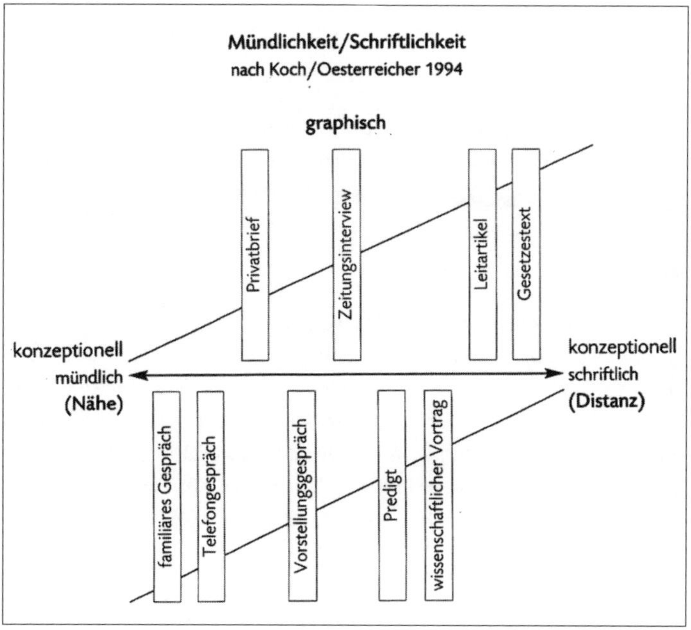

Verbindung zwischen schriftsprachlicher und kognitiver Entwicklung

Ein weiterer, wichtiger Aspekt der Unterscheidung zwischen Mündlichkeit und Schriftlichkeit wird in der Schreibentwicklungsforschung unter Rückgriff auf Wygotski genannt: Hier wird von einer engen Verbindung zwischen schriftsprachlicher und kognitiver Entwicklung ausgegangen (vgl. Wygotski 1934/1986) und angenommen, dass Schriftsprache modellbildend für Sprache insgesamt wirken kann und dass sie möglicherweise die Fähigkeit zum abstrakten, logischen, kategorialen und situationsentbundenen Denken überhaupt erst ausbildet. Schon in den Dreißigerjahren wurden in Untersuchungen Unterschiede im Denkstil schriftloser, oraler Kulturen im Gegensatz zu literalen Kulturen fesgestellt. Versuchspersonen, die nie mit Schrift konfrontiert worden waren, dachten stärker konkret und situativ eingebunden. Sie konnten mit Angeboten einer abstrakten Klassifikation (etwa von Werkzeugen) nichts anfangen. Vielmehr waren sie überzeugt, dass ein kategoriales Denken uninteressant und nebensächlich sei. Es kam ihnen ausschließlich auf das operative Denken an (vgl. Ong 1987: 56).

In Schülertexten kann man oft Überlappungen von Mündlichkeit und Schriftlichkeit feststellen – häufig formulieren Kinder ihre Geschichten näher an der Mündlichkeit, als es die schulische Norm von ihnen erwartet. Ein Beispiel dafür ist Haydars Erzählung »Alf«:

Bereinigt man grammatische und orthografische Fehler, liest sich der Text so (in eckigen Klammern vom Transkriptor vorgenommene Ergänzungen):

Beispiel

»Alf ist eine Serie, die jeden Tag kommt. Sie ist sehr witzig und es handelt sich um einen Außerirdischen, der gerne Katzen isst [...] aber er hatte eine Bruchlandung in einer Familie, die in Amerika wohnt, [er ist dort hin-]eingestürzt und er ist klein, behaart und kommt vom Planeten Melmag, [der] in die Luft gegangen ist und er kriegt nie genug Mist zu machen, er hat nur Unsinn im Kopf wie ich und das war die Geschichte die ich erfunden habe.«

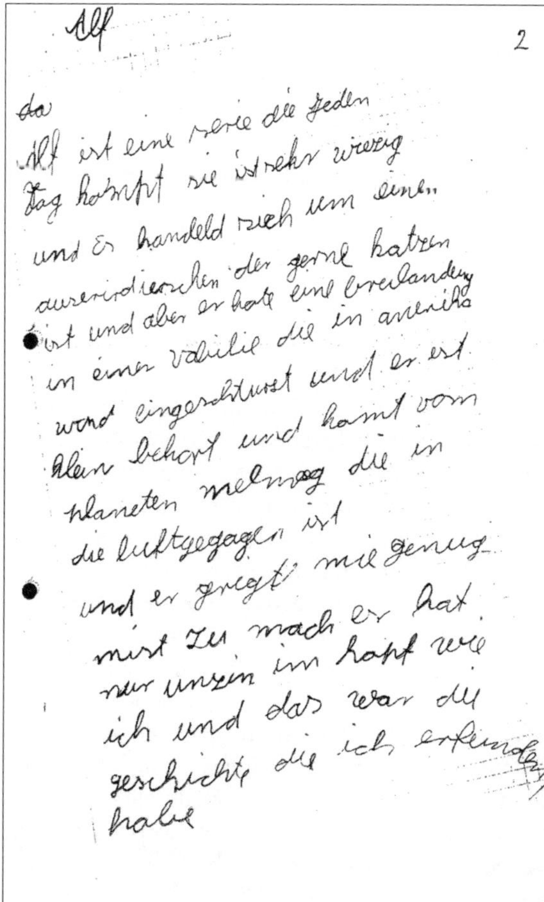	Alf Alf ist eine serie die Jeden Tag kompt sie ist sehr wiezig und Es handeld sich um einen auserirdieschen der gerne katzen ist und aber er hate eine brulandung in einer vabilie die in amerika wond eingeschturzt und er ist klein behart und komt vom planeten melmag die in die luftgegagen ist und er griegt mie genug mist zu mach er hat nur unzin im kopf wie ich und das war die geschichte die ich erfunden habe

Immerhin: Haydar verwendet auch Relativsätze als hypotaktische Konstruktionen. Ansonsten reiht er jedoch linear und assoziativ aneinander, verkettet mit *und*, nimmt Abbrüche vor, verwendet das Perfekt als Vergangenheitstempus, wählt umgangssprachliche Wörter wie *kriegt* – dies entspricht alles eher dem mündlichen Erzählen. Stünde Haydar noch am Beginn seiner Schullaufbahn, wären diese Beobachtungen nicht weiter auffällig, da sich Kinder in der Alphabetisierungsphase konzeptioneller Schriftlichkeit erst annähern. Haydar ist jedoch Schüler der 6. Klasse der Hauptschule – somit wird an seinem Text eine Schriftferne deutlich, die für diese Altersstufe problematisch ist.

Die Orientierung des Schreibens an mündlichen Strukturen muss jedoch nicht ausschließlich negativ gesehen werden. Der Blick auf die Schreibentwicklung im vorigen Kapitel hat gezeigt, dass sich erfolgreiche Schreiber nach eher formal orientierten Phasen in ihrem Schreibstil wieder stärker der sozialen Problemdimension annähern und dabei durchaus auch wieder ein Stück hin zur konzeptionellen Mündlichkeit rücken können, ohne dass die Qualität dieser Texte leidet. Sie spielen quasi mit der Mündlichkeit als einem wirksamen kommunikativen Mittel, beherrschen aber zugleich die Normen der Schriftlichkeit – das trifft für Haydar allerdings gewiss nicht zu.

Eher gehen Untersuchungen von Nussbaumer & Sieber (1995) in diese Richtung, die in Abituriententexten zahlreiche sprechsprachliche Indizien feststellen, ihre Befunde aber nicht als Mängel in der Schreibentwicklung interpretieren, sondern darin Spuren einer aktiven Konstruktion eines neuen, zeitgemäßeren Schreibstils vermuten. Dieser Stil sei von einer kommunikativen Haltung der Mündlichkeit geprägt, ein Schreiben zwischen Mündlichkeit und Schriftlichkeit, das als »Parlando« bezeichnet wird. Sieber (1998) belegt den Wandel mit Veränderungen in Abituraufsätzen der letzten 100 Jahre. Während sich die traditionelle Schriftkultur in ihrer sozialen Funktion von einer subjekt- und situationsbezogenen Sprache entfernt hatte, scheint beim »Parlando« der schriftliche Ausdruck wieder an Authentizität zu gewinnen, die gemäß herkömmlicher Normen der Schriftlichkeit nicht möglich ist. Eine solche Entwicklung mit Übergängen zwischen Literalität und Oralität lässt sich beispielsweise auch in Fernsehnachrichten beobachten. »Parlando« gleicht – nach Sieber – zwischen Emotionalität/Intimität einerseits und Sachverstand/Formalität andererseits aus. Dies darf aber nicht darüber hinwegtäuschen, dass »Parlando« erst möglich geworden ist, *weil* sich Schriftlichkeit so stark etabliert hat und dadurch variable Mischformen entstehen können. Haydars Probleme können also nicht einfach als Parlando-Stil hochgewertet, sondern müssen als Fossilierung einer frühen Stufe der Schreibentwicklung interpretiert werden.

Parlando

2.1.2 Pragmatische Aspekte

In einer aufsteigenden Reihe linguistischer Struktureinheiten bildet ein Text die letzte Stufe (Phonem/Graphem – Morphem

– Wort – Satz – Text). Wie aber lässt er sich genauer bestimmen?

Helmuth Feilke (2000) nähert sich dem Problem über ein kurzes Beispiel: ein (angebliches) Entschuldigungsschreiben einer jungen Mutter für ihr Fehlen beim Elternsprechtag:

»Ich hatte kein bein klein.«

Im Kontext wird klar: Sie hatte kürzlich ihr zweites Kind bekommen und dafür keinen Babysitter gefunden (»Ich hatte keinen beim Kleinen«). Das Beispiel ist vermutlich eine »moderne Sage«, wie Feilke selbst feststellt (was dadurch unterstrichen wird, dass es auch eine süddeutsche Variante gibt):

»Benedikte da bua, es kristine: Frau X«

Das soll heißen: »Benötigte den Buben. Es grüßt Ihnen ...« (Der Junge einer Bauernfamilie wurde hier angeblich bei der Ernte gebraucht.)

Beide Minitexte eignen sich aber gerade wegen ihrer Unvollkommenheit dafür, die Bedingungen zu entwickeln, die einen Text konstituieren. Es geht dabei weniger um definitorische Details, über die in der Textlinguistik diskutiert wird, sondern um Hinweise darauf, wodurch ein Text kommunikativ erfolgreich wird – einige Merkmale der Textualität werden unter diesem Gesichtspunkt bei den vorliegenden Beispielen nicht eindeutig erfüllt.

Merkmale der Textualität

→ Situationalität:
Die schon erwähnte »zerdehnte« Kommunikation bei der Textproduktion wird in dem Brief besonders deutlich: Da Schreibsituation und Lesesituation zeitlich voneinander getrennt sind, spielt der jeweilige situative Kontext eine tragende Rolle für das Textproduzieren und -verstehen. Die Situationalität von Texten ist somit eine zentrale Eigenschaft. Ein Entschuldigungsschreiben setzt voraus, dass der Leser weiß, um welche Vorgänge es geht. Es arbeitet mit Implikationen (nicht wörtlich ausgedrückten, aber dennoch mit gemeinten Aussagen), die erst aufgrund der Kenntnis der Situation verständlich werden. Ein Text ist dann zu implizit, wenn der Leser nicht über dieses Situationswissen verfügt (z.B. gar nicht weiß, dass es hier um einen Brief einer Mutter an die Lehrerin geht). Er muss gerade so explizit sein, wie es für die angezielten Leser und deren Wissensvoraussetzungen notwendig ist; für Lernende ist der notwendige Grad an Explizitheit schwer einzuschätzen. Bei mehreren Adressatengruppen sollten

Situationalität

Explizitheit

sich die Formulierungen an der Gruppe orientieren, die die geringsten Voraussetzungen mitbringt, wenngleich der Text auch nicht zu geringe kognitive Anforderungen stellen darf, damit die Motivation zur Lektüre erhalten bleibt (vgl. die Ergebnisse in Christmann & Groeben 2001: 182). Zu diesem Aspekt gehört somit auch die Akzeptabilität eines Textes für die Leser (vgl. Vater 2001), der vom Textproduzenten einen lesbaren, verständlichen und für ihn relevanten Text erwartet; dies ist der Autorin des Entschuldigungsschreibens nicht in befriedigendem Ausmaß gelungen (so wird z.B. das Objekt – etwa Babysitter – nur durch »keinen« vertreten, was in einer Gesprächssituation funktionieren könnte, nicht aber in einer Lesesituation ohne Kontexthilfen).

Akzeptabilität

→ Funktionalität:

Funktionalität

Ein weiteres Merkmal ist die Funktionalität von Texten. In Kapitel 1.2 wurde bereits der Begriff der Schreibfunktion eingeführt (Schreiben für mich, für andere mit diversen Schreibabsichten). Der Begriff der Textfunktion beleuchtet diesen Aspekt nicht vom Schreibenden aus, sondern von der Rezeptionsseite her; die Mitteilungsabsicht des Produzenten bildet den Hintergrund für die Textfunktion (z.B. Appell), weshalb manche Autoren statt von Funktionalität hier von Intentionalität sprechen (vgl. Vater 2001: 42).

Textfunktion

Funktionalität ist allerdings ein Kriterium, das auf Kommunikation generell zutrifft und nicht spezifisch für geschriebene Sprache ist, wie schon Bühler (1934) in seinem Organonmodell zeigt, in dem er drei Grundfunktionen der Sprache als Werkzeug unterscheidet: den subjektiven Ausdruck, die sachorientierte Darstellung und den adressatenorienterten Appell. Auch geschriebene Texte kann man entsprechend in eher expressive, informative oder appellative Textsorten unterteilen, wie es die folgende Grafik für pragmatische Textsorten versucht (vgl. Steinig/Huneke 2002: 106):

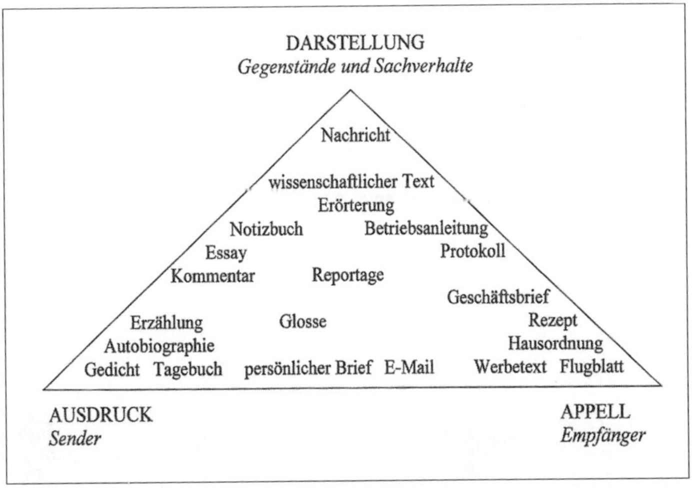

Lehmann & Stocker (1981: 38) erweitern das Dreieck noch um eine vierte Dimension – die kreative Funktion – und ordnen hier u.a. narrative (erzählende) Texte zu (S. 74).

Daran wird deutlich, dass die Grenze zwischen den Textsorten-Konstrukten fließend ist – denn ein narrativer Text ist zugleich expressiv, er kann auch appellativ wirken usw. – die Zuordnung in der Grafik erfolgt subjektiv und mehr oder weniger willkürlich nach dem vermuteten intentionalen Schwerpunkt. Besonders unscharf ist die Kategorie »kreativ«, denn sie kann nicht näher funktional eingegrenzt werden und erscheint daher verzichtbar; an ihre Stelle könnte eine ästhetische Funktion treten.

Kommunikative Grundfunktionen

Brinker (1997: 104-121) nimmt daher eine solche ästhetische Funktion in seinen Katalog von Grundfunktionen des kommunikativen Kontakts auf:

- Information (dem Leser soll ein bestimmtes Wissen vermittelt werden, z.B. Bericht) — *Information*
- Appell (der Leser soll dazu bewegt werden, eine Handlung zu vollziehen oder eine Meinung einzunehmen, z.B. Werbeanzeige) — *Appell*
- Obligation (der Autor gibt dem Leser zu verstehen, dass er sich zu etwas verpflichtet, z.B. Vertrag, Garantieschein) — *Obligation*
- Kontakt (dem Leser wird das Bemühen um den persönlichen Kontakt signalisiert, z.B. Glückwunschkarte) — *Kontakt*

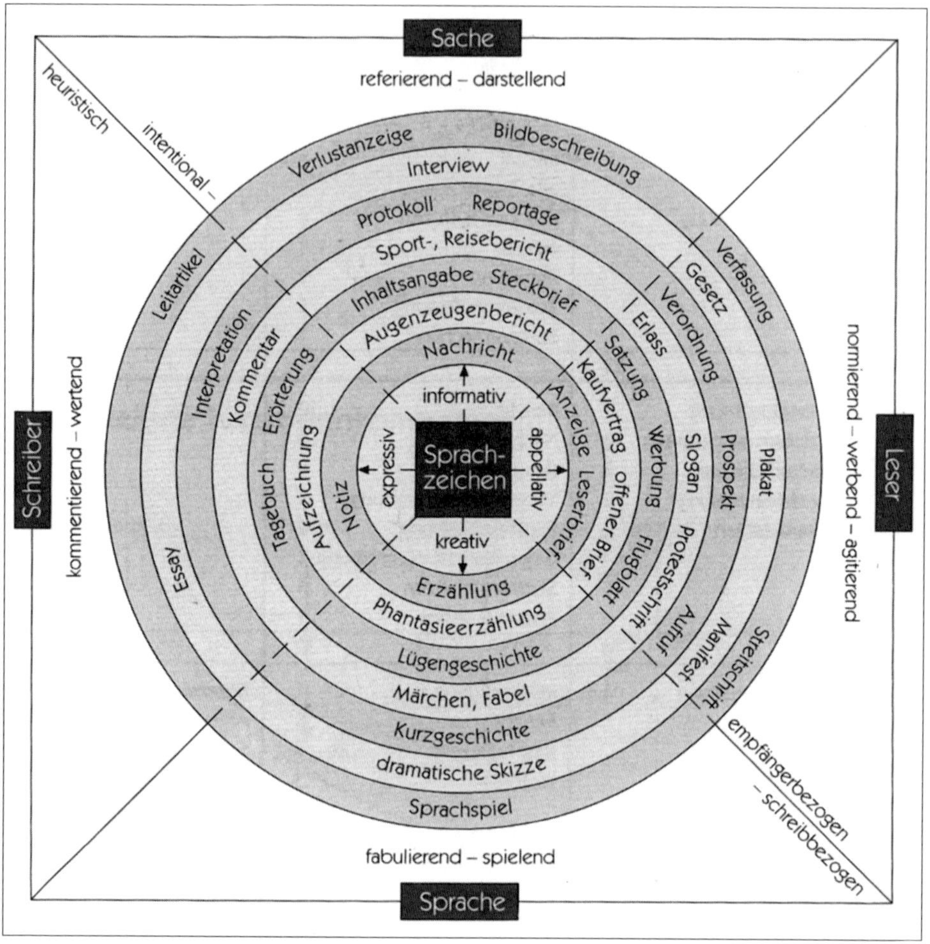

Deklaration – Deklaration (der Autor gibt dem Leser über konventionalisierte Formeln zu verstehen, dass mit dem Text eine neue Realität geschaffen wird, z.B. Bescheinigung, Urkunde).

Ästhetik, Unterhaltung – Ästhetische Funktion, Unterhaltung (häufig fiktionale Texte, v.a. Erzählungen).

Welches Modell der Funktionalität von Texten man auch wählt, es wird deutlich, dass je nach konkretem Schreibziel in einer Anwendungssituation unterschiedliche Entscheidungen für den Textaufbau und die einzelnen Formulierungen getroffen werden müssen. Die in der traditionellen Aufsatzlehre wichtige Kategorie »Stil« wäre an dieser Schnittstelle zwischen intendierter Funktion und sprachlicher Realisierung anzusiedeln; anders als präskriptive Ratgeber, die in normativer Weise »gutes Deutsch« versprechen, verfolgt eine pragmatische Stilistik ein deskriptives Interesse. Textmuster sind dann als Stilbildungshilfen zu verstehen, mit denen Adressatenadäquanz erreicht werden kann (vgl. Abraham 2003: 239ff.). Dabei ist soziolinguistisch auch zu reflektieren, dass die stilistische Markierung sprachlicher Handlungen als Erkennungsmerkmal für den Sprachkode eines bestimmten Adressatenkreises dienen kann.

Adressatenadäquanz

Die Schreibdidaktik kann sich hier an einer einfachen funktionalen Maxime orientieren: Formulierungen sind dann erfolgreich (und damit »gutes Deutsch«), wenn sie bei den anvisierten Lesern zur Realisierung der intendierten Textfunktion führen. Insofern ist das Schreiben für reale Leser in der Schule als Lernfeld unverzichtbar.

Unsere Beispiele für Entschuldigungsbriefe lassen sich den appellativen Texten zuordnen, da es um die Bitte geht, das Fehlen zu entschuldigen. Dies wird allerdings nur implizit ausgedrückt, während eindeutigere Hinweise auf die Funktion (etwa die Anrede im Brief) fehlen. Die kommunikativ-pragmatischen Aspekte müssten somit durch thematische und strukturelle Merkmale näher bestimmt werden, denn diese realisieren die Textfunktion (vgl. dazu die folgenden Kapitel).

2.1.3 Kohärenz

Für Vater (2001: 54) stellt Kohärenz »das dominierende Textualitäts-Kriterium« dar. Dem Leser gelingt das Verstehen aufeinander folgender Sätze umso besser, je höhere Kohärenz ein Text aufweist. Kohärenz bezeichnet also die satzübergreifenden thematischen Beziehungen in einem Text: Das Gewebe (lat. textus) soll zusammenhängen (lat. cohaerere), der »Sinn«, der »rote Faden« vom Leser in eine stimmige mentale Repräsentation umgesetzt werden.

textus

Kohärenz kann im engeren Sinne auf die inhaltlich-semantische Seite und die kognitive Strukturiertheit begrenzt verstanden werden; in diesem Fall wird für die grammatische Ebene der Verknüpfung der Begriff der Kohäsion verwendet. In einer weiteren Definition steht Kohärenz als Oberbegriff jeglicher Vernetzung in einem Text, die thematische, strukturelle und grammatische Aspekte umfasst. Die Dreiteilung der folgenden Grafik versucht, diese für das Verfassen von Texten wichtigen Aspekte der Kohärenz verbunden darzustellen (getrennte Erläuterungen dazu im fortlaufenden Text). Denn alle Aspekte hängen voneinander ab, sie sind interdependent:

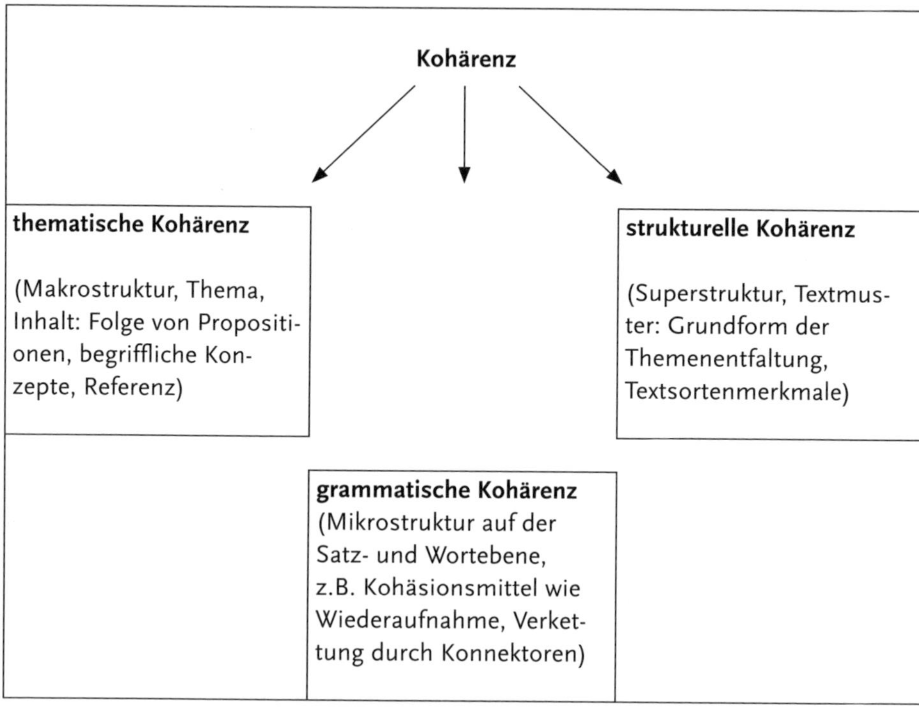

Im Einzelnen:

a) Thematische Kohärenz (Makrostruktur, Thema, Textsemantik):

Thema eines Textes

Das Thema eines Textes ist der »Kern des Textinhalts« (Brinker 1988: 51). Die thematische Entfaltung vollzieht sich durch verschiedene Möglichkeiten der Verknüpfung von Teilinhalten über Beziehungen zwischen Bedeutungen (semantische Relationen). Dazu gehören zum Beispiel

semantische Relationen

- Spezifizierung (etwas detaillierter oder präziser darstellen),
- Einordnung (z.B. in Ober- und Unterbegriffe),
- Explikation (etwas genauer ausführen)
- Begründung.

Im Fall unseres Entschuldigungsbriefs (vgl. Seite 71) lässt sich das Thema aus der angebotenen Formulierung nicht direkt ermitteln – man könnte es mit Feilke (2000: 16) als »Nichterscheinen beim Elternsprechtag« kennzeichnen.

Proposition

Für die thematische Kohärenz ist besonders der Begriff der Proposition (lat.: Darlegung, Aussage) zentral. Grundsätzlich handelt sich dabei um eine semantische Struktureinheit auf der Ebene des Satzes, die sich als Satzinhalt unabhängig von ihrer jeweiligen sprachlichen Realisierung ermitteln lässt. Der Satz »Ich lese ein Buch« enthält die gleiche Proposition wie der Satz »Ein Buch lese ich«. Kintsch (1974) geht davon aus, dass sprachlich übermittelte Informationen kognitiv als Propositionen gespeichert werden. Damit ergibt sich die Aussage, die Bedeutung eines Textes aus der Gesamtheit der Propositionen, aus denen er besteht. Van Dijk spricht in diesem Zusammenhang von Makropropositionen, die man gewinnt, indem man die einzelnen Propositionen so weit als möglich zusammenfasst und reduziert und so die Makrostruktur, die globale Textbedeutung ermittelt. Das Thema eines Textes ist danach seine »größtmögliche Kurzfassung« Ein übergreifender Satz, wie wir ihn aus Inhaltsangaben kennen, entspricht einer solchen Makroproposition (»In der Kurzgeschichte von ... geht es um ...«).

Makroproposition

Prädikat-Argument-Struktur

Zur Darstellung des Begriffs der Proposition liefert die Textlinguistik verschiedene Modelle. Kintsch (1974) gliedert Propositionen in eine Prädikat-Argument-Struktur auf (nicht zu verwechseln mit dem grammatischen Prädikatbegriff!): Eine einzelne Proposition besteht aus mehreren Wortkonzepten, von denen eines als Prädikat und die anderen als Argumente fungieren, die die Leerstellen des Prädikats füllen (vgl. dazu auch Vater 2001: 133). Der Satz »Ich lese ein Buch« sieht in dieser Darstellungsweise so aus: LESEN (Buch). Semantisch zusammengehörende und bereits bekannte Prädikat-Argument-Strukturen können vom Leser leichter und sogar ohne das Entschlüsseln der syntaktischen Informationen verarbeitet werden.

Ein anderes Modell ist die funktionale Satzperspektive (vgl. Eroms 1986), die einen Satz in Thema und Rhema gliedert: Das Thema ist der Ausgangspunkt, worüber etwas mitgeteilt wird, das Rhema die Aussage, die über das Thema gemacht wird. Meistens wird das Thema des Satzes zuerst genannt (hier: *Ich*), bevor folgt, was darüber ausgesagt wird (Rhema, hier: *lese ein Buch)*. Der Informationsschwerpunkt liegt damit am Ende, es sei denn, durch die Voranstellung des Rhemas soll eine besondere Markierung erfolgen. Durch die Thema-Rhema-Analyse lässt sich die Referenzstruktur eines Textes darstellen.

Thema und Rhema

Unabhängig von der einzelnen Modellierung des Propositionsbegriffs ist in unserem Zusammenhang, dem Erwerb von Textproduktionskompetenz, wichtig, wie man in einem Text die referenzielle Bewegung oder thematische Progression realisiert. Solche Verweise der sprachlichen Mittel auf andere Elemente des Textes und auf die außersprachliche Wirklichkeit erfolgen durch temporale, lokale und kausale Verknüpfungen, z.B. durch Einführung (»Es war einmal ...«) oder Fortführung (z.B. Beibehaltung der Person, Anknüpfung an die vorhergehende Einheit, Wechsel zu einer anderen Person), durch Vor- und Rückverweise (zur sprachlichen Realisierung vgl. unten) usw. Klein & von Stutterheim (1987) unterscheiden sechs Bereiche:

referenzielle Bewegung

- Angaben zu zeitlichen Eigenschaften,
- zu räumlichen Eigenschaften,
- zu an der Handlung beteiligten Personen,
- zu Situationen,
- zu modalen Eigenschaften und
- zu Begleitumständen.

Eine Proposition bezieht sich auf ausgewählte Merkmale dieser Bereiche.

Isotopie

Verbindende Relationen werden auch durch Isotopie geschaffen: die Wiederkehr von Wörtern desselben Erfahrungsbereichs im Text (z.B. Krankenhaus, Arzt, Station, Bett), wobei in komplexeren Texten mehrere Isotopie-Ebenen möglich sind.

frame and script

Einen ähnlichen Sachverhalt charakterisieren die Begriffe »frame« und »script« (vgl. z.B. Linke u.a. 1996: 235f.). Mit diesen Begriffen werden in der Psycholinguistik und Semantik Konzepte des Weltwissens bezeichnet, bei denen eine mentale Verknüpfung zu erwarten ist:

- Mit »frame« (Rahmen) sind statisch organisierte Wissensbestände gemeint (ein Bahnhof hat eine Schalterhalle, einen Bahnsteig usw.),
- mit »script« prozessual organisierte Wissensbestände (»Blutabnehmen« bedeutet: den Ärmel hochkrempeln, die Einstichstelle desinfizieren lassen usw.).

Solche Wissensrahmen, semantische Netze und begriffliche Konzepte, über die der Leser verfügt, müssen beim Verfassen eines Textes mit bedacht werden. Es ist schließlich die semantische Struktur, die vom Leser vorrangig behalten wird, während die grammatische Struktur (»die arme Verwandte der Semantik«) in der Regel schnell vergessen wird. Sie wird aber verstärkt zur Dekodierung herangezogen, wenn das Wissen des Lesers für die Erschließung der semantischen Struktur nicht genügt (vgl. Christmann & Groeben 2001).

b) Strukturelle Kohärenz (Superstruktur, Textmuster)

Die strukturelle Ebene der Kohärenz wird hier nur aus Darstellungsgründen als eigener Punkt aufgeführt, sie lässt sich aber kaum von der thematischen trennen.

Strukturiertheit schlägt sich bereits in äußeren Merkmalen nieder: Ein Text besitzt in der Regel eine Überschrift, er ist erkennbar in Absätze gegliedert (für Schreibnovizen keine Selbstverständlichkeit, etwa im Fall des Entschuldigungsschreibens auf S. 71, aus dem die Textsorte »Brief« schon vom grafischen Aufbau her nicht ersichtlich ist).

Entscheidender ist der Rückgriff auf Grundformen der thematischen Entfaltung und deren Realisierung (ggf. in Mischformen). Van Dijk (1980) differenziert hierzu zwischen Makrostruktur (Kernaussage) und Superstruktur (Textmuster).

Makrostruktur, Superstruktur

Superstrukturen sind danach abstrakte Ordnungsschemata, die aus einer Reihe von Kategorien bestehen, welche auf konventionalisierten Regeln beruhen. Brinker nennt als die vier wichtigsten Grundformen die

- deskriptive (beschreibende),
- narrative (erzählende),
- explikative (erklärende) und
- argumentative Themenentfaltung.

Solchen pragmatischen Basis-Textmustern lassen sich Textsorten zuordnen, die durch verschiedene textinterne Merkmale näher klassifizierbar sind. Wegen ihrer Bedeutung in der Praxis des Schreibunterrichts werden die schulrelevanten Textsorten in Kapitel 2.2 eingehender betrachtet.

Die Orientierung an einer konventionalisierten Superstruktur kann die Textproduktion entlasten, sie erleichtert zugleich auch den Verstehensprozess. Dominiert das Erfüllen von Merkmalen der Darstellungsformen den Unterricht zu stark, kann eine Textmustervorgabe aber auch hemmend auf den Prozess einwirken. Vereinfachende Schematisierungen sind ohnehin problematisch, da Textsorten in Reinform in der Praxis selten vorkommen, sondern variieren (siehe oben unter Funktionalität).

c) Grammatische Kohärenz (Mikrostruktur, Kohäsion)

Kohärenz als der inhaltliche Zusammen*hang* eines Textes bedarf formaler Mittel der Syntax und Morphologie. Diese Mittel realisieren die Makro- und Superstruktur eines Textes auf der sprachlichen Mikro-Ebene. Den so entstehenden sprachlichen Zusammen*halt* kann man auch als Kohäsion bezeichnen. Die Textlinguistik unterscheidet verschiedene Phänomene, hier können nur einige Beispiele genannt werden (vgl. Brinker 1988: 26ff.; Linke u.a. 1996: 215ff.):

Explizite Wiederaufnahme

- Koreferenz durch explizite Wiederaufnahme: Innerhalb eines Textes beziehen sich (referieren) Einheiten auf andere Einheiten, z.B. durch Wiederholung des Bezugsausdrucks (der Mann ... der Mann), durch Substitution, also Ersetzung durch andere Substantive (der Mann ... der Lehrer) oder Proformen (der Mann ... er).

anaphorisch und kataphorisch

- Eine solche Verknüpfung kann Vorangegangenes wiederaufnehmen (anaphorisch, zurückverweisend, z.B: »*Petra* kam die Treppe hoch. *Sie* brachte den Kaffee mit.«), es gibt aber auch kataphorische (vorausverweisende) Beziehungen (z.B: »*Sie* betrat das Klassenzimmer. Heute war *die Lehrerin* schlecht gelaunt.«)

Implizite Wiederaufnahme

- Die Wiederaufnahme kann auch implizit erfolgen, wenn keine Referenzidentität zwischen dem wiederaufnehmenden Ausdruck und dem wiederaufgenommenen Ausdruck besteht, z.B.: Sie betrat *das Klassenzimmer. An der Tafel* stand ...« In diesem Beispiel wird die explizite Wiederaufnahme (»In diesem Klassenzimmer gab es eine Tafel.«) vorausgesetzt, weil eine semantische Beziehung klar ersichtlich ist (s.o. »frames und scripts«).

- Konjunktionale Verknüpfungen (Konnektoren) setzen eine Aussage auf das zuvor Gesagte durch eine Konjunktion in Beziehung (z.B.: aber ..., schließlich ...). Konnektoren
- Die Wahl des unbestimmten oder bestimmten Artikels ist ebenfalls ein kohäsionsstiftendes Element, das auch als Textdeixis bezeichnet wird (Deixis: Vorgang des Zeigens). Mit dem unbestimmten Artikel können neue Elemente eingeführt werden, der bestimmte Artikel verweist auf Bekanntes. Textdeixis
- Auch die Tempuskontinuität innerhalb eines Textes ist ein Kohäsionsmittel, das etwa den Fortgang einer Erzählung nachvollziehbar macht. Ein Tempuswechsel kann z.B. Vorzeitiges anzeigen oder etwas vergegenwärtigen, im Normalfall wird aber von einem Beibehalten des Tempus ausgegangen (z.B. Prateritum in Erzähltexten). Tempuskontinuität
- Ein Kriterium speziell für schriftliche Texte ist die hinreichende sprachliche Korrektheit, die in der Mündlichkeit eine geringere Rolle spielt. Im Fall des aus Seite 71 genannten Entschuldigungsbriefs erschweren die fehlerhafte Morphologie und die Orthografie die Lektüre. Denn auch sprachliche Oberflächenmerkmale wie z.B. die Groß- und Kleinschreibung unterstützen das Erfassen eines Textes durch einen Leser und können somit als Bestandteil der Kohäsion angesehen werden. Sprachliche Korrektheit

2.1.4 Verständlichkeit

Die Textverständlichkeitsforschung hat Kriterien herausgearbeitet, die die oben genannten Bereiche unter dem Blickwinkel eines Lesers verklammern: Das Konstrukt Textverständlichkeit umfasst alle Eigenschaften der Textgestaltung, die den Verstehensprozess und das Behalten beeinflussen und somit zwischen Text und Rezipient vermittelnd wirken (vgl. Christmann & Groeben 2001: 180). Textverständlichkeit

Verständlichkeit beginnt schon bei Oberflächenmerkmalen wie Typografie und visuellen Elementen, insbesondere im Fall so genannten diskontinuierlicher Texte (das sind Texte, die nicht in einem geschriebenen Fluss präsentiert werden, sondern mit ikonischen oder grafischen Elementen durchsetzt sind, z.B. eine website). In lesepsychologischen Studien wurde früher versucht, die Lesbarkeit eines Textes über einen Wort- und einen Satzfaktor zu erfassen, insbesondere galt die Wortkomplexität als gewichtiger Faktor für die Verständlichkeit. Daraus resultierende Schreibtipps empfahlen die Wahl kurzer, gebräuchlicher, konkreter Wörter und die Verwendung einfacher Sätze ohne komplizierte hypotaktische Strukturen. Diese Sichtweise greift jedoch zu kurz, da Verständlichkeit auf mehreren Ebenen entsteht oder verhindert wird, nicht nur im Bereich der Lesetechnik. Bekannt gewordenen sind die vier textimmanenten Verständlichkeitskriterien von Langer, Schulz v. Thun, Tausch (1974, 2002):

Verständlichkeitskriterien

- Einfachheit – Kompliziertheit
- Gliederung/Ordnung – Ungegliedertheit, Zusammenhanglosigkeit
- Kürze/Prägnanz – Weitschweifigkeit
- anregende Zusätze – keine anregenden Zusätze

Die Autoren kamen über empirische Untersuchungen an pragmatischen Texten zu dem Ergebnis, dass Einfachheit das wichtigste Verständlichkeitskriterium sei. Von großer Bedeutung war auch die Kategorie Gliederung/Ordnung. Kürze/Prägnanz erwies sich dagegen als weniger entscheidend, aber dennoch häufig unterschätzt. Das Kriterium »anregende Zusätze« erzielte keine eindeutigen Ergebnisse, da es ein Sammelbecken unterschiedlicher Stimulierungsstrategien darstellt.

Dieser »Hamburger Verständlichkeitsansatz« wurde von Groeben weiterentwickelt, der die vier Kriterien modifiziert:

- sprachliche Einfachheit,
- semantische Kürze/Redundanz,
- kognitive Gliederung/Ordnung,
- motivationale Stimulanz.

Bedeutung der kognitiven Gliederung

Groeben misst aufgrund empirischer Befunde dem Kriterium der kognitiven Gliederung besondere Bedeutsamkeit bei (vgl. Christmann & Groben 2001: 83ff.). Positive Wirkungen für die Verständlichkeit haben zum Beispiel Vorstrukturierungen wie eine Einführung zur Aktivierung des Vorwissens; ein Beispiel dafür ist das fettgedruckte »Lead«, das vor einem Zeitungsartikel steht. Hilfreich sind auch Zusammenfassungen zur Konsolidierung des Gelesenen, etwa in Sachtexten. Die kognitive Gliederung unterstützt außerdem das hierarchisch-sequentielle Arrangieren der

Textinhalte, z.B. vom Allgemeinen zum Besonderen, oder die Orientierung an einer bekannten Superstruktur: Das Einhalten typischer Merkmale eines Textmusters (etwa in einer Bedienungsanleitung) erleichtert dem Leser zu erkennen, worum es geht.

Einbezug des Rezipienten

Ein Grundproblem dieser Kategorien ist es, dass die Verständlichkeit eines Textes nicht ohne Einbezug des Rezipienten definiert werden kann. Sie wird erst realisiert, wenn ein Leser für sich den Bezug zum eigenem Wissen herstellt (Leser-Text-Interaktion, s.o.). Daher können ohne die Kenntnis der situativen Bedingungen, unter denen ein Text rezipiert wird, keine allgemeingültigen Verständlichkeitsregeln aufgestellt werden.

Einbezug des Kontexts

Auch vom Kontext sind die Kriterien abhängig. Beziehungen zwischen schwierigen Sachverhalten lassen sich z.B. nicht immer über einfachste Sätze klarer ausdrücken als in komplexeren Satzgefügen: Dies spricht gegen eine pauschale Bevorzugung der Einfachheit. Kriterien wie Prägnanz und Kürze lassen sich ebenfalls nicht isoliert vom Inhalt betrachten: Ausführlichkeit und Wiederholungen können z.B. bei Lehrbuchtexten einen verständlichkeitsfördernden Effekt haben (vgl. Sumfleth & Schüttler 1995).

Ein weiteres Problem ist die Vermischung sprachsystematischer Ebenen in den vier Dimensionen. Einfachheit ist ein Kriterium, das linguistisch eher die Satz- und Wortebene meint, Gliederung betrifft dagegen die Textebene, wobei hier nicht nur eine kohärente Textstruktur, sondern auch die äußere Darstellung gemeint sein kann. Zur Analyse von Verständlichkeit sollte man daher zwischen der Makro-Ebene des gesamten Textes und den einzelnen Formulierungen auf der Satz- und Wortebene differenzieren.

Die Verständlichkeit einer Formulierung hängt von der Angemessenheit im Hinblick auf die Voraussetzungen der Rezipienten (inhaltlich, sprachlich) und der gewählten kommunikativen Funktion des Textes ab. Somit sind die in den vorigen Kapiteln erläuterten Aspekte für die Verständlichkeit von großer Bedeutung. Sie wird realisiert durch die Strukturierung des Inhalts (»Makro-Ebene«: Kohärenz, Aufbau, thematische Entfaltung) und durch die einzelnen sprachlichen Mittel (»Mikro-Ebene«: Syntax, Lexik). Es ist also sinnvoll, mit Schülern Schreibziele und Textfunktionen zu erarbeiten, indem nicht nur die eigene Absicht, sondern auch der Rezeptionskontext geklärt und mögliche Adressaten antizipiert werden. Ein Bewusstsein über Textsorten kann dabei helfen, ebenso sind Übungselemente zur Kohärenz auf allen Ebenen wichtig (siehe Teil 3).

Zusammenfassung

Ein Text ist eine begrenzte Folge sprachlicher Zeichen, die thematisch, strukturell und grammatisch zusammengehören (kohärent sind) und als Ganzes eine kommunikative Funktion signalisieren. Verknüpfungen können durch thematische Progression, durch das Einhalten einer Superstruktur und durch sprachliche Kohäsionsmittel hergestellt werden. Während diese Bedingungen im Mündlichen weniger streng eingehalten werden, ist konzeptionelle Schriftlichkeit durch eine geschlossenere Struktur gekennzeichnet.

Die Verständlichkeit und der kommunikative Erfolg eines schriftlichen Textes hängen davon ab, ob er im Hinblick auf die Voraussetzungen der Rezipienten semantisch und grammatisch für diese nachvollziehbar organisiert ist und damit die pragmatischen Bedingungen der Situationalität und Funktionalität erfüllt. Die gezeigten Beispiele von Entschuldigungsbriefen weisen Probleme auf der pragmatischen, semantischen und grammatischen Ebene auf: Sie enthalten Fehler (kein statt keinen), das Thema (»Elternsprechtag«) ist kaum erkennbar, ebenso die Funktion der Entschuldigung. Aus Lesersicht waren diese Texte zu implizit und unverständlich.

Das Problem zu impliziter Texte tritt bei Schreibnovizen häufig auf. Daher ist es wichtig, mit Schülern Schreibziele und Textfunktionen zu erarbeiten.

Aufgaben:

1. Handelt es sich bei dem folgenden Witz um einen kohärenten Text (aus Ulrich 1992: 87):

Beispiel

Drei Männer sitzen im Wartezimmer des Psychiaters und spielen Skat.
»Schach!«, sagt der eine und legt den Kreuzbuben auf den Tisch.
»Moment mal«, sagt der andere, »seit wann gibt es beim Halma Elfmeter?«

2. Bei dem folgenden Text handelt es sich um eine Tischrede aus Thomas Manns »Zauberberg«, die der durch seine inkohärente Redeweise auffällige Mynheer Peeperkorn hält (aus Linke u.a. 1996: 254). Warum kann ein Rezipient den folgenden Text als Tischrede erkennen?

Beispiel

Peeperkorn in Thomas Manns »Zauberberg«:
»Meine Herrschaften, – Gut. Alles gut. Er-ledigt. Wollen Sie jedoch ins Auge fassen und nicht – keinen Augenblick – außer Acht lassen, dass – doch über diesen Punkt nichts weiter. Was auszusprechen mir obliegt, ist weniger jenes, als vor allem und einzig dies, dass wir verpflichtet sind – dass der unverbrüchliche – ich wiederhole und lege alle Betonung auf diesen Ausdruck – der unverbrüchliche Anspruch an uns gestellt ist. Nein! Nein, meine Herrschaften, nicht so! Nicht so, dass ich etwa – Wie weit gefehlt wäre es, zu denken, dass ich – Erledigt, meine Herrschaften! Vollkommen erledigt. Ich weiß uns einig in alldem, und so denn: zur Sache!«

3. Untersuchen Sie den folgenden Text (Fehler wurden nicht korrigiert).
   a) Enthält er Elemente konzeptioneller Mündlichkeit?
   b) Analysieren Sie die Organisation von thematischer, struktureller und grammatischer Kohärenz.

Beispiel

Nico, Klasse 8, HS (aus Fix & Melenk 2000):
Ultimativ Man
Als ich Nico am 1.9. in meinen Garten lief bemerkte ich ein leises Xylophan spielen. Plotslich tauchten am Horizont ein ungefähr 10 Kilometer breites und 3 Kilometer hohes Ufo auf. Ich lief sofort ins Haus und schaute auf mein Radar und sah sie Auserirdische die eine Invasion vorbereiteten. Ich stieg sofort in meinen Haubschrauber ließ die Turbienen an und flog loß nach Washington ich stieg natürlich noch um in die Air Force one. Als ich in Washington ankam schmugelte ich mich in weiße Haus. Ich kämpfte mit seinen Leibwachen aber das ich zwei Jahre im Shohlinen Kloster geübt hatte wurde mit ihnen fertig.

Ich berichtete dem Presidenten von den Vorkommnissen da in der USA auch Ufos aufgetaucht sind. Ich stieg in die Air Force One und flog zu den Ausseridischen.
Plötzlich tauchten Ufos hinter mir auf ich machte einen luping setzte mich hinter ihn stieg aus dem Flugzeug aus und sprang auf das Ufo. Vor mir standen Ausserirdische ungefähr 13 Millonen jeder von ihnen richtet einen Laser auf mich. Ich fing an deutsch mit ihnen zu reden doch das verstanden sie nicht also sprach ich die Außerirdische sprange denn ich konnte sie ich hatte ja schließlig sprachen studiert. Ich sog meinen Ultralaser heraus und jagte das ganze Schiff in die Luft davor sprang ich noch mit dem Fallschirm ab und landete.

4. Das folgende Leseprozess-Modell bildet sieben Stufen der Textrezeption ab. Bei der Erschließung eines Textes sind danach zusammenwirkende Prozesse »von oben nach unten« wie »von unten nach oben« denkbar. Gemeint ist damit, dass man »top down« mit einer globalen Vorerwartung an einen Text herangehen und erst dann auf die Details blicken kann oder dass man »bottom up« Einzelheiten erschließen und so zur Kohärenz des Textes vordringen könnte, um sich allmählich ein Gesamtbild zu verschaffen – je nach Vorkenntnissen und Lesesituation. Ihre Aufgabe ist es nun, dieses Lesemodell auf das Schreiben von Texten zu beziehen. Erläutern Sie, welche Aspekte des Textverstehens sich beim Schreiben eines Textes gezielt berücksichtigen lassen:

Leseprozess:

Top down	Bottom up	Teilprozesse
1	7	Metakognitive Prozesse (z.B. übergeordnete Überlegungen zum Thema)
2	6	Bildung einer Superstruktur (z.B. Wissen über eine Textsorte)
3	5	Globale Kohärenzbildung durch reduktive Prozesse (z.B. Zusammenfassen gelesener Abschnitte im Kopf)

4	4	Kohärenzbildende Prozesse durch Inferenz (Inferenz = »Hineintragen« eigenen Wissens in das Gelesene)
5	3	Semantische und syntaktische Prozesse (Bedeutungen und Satzstrukturen erschließen)
6	2	Worterkennen (z.B. bekannte Fachbegriffe identifizieren)
7	1	Blickbewegung und basale Wahrnehmungsprozesse (z.B. Buchstaben entschlüsseln)

2.2 Schulische Textsorten und Textmuster – exemplarisch

2.2.1 Textsortenwissen – wozu?

Textsorten und Textfunktion

Textsorten sind nach Brinker (2001, S. 135) »konventionell geltende Muster für komplexe sprachliche Handlungen« mit jeweils typische Verbindungen von kommunikativ-funktionalen und strukturellen Merkmalen. Ein zentrales Unterscheidungskriterium ist, wie im vorigen Kapitel gezeigt wurde, die Textfunktion.

Fragt man Schüler, welche Funktionen das Schreiben in ihrer *Freizeit* für sie hat, findet man andere Textsorten als die in der Schule trainierten. Fast alle Schüler (94 % in einer Befragung von rund 650 Jugendlichen, vgl. Fix 2000) schreiben zu Hause zumindest ab und zu etwas – und zwar nicht so drastisch ungern, wie es Jugendlichen manchmal unterstellt wird, allerdings mit klarem Vorsprung für die Mädchen, die signifikant häufiger und lieber schreiben. Auf die Frage, welche Anlässe zum Schreiben führen, antworten Schüler der achten Klassen wie folgt:

Schreibanlässe

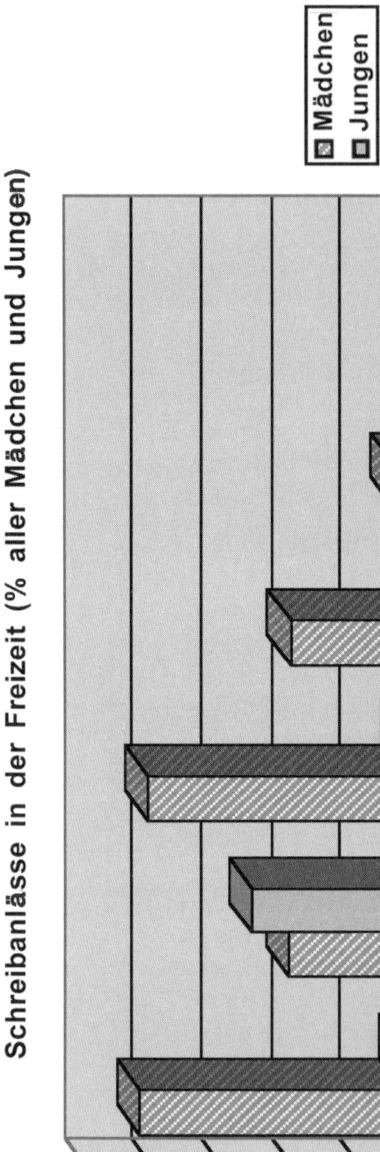

EM = ...weil ich jemandem meine **E**rlebnisse oder Probleme **m**itteilen möchte
IF = ...weil ich **I**nformation **f**esthalten möchte, damit ich sie nicht vergesse
EF = ...weil ich **E**rinnerungen **f**esthalten möchte
PV = ...weil ich Erlebnisse oder **P**robleme für mich **v**erarbeiten möchte
GE = ...weil ich gerne eigene **G**eschichten oder Gedichte **e**rfinde
KW = ...weil ich mir durch das Aufschreiben über etwas **k**lar **w**erden möchte

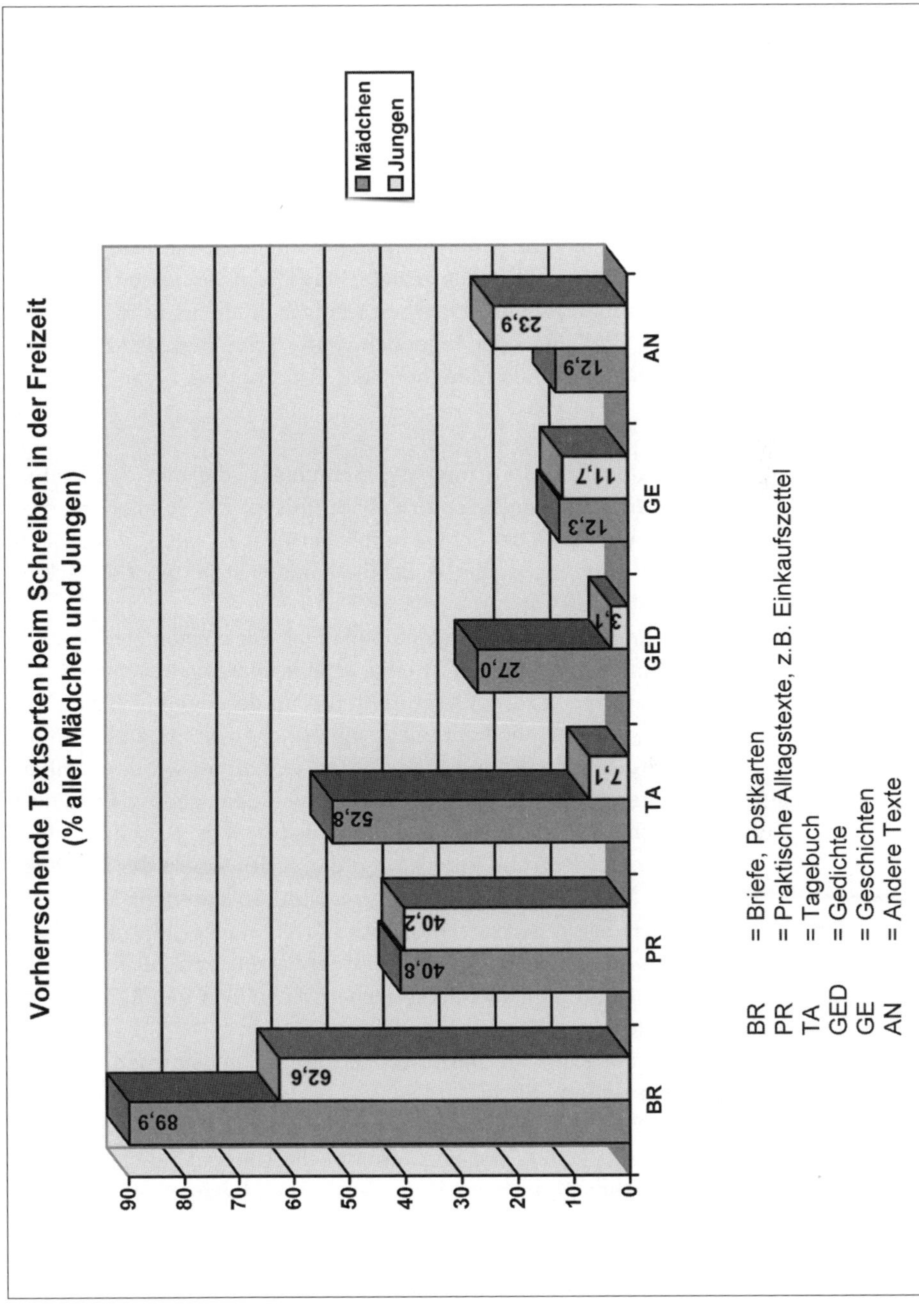
Vorherrschende Textsorten beim Schreiben in der Freizeit
(% aller Mädchen und Jungen)
Mädchen
Jungen
0
10
20
30
40
50
60
70
80
90
BR
PR
TA
GED
GE
AN
89,9
62,6
40,8
40,2
52,8
7,1
27,0
3,1
12,3
11,7
12,9
23,9
BR = Briefe, Postkarten
PR = Praktische Alltagstexte, z.B. Einkaufszettel
TA = Tagebuch
GED = Gedichte
GE = Geschichten
AN = Andere Texte

Selbst wenn die Antworten aufgrund der vorgegeben Formulierungen zu relativieren sind, zeigen sich zwei Tendenzen: Es gibt eine gravierende geschlechtsbedingte Heterogenität und die Schreibvorlieben der Jugendlichen setzen andere Prioritäten als das schulische Curriculum. Personale Schreibbedürfnisse (Erinnerungen, Probleme verarbeiten oder mitteilen) dominieren bei den Mädchen, die konservierende Funktion nutzen beide Geschlechter (Informationen festhalten), die Jungen allerdings etwas stärker. Die gezielte Frage nach Textsorten bestätigt dieses Bild. Jungen schreiben weniger Briefe als Mädchen und kaum Gedichte oder Tagebuch. Dafür schreiben sie aber mehr sonstige Texte als Mädchen (z.B. am Computer, vgl. Grafik S. 89).

Funktionen und Formen des Schreibens, die den außerschulischen Schreibanlässen und -bedürfnissen der Schüler entsprechen, werden in der Schule möglicherweise zu wenig berücksichtigt. Hier herrschen die bei Schülern mäßig beliebten, klassischen Aufsatzarten vor.

Traditionelle Aufsatzlehre

Unter »Aufsatz« versteht man in der Regel einen vom Schüler zu einem bestimmten Thema in einer vorgegebenen Zeit geschriebenen Text, der bestimmten Anforderungen in Bezug auf Form, Stil und Inhalt unterliegt (vgl. Ulrich 1979: 14). Das Training von Aufsatzformen mit engen Textsortennormen wurde vor allem in älteren didaktischen Konzepten wie dem gebundenen und sprachgestaltenden Aufsatzunterricht (vgl. Kap. 3.1.1) besonders in den Vordergrund gerückt und damit der Aspekt der Orientierung an Mustern sehr stark gewichtet. So unterteilt Marthaler 1962 in seiner Aufsatzlehre sechs Arten in einer Matrix, die vor allem durch eine angebliche Trennbarkeit von objektiv-sachlichem und subjektiv-persönlichem Schreiben geprägt ist (vgl. Tabelle S. 91)

Darstellungsformen

Trotz der Kritik an diesen starren Darstellungsformen seit den 1970er Jahren, die in der Didaktik zeitweilig zu deren vollständigen Diskreditierung führte, veränderte sich die Unterrichtspraxis allerdings wenig, wie auch empirische Untersuchungen zeigen (z.B. Merz-Görtsch 2001). In heutigen Bildungsplänen kommen zwar Elemente des so genannten freien, kreativen und produktiven Schreibens hinzu, die vor allem die Schilderung ersetzen, aber man findet immer noch in erster Linie Aufsatzarten, die

Marthalers Einteilung in individuell-subjektive Erlebnissprache und objektive Sachsprache nur leicht modifizieren: Abhandlung und Betrachtung werden unter dem Etikett der linearen und kontroversen Erörterung geführt, ergänzt wurden noch die Inhaltsangabe und die Interpretation sowie verschiedene Unterarten (in der Grundschule vor allem die Bildergeschichte als Form der Erzählung).

Marthalers Aufsatzmatrix (1962)

	Zeitliches Nacheinander	Räumliches Nebeneinander	Gedankliche Durchdringung
Sachliche Aufsätze	Bericht	Beschreibung	Abhandlung
– Zweck: *Etwas* ausdrücken, unterrichten	Sich-erinnern (Gedächtnis)	Beobachten (Sinnesorgane)	Nachdenken (Wissen)
– Stil: wirklichkeitstreu, kurz, klar	z.B. Zeugenaussage	z.B. Unsere Ferienwohnung	z.B. Unsere Hausordnung
Persönliche Aufsätze	Erzählung	Schilderung	Betrachtung
– Zweck: *Sich* ausdrücken, erfreuen	Erfinden (Fantasie)	Schauen (Intuition)	Bewerten (Gewissen)
– Stil: spannend, schön	z.B. Als ich einmal ...	z.B. Beim Losverkäufer	z.B. Autostopp, ja oder nein?

Indem Funktionen und Stilmerkmale bestimmten Darstellungsformen verbindlich zugeordnet werden, rückt deren Entstehung zunehmend in Vergessenheit: Es handelt sich bei Aufsatzarten um Muster, die aus der rhetorischen Tradition zu didaktischen Zwecken entstanden sind und daher immer wieder an die realen Schreibfunktionen zurückzubinden wären. Sie sollten den Schreibprozess unterstützen, ihre Aufgabe ist es aber nicht, ihn starr normativ zu bestimmen. Merkmale von »Aufsatzarten« wurden jedoch von der Sprachpraxis isoliert und auf deduktivem Weg abgearbeitet. Dadurch verkam die Textsortennormierung häufig zu einem stereotypen Drill, bei dem auch gute Schüler im gewohnten institutionellen Rahmen die ausgetretenen Pfade lieber nicht verlassen. Sie transportieren in dieser Situation die ihrer Ansicht nach erwarteten schulischen Normen, weil sie es gewohnt sind, dass der Erfolg an solchen kontrollierbaren Merkmalen gemessen wird. Viele schulische Textsorten*normen* sind also hinsichtlich ihrer Funktionalität fragwürdig (*die* Textbeschreibung, *die* Bildergeschichte usw.) und haben sich verselbstständigt.

Textsortenwissen könnte man zunächst als deklaratives Wissen (»knowing that«) klassifizieren, weil es sich um einen Bestandteil des Welt- oder Sachwissens handelt. Im traditionellen Aufsatzunterricht ist diese deklarative Komponente überbewertet worden. Das Wissen über narrative, deskriptive oder argumentative Muster beeinflusst zwar das Planungsverhalten, es nutzt aber für die Formulierungen im Schreibprozess kaum etwas, wenn es nur theoretisch an die Schüler herangetragen wird (vgl. Baer 1995, S.39ff.). Versteht man Textsortenwissen nicht als einengende Norm, sondern als praktische Orientierungshilfe, kann es innerhalb des Schreibprozesses unterstützend wirken.

Textsortennormen und Textmuster

Hinter Textsorten*normen* stehen Text*muster*, die als »Werkzeuge« oder »Grundbausteine« (»stored writing plans« bei Hayes & Flower 1980) schriftsprachlichen Handelns in allen Sprachgemeinschaften existieren (vgl. Schneuwly 1995: 124). Es handelt sich um kommunikative Gattungen, die sich nicht statisch definieren lassen; es ist »erst vor dem Hintergrund des ganzen Feldes, das sich immer durch Anzahl und durch die Lagerung der einzelnen Größe bestimmt, sagbar, was die einzelne Gattung ausmacht. In dieser Hinsicht sind kommunikative Gattungen grundsätzliche Formulare, die in je besonderer Weise die Erfüllung von Tätigkeiten erleichtern. Wie bei Formularen üblich, können diese auf eine sehr prototypische Weise ausgefüllt werden – oder auch untypisch.« (Ossner 2005: 121). Hinter den Aufsatzarten »die Erzählung« und »der Bericht« stehen somit Muster des Erzählens und Berichtens (und nicht alles, was erzählt wird, ergibt am Ende auch eine Erzählung im Sinne eines geschlossenen Texts, vgl. Ludwig & Wolff 1978: 17). Das Wissen darüber ist als abstraktes Rahmenschema gespeichert und enthält prototypische Elemente über z.B. das erzählende, beschreibende oder erörternde Muster (vgl. Müller 1997: 20). Schon Kinder greifen, mehr unbewusst als bewusst, auf strukturelle, syntaktische und lexikalische Merkmale ihres Wissens über Textmuster zurück, z.B. beim Erzählen eines Märchens. Dabei spielt Intertextualität eine Rolle, denn auch in Bezug auf Textstrukturen erfolgt Schreiben »immer in Korrespondenz mit Vorgefundenem« (Dehn 1999: 11).

Textsortenwissen als Handlungswissen

Das Wissen über Textmuster sollte also nicht deklarativ sein, sondern vielmehr durch praktische Erfahrungen zu einem Handlungswissen (»knowing how«) werden, das entweder bewusst zur Bewältigung der Problemsituation eingesetzt wird (Problemlösewissen) oder bereits automatisiert ist (prozedurales Wissen). Eine didaktisch sinnvolle Textsortenklassifikation verbindet daher die typischen strukturellen und sprachlichen Eigenschaften mit der Orientierung an deren kommunikativen Funktionen. Möglicherweise könnte die in Kapitel 2.1.2 vorgestellte Dreiteilung in expressive, informative und appellative Textsorten hierfür bereits ausreichen. Wenn das Wissen durch die Klärung der Schreibfunktion zu einem bestimmten Schreibanlass *funktional* und *induktiv* erarbeitet wird, erscheinen Textmuster – und als vereinfachendes Durchgangsstadium auch Textsortennormen – in einem anderen Licht: Sie sind nicht systematisch abzuarbeitende Ausführungspläne, sondern heuristische Pläne (vgl. Miller, Galanter & Pribram 1991: 156ff. und 172ff.). Sie sind Teil der Methodenkompetenz und ermöglichen eine bestimmte Schreibstrategie, indem sie prototypische Elemente liefern, an denen sich sowohl die Schreibenden als auch die Lesenden bei der Interpretation kommunikativer Bedeutung orientieren können (vgl. Günthner 1995: 211). Ein versierter Schreiber setzt dieses Wissen im Prozess flexibel und situationsadäquat ein, er verwendet grundlegende Muster als Module, mit deren Hilfe neue Detailpläne erzeugt werden. Auf diese Weise kann das Wissen über Textmuster also kreative Prozesse fördern.

Im Folgenden werden vier Textmuster kurz vorgestellt: Erzählen, Berichten, Beschreiben und Argumentieren. Die Auswahl erfolgt aufgrund ihrer Relevanz in der Schule – auch in den neuesten Bildungsplänen. Dabei geht es immer um schriftliche, nicht um mündliche Formen. Statt einzelner Zusammenfassungen steht am Schluss eine zusammenfassende Übersicht für alle vier Textmuster.

2.2.2 Erzählen

Narratives Textmuster

Einer Erzählung liegt ein narratives Textmuster zugrunde: In einem fiktiven Raum wird ein erzählwürdiges Ereignis reproduziert, das – vermeintlich real – in der Vergangenheit stattgefunden hat. Der Fokus kann auf den Erzähler, den Zuhörer oder die Sache gerichtet sein (vgl. Ludwig 1981: 17): Im ersten Fall geht es dem Erzähler darum, sich psychisch zu entlasten oder Anteilnahme zu erzeugen, im zweiten Fall steht die Unterhaltungsfunktion im Vordergrund, im dritten die Information über einen vergangenen Sachverhalt.

Anteilnahme, Unterhaltung oder Information

Die schulische Aufsatzlehre unterscheidet die Textsorten Erlebniserzählung, Fantasiererzählung, Nacherzählung und Bild(er)geschichte (vgl. z.B. Thalheim 1998). Die Grenze zum Bericht ist fließend (s.u.), zumal zum Erzählen die Handlungen Berichten und Beschreiben oft dazugehören (vgl. Knapp 1997: 60). Bei einer Erzählung dominiert jedoch stärker die Perspektive des erzählenden Subjekts. Etwas Erlebtes oder Gefühltes, Gesehenes oder Gehörtes oder selbst Erfundenes wird vom davon möglicherweise beeindruckten Erzähler mit einem gewissen Grad an emotionaler Betroffenheit nach außen getragen. So entsteht eine größere Nähe zur Mündlichkeit als bei anderen schriftlichen Textsorten, wenngleich mündliche Erzählungen weitaus assoziativer und dialogischer gestaltet sind als geschriebene und daher nicht als unmittelbare Schreibvorlage dienen können. Durch Elemente wie die direkte Rede können illokutive Akte aber unmittelbar und lebendig präsentiert werden; dadurch werden vergangene Handlungen gegenwärtig (vgl. Rehbein 1984: 110). Bei allen Formen kommt es auf die (spannende) Gestaltung der äußeren und inneren Handlung, der Handlungsmotive, der Stimmungen der Protagonisten und die Lösung an.

Subjektivität

Das Thema betrifft in der Regel ein abgeschlossenes Ereignis, das »Minimalbedingungen der Ungewöhnlichkeit« aufweist (Quasthoff 1980). Van Dijk (1980) spricht hier von einem »Interessantheitskriterium«. Um dieses singuläre Ereignis herum sind die anderen Strukturelemente einer Erzählung gruppiert: Die in Anlehnung an Rumelharts Model der »story grammar« (1975) entwickelten Strukturschemata für Erzählungen von Boueke & Schülein (1988) und Knapp (1997) unterscheiden drei Hauptphasen:

Interessantheit

story grammar

- Orientierung mit Einführung von Ort, Zeit und Aktanten
- Episode(n) mit Ereignis(sen), einer Handlungskomplikation mit Resultat, Reaktion oder überraschender Wende, die in eine Auflösung mündet
- Koda (Schluss), evtl. mit Evaluation des Geschehenen

Orientierung
Episoden
Koda

Das typische »Mausschema« (Einleitung – Hauptteil mit Höhepunkt der Spannungskurve – Schluss der Schulerzählung) ist also nichts anderes als die Abbildung der in der außerschulischen Sprachwirklichkeit »natürlich« vorkommenden »story grammar«, die allerdings in ihrer unflexiblen Normierung im Unterricht der Grundschule bisweilen groteske Züge annimmt.

»Mausschema« (Einleitung – Hauptteil mit Höhepunkt– Schluss)

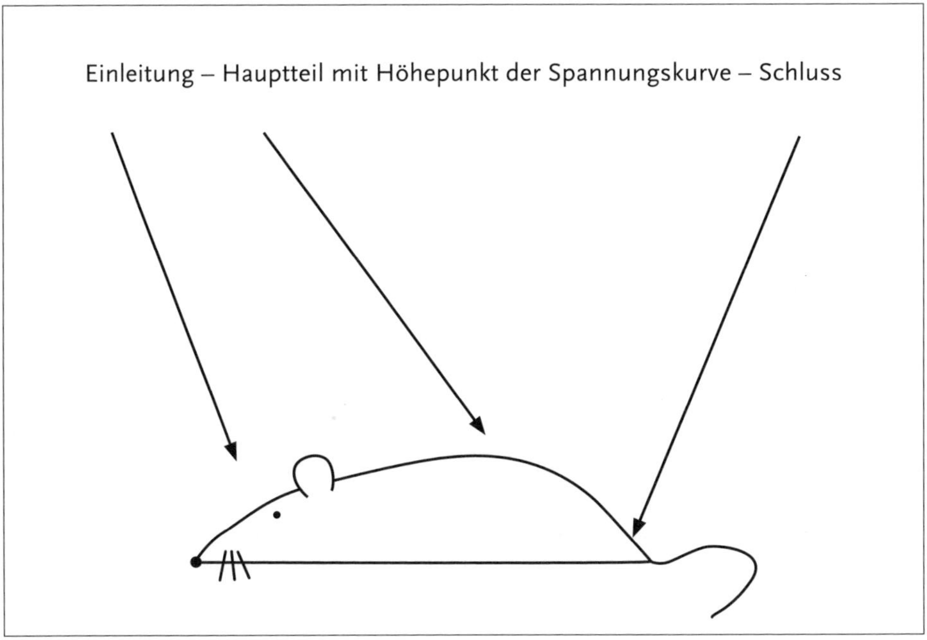

Die Einengung kann dysfunktional sein, wenn sie der Erzählsituation und den damit verbundenen Intentionen nicht entspricht. So ist nicht immer eine Einleitung mit klassischen Ankündigungselementen erforderlich – man kann sich beispielsweise auch an Kurzgeschichten orientieren, die ohne Einleitung unmittelbar in das Geschehen hineinführen. Ähnliches gilt für die stilistische Vorgabe, durchgängig das Präteritum zu verwenden; an bestimmten Stellen kann z.B. das Präsens eine besondere szenische Qualität entfalten.

In der traditionellen Aufsatzlehre haben sich aber entsprechende Textsortennormen entwickelt: Man kann in methodischen Ratgebern lesen, in einer Erlebniserzählung, einer Bildergeschichte oder einer Nacherzählung dürfe man nichts Erfundenes schreiben, sondern müsse sich streng an die Ereignisse der Wirklichkeit bzw. der Vorlage halten, während in einer Fantasiererzählung das Umgekehrte gelte: Die Geschichte solle möglichst originell und neu (also z.B. nicht aus einem gesehenen Film) sein und ein eigenes Fantasieprodukt in die Erzählhandlung einbauen. Dabei ist aber nicht klar definiert, welche Signale Originalität und Einfallsreichtum anzeigen.

Hier tritt erneut das bereits erwähnte Grundproblem auf, dass sich die Hilfsmittel, die als Unterrichtsmedien gedacht waren, zu Unterrichtsgegenständen verselbstständigt haben (vgl. Fritzsche 1994):

Bild(er)geschichte und Nacherzählung

– Bild(er)geschichte und schriftliche Nacherzählung sind nichts anderes als reine Formulierungs-Etüden ohne kommunikative Funktion. Diese Übungen, die dem Erwerb der Erzählkompetenz dienen sollten, sind zu eigenen schulischen Textsorten aufgestiegen, die in der außerschulischen Realität keine Entsprechung haben.

Erlebnis- und Fantasieerzählung

– Die Trennung in Erlebnis- und Fantasieerzählung ist insofern überflüssig, als dass jede Form des Erzählens in einem intertextuellen und intermedialen Raum stattfindet. Auch der Fantasieerzähler greift Erlebtes, Gelesenes, Gesehenes auf, das er in der Vorstellung konkretisiert (vgl. Dehn 1999: 26), ob es sich nun um reale oder über die Medien symbolisch vermittelte Erfahrungen handelt. Dass dieser Rückgriff auf Kontexte eine sinnvolle produktive Strategie darstellt, ist inzwischen in mehreren Untersuchungen zur Intermedialität bestätigt worden (vgl. z.B. Fix & Jost 2004).

Erzählen in kommunikative Funktionen einbetten

Es wird im Unterricht also weniger darauf ankommen, die Erfüllung bestimmter Textsortenmerkmale zu vermitteln, als vielmehr das Erzählen in seine kommunikativen Funktionen einzubetten. Dafür sind Erzählsituationen zu schaffen und Erzählanlässe anzubieten.

Wichtiger als die Differenzierung des Erzählens in einzelne Erzähl-Unterarten (Fantasie oder Erlebnis?) erscheint eine andere, funktionale Unterscheidung: Während Erzählen und Berichten in mündlichen Alltagssituationen kaum zu unterschieden sind, differieren die Lese-Erwartungen im Bereich des Schriftlichen stark: Bei der Lektüre einer Erzählung wird man eine subjektive Färbung als normal akzeptieren, während das Berichten eine Erwartung nach einer sachbezogenen Darstellung auslöst. Daher wird das Berichten als eigener Punkt aufgeführt, auch wenn man es insgesamt zum narrativen Muster zählen kann (vgl. Fritzsche 1994: 55 oder Payrhuber 1996: 62ff.).

2.2.3 Berichten

Informationsbezogene Darstellung von Vergangenem

Beim *Berichten* geht es um eine informationsbezogene Darstellung eines vergangenen Ereignisses, über das der Autor seinen Leser in Kenntnis setzt. Im Hinblick auf die thematische Ausrichtung lassen sich verschiedene Formen von Berichten unterscheiden, die mehr oder weniger standardisiert sind: Reisebericht, Sportbericht, Unfallbericht usw. Entscheidend ist dabei, »dass der Sachverhalt den Charakter der Abgeschlossenheit hat« (Rehbein 1984: 92). Der Berichtende kennt das Resultat und betrachtet den Handlungs- und Ereigniskomplex vom Ende her – er rekapituliert eine Erfahrung (Ludwig & Wolff 1978: 17).

Die Personen werden nicht (wie bei der Erzählung) im Normalfall genauer charakterisiert, sondern lediglich in ihrer Funktion benannt. Nicht jedes Detail wird (wie bei der Beschreibung) registriert; die wesentlichen Elemente des berichteten Ereignisses werden aber so wiedergegeben, dass der Rezipient in der Lage ist, die dargebotenen Fakten selbst zu bewerten und sich eine Meinung dazu zu bilden. Die traditionelle Aufsatzlehre baute besonders bei dieser Textsorte eine Polarität zwischen subjektiver Erzählung und »objektivem« Bericht auf, trug aber zugleich durch Unterscheidungen zwischen »Sachbericht« und »Erlebnisbericht« zur Verwirrung bei; mittlerweile hat sich als bedeutendes Merkmal der Textsorte »Bericht« in der Schule das Vermeiden subjektiver Gefühle und Stellungnahmen bzw. die genaue Kennzeichnung derselben durchgesetzt: »Ein Bericht ist ein sachlich-informierender Text, der ein Geschehen genau, wahrheitsgetreu, objektiv wiedergibt, indem er eine Reihe von Einzelbeobachtungen und Einzelvorgängen zu einer in sich logischen Darstellung zusammenfügt«, definiert Thalheim (1998: 95).

Die vermeintliche Objektivität von Berichten ist allerdings ein Konstrukt: Auch bei diesem Schreibmuster fließen Intentionen und Gefühle des schreibenden Subjekts in den Text ein. Im jounalistischen Bereich gibt es berichtende Textsorten, die die reinen Fakten mit persönlichen Einschätzungen mischen, etwa Reportage und Feature. Ebenso lässt sich die Grenze zwischen Erzählung und Bericht nicht auf einer Linie zwischen Subjektivität und Objektivität an einem bestimmten Punkt markieren; es kann aber wohl eine Tendenz zum Sachlichen und eine entsprechende knappe, präzise Sprache als Merkmal des berichtenden Stils festgehalten werden. Auch hierbei gilt erneut, dass die normativen Vorgaben (»Bringe keine eigenen Gefühle ein!«) sich nur in Bezug auf ein klares Schreibziel rechtfertigen lassen. Insofern ist die Textsorte für das Trainieren der Adressatenorientierung und der Schreibfunktion in Opposition zur Erzählung sinnvoll.

Tendenz zum Sachlichen

Spezielle sprachliche Merkmale von Berichten kann man über eine Analyse von Beispielen gewinnen, z.B. eine Häufung der Linksstellung der Verbalphrase (»geplant ist eine ...«) oder von Konstruktionen, die mit »es« eingeleitet werden, eine stärkere Passivverwendung usw. (vgl. Rehbein 1984: 99f.). Diese sind allerdings ebenso wenig als Schreibanleitung für Schüler geeignet wie die bekannten stilistischen Vorgaben. So wird häufig verlangt, Berichte müssten ohne direkte Rede auskommen – eigentlich ein Widerspruch zu einer möglichst nah am Ereignis liegenden Authentizität der Darstellung. Wichtiger ist auch hier das Klären der Schreibfunktion, die Reflexion der Adressatenorientierung und eine sorgfältige Vorarbeit (Informationsrecherche); zur Strukturierung können die journalistischen W-Fragen dienen:

W-Fragen

- Wer ist am Ereignis beteiligt?
- Was geschah (bzw.: was ist daran wichtig?)
- Wo passierte es?
- Wann?
- Wie geschah es (wichtige Details)?
- Warum kam es dazu?

2.2.4 Beschreiben

Beschrieben wird etwas, was der Leser noch nicht kennt: eine Person, ein Objekt, ein Bild oder eine Tätigkeit, ein Prozess, ein Vorgang. Je nach Situation kann dem exakten Beschreiben große Bedeutung zukommen (z.B. Augenzeugenbeschreibung eines Verdächtigen, Verabredung mit einer Person, die man noch nicht gesehen hat, Verlustanzeige eines gestohlenen Fahrrades, Wegbeschreibung).

Wie für den Bericht ist für die Textsorte der Beschreibung charakteristisch, dass die Darstellung informierend und sachbezogen ist. Brinker ordnet daher beide der deskriptiven Themenentfaltung zu (1988: 63). Gemeinsam ist beiden Formen auch, dass der Autor über eine vorausgehende Wahrnehmung bzw. Erfahrung verfügen muss, die er zum Nachvollzug für den Leser in einem »Gang durch den Vorstellungsraum« (Rehbein 1984: 79) wiedergibt.

deskriptive Themenentfaltung

Anders als ein Bericht weist eine Beschreibung jedoch stärker einen präsentischen und allgemeingültigen Gestus auf, während der Bericht ein singuläres Ereignis wiedergibt. Im Idealfall vergegenwärtigt der Beschreibende dem Rezipienten das Beschriebene aufgrund eingehender Beobachtung detailliert und in nachvollziehbarer Ordnung, sodass dieser sich eine genaue Vorstellung darüber machen kann. Beschreiben bildet die Wahrnehmung nicht einfach ab, es strukturiert sie (Feilke 2003: 7). Daher ist auch hier der Adressatenbezug genau zu reflektieren und vor allem zu klären, was an bereichsspezifischem Wissen vorausgesetzt werden kann und was nicht.

Allgemeingültiger Gestus

Beim Beschreiben gilt es, präzise Formulierungen, passende Verknüpfungen und angemessene, eventuell fachsprachliche Wörter zu finden. Die Aufgabe, Eigenschaften näher zu beschreiben, übernehmen auf der syntaktischen Ebene im Wesentlichen die Attribute, vor allem bei Objektbeschreibungen (von lat. attribuere: zuteilen, als Eigenschaft belegen). Das Adjektivattribut ist der häufigste Vertreter dieser Funktion (der Mann – der große Mann). Aber auch das Präpositionalattribut ist im beschreibenden Sprachgebrauch von ähnlicher Bedeutung (der Mann – der Mann mit dem Hut), während z.B. Genitivattribute (der Mann der Täterin) oder Relativsätze als Attribut (der Mann, der aus Berlin kam) in der Alltagssprache weniger häufig eingesetzt wer-

Präzision

den. Daneben sind auch Vergleiche (so groß wie ...) und – besonders bei Prozessbeschreibungen – passende Verben (falten, ausschneiden, festkleben...) von größerer Relevanz.

Anordnungsmöglichkeiten

Entsprechende Textsortenmerkmale werden in der Schule unterrichtet: »Beschreibe im Präsens anschaulich und genau, verwende Fachsprache, halte die Reihenfolge ein.« Ein »exklusives Anordnungsmuster« für den kognitiv-begrifflichen Aufbau gibt es allerdings nicht, und »auf das Präsens als Merkmal der Beschreibung wird in der Schule so viel Wert gelegt, weil man auf diese Weise Beschreibungen von Erzählungen phänomenal abgrenzen kann«, kritisiert Ossner (2005: 131). Vielmehr sei wichtig, »dass überhaupt ein Anordnungsmuster erkenn- und rekonstruierbar ist, das als solches die Aufbewahrung im Gedächtnis des Leser/Hörers erleichtert«. Ossner nennt dafür, ohne Anspruch auf Vollständigkeit, folgende Möglichkeiten:

- vom Anfang zum Ende (zeitlich),
- vom Auffälligen zum Unauffälligen,
- vom Hervorstechenden zum Unscheinbaren,
- vom Bedeutsamen/Wichtigen zum Unbedeutenden,
- direktional von links nach rechts oder umgekehrt,
- vom allgemein Bekannten zum Unbekannten,
- vom gesellschaftlich Anerkannten zum Tabuisierten,
- vom erwartet Unterstellten zum erwartet Unbekannten und jeweils umgekehrt.

»Wichtig ist immer, dass ein markanter Punkt am Anfang gesetzt wird, von dem aus dann der Fortgang wegen seiner Erwartbarkeit unternommen wird.« (Ossner 2005: 125).

Begriff und Beschreibung

Zur Steuerung des Wechselspiels von Top-down- und Bottom-up-Prozessen des Rezipienten kommt es nach Ossner – anders als bei Narrationen – besonders auf den Zusammenhang zwischen Begriff und Beschreibung an: «Eine Beschreibung ist in einem Begriff aufgehoben und jeder Begriff muss in einer Beschreibung explizierbar sein.« Eine Beschreibung benötigt danach zwei »feste Standbeine«:

»a) eine kategoriale Einordnung am Anfang, die uns die Top-down-Prozesse ermöglicht. Hier sollte eine Oberbegriffskategorisierung vorgenommen werden, die eine Grundorientierung anbietet (...)

b) sensorische Merkmale, die uns die Bottom-up-Prozesse liefern. Sie sichern die nötige Konkretheit und Anschaulichkeit.« (Ossner 2005: 125f.)

Dazu kommen affektive Elemente, durch die der Leser nachhaltiger für den Beschreibungsgegenstand eingenommen wird, als dies eine sachliche Sprache allein tun könnte. Damit ist auch für das Beschreiben die fließende Grenze zum Berichten und Erzählen aufgezeigt (die Schilderung als »subjektive Beschreibung« stellte in der traditionellen Aufsatzlehre einen solchen Übergang dar).

Für Ossner ist »Beschreiben« dennoch nicht als illokutiver Akt (als mit einem klaren Handlungswert für den Leser) analysierbar. Damit fasse man lediglich etwas sinnlich Gegebenes in Worte. Je nach Funktion der Beschreibung ergibt sich aber eine Überschneidung mit instruktiven Texten. Eine Bastelanleitung, ein Kochrezept, eine Wegbeschreibung enthalten Vorgangsbeschreibungen, die den Zweck der möglichst genauen Umsetzung verfolgen. Sie umfassen zugleich explikative Aspekte – das mit dem Beschreiben eng verwandte Muster des Erklärens (vgl. Rehbein 1984: 86, Brinker 1988: 64ff.) wird hier ebenso realisiert (in manchen Schreibdidaktiken ist »Erklären« daher als eigenes Textmuster ausgebracht, vgl. z.B. Payrhuber 1996: 81ff.). Becker-Mrotzek (1997) betont für den Fall des Anleitungstextes die Bedeutung der zweckorientierten, illokutiven Präzisierung, die erst in einem späten Stadium der Schreibentwicklung erreicht wird.

Anleiten

Erklären

Eine weitere verwandte Textsorte ist die Inhaltsangabe, bei der aber auch eine Nähe zum Berichten besteht. Statt eines Vorgangs oder einer Person wird der Inhalt eines Textes oder Films beschrieben. Damit ist schon ausgedrückt, dass es sich hierbei nicht um eine Nacherzählung handelt, die im ähnlichen Wortlaut das Gelesene wiedergibt. Auch eine Zusammenfassung wäre etwas anderes: Zusammenfassen heißt Kürzen des vorhandenen Textes, ohne ihn zu verändern. Die Inhaltsangabe dagegen löst sich von der Vorlage; der wesentliche Handlungszusammenhang wird mit eigenen Worten einem Leser so beschrieben, dass ihm der Inhalt des ihm unbekannten Textes präsent, gegenwärtig wird; die Zeitform ist daher auch das Präsens. Inhaltsangaben sind deshalb wichtig für Situationen, in denen die Leser den Inhalt eines Buches oder Filmes noch nicht kennen.

Inhalte angeben

Obwohl sich für das Beschreiben und insbesondere das Anleiten gute Möglichkeiten zur funktionalen Einbindung in reale Kommunikationszusammenhänge ergeben, werden in Handreichungen für die Schule nach wie vor Themen wie »Ich putze ein Fahrrad«, »Ich räume mein Zimmer auf«, »Ich bereite die Geburtstagsfeier meiner Schwester vor« (Vorgangsbeschreibungen), »die Weitsprunganlage« (Raumbeschreibung), »die Friseurin« (Personenbeschreibung) und Gegenstandsbeschreibungen vom Rasenmäher über den Staubsauger bis zum Lineal vorgeschlagen (Thalheim 1998: 91f.). Kommunikationsorientierte Sprachbücher betten dagegen Aufgabenstellungen in einen funktionalen Kontext ein, z.B.: Ein Spiel erfinden und dafür die Anleitung schreiben, ein Bastelbuch herstellen, in einem Brief an die Brieffreundin eine Beschreibung integrieren usw.

2.2.5 Argumentieren (Erörtern)

Argument

Ein Argument (lat. argumentum = Darstellung, Beweis) ist eine Aussage, die im Hinblick auf eine Behauptung begründende Funktion und Plausibilität beansprucht. Es besteht aus einer These, für die ein Geltungsanspruch erhoben wird, und aus der Begründung (evtl. mit Bespiel), mit der dieser Anspruch etabliert werden soll. Im Fall des argumentativen Textmusters geht es dem Autor also darum, einen Standpunkt oder eine – möglicherweise strittige – Behauptung durch Berufung auf Fakten, Autoritäten oder allgemeine Normen in eine Unstrittige zu überführen.

Überzeugungsproblem

Damit tritt zu den bisherigen Problemen noch das Überzeugungsproblem hinzu: Durch die Verknüpfung mehrerer Argumente soll der Adressat von der Richtigkeit der These überzeugt werden. Das Spannungsverhältnis »subjektiv oder objektiv« ist somit beim Argumentieren sehr bedeutsam: Dem Argumentierenden geht es in der Regel nicht nur um Klärung, sondern um ein subjektives Interesse an Persuasion, das er mit möglichst objektiven und für den Rezipienten plausiblen Begründungen durchzusetzen versucht.

Argumentationsstruktur

Das Minimalgerüst einer Argumentation bilden mindestens eine These und ein Argument. In Anlehnung an Toulmin (1958) lassen sich für die Darstellung der Argumentationsstruktur weitere Kategorien finden, die Brinker an einem leicht veränderten Beispiel erläutert (1988: 70):

(1) These: Hans ist deutscher Staatsbürger.
(2) Argument: Hans wurde in Deutschland geboren.
(3) Schlussregel: Wenn jemand in Deutschland geboren wurde, ist er in der Regel deutscher Staatsbürger.
(4) Stützung der Schlussregel: Aufgrund der folgenden Gesetze: ...
(5) Modaloperator: vermutlich
(6) Ausnahmebedingung: z.B. beide Elternteile waren keine Deutschen.

Brinker ergänzt diese Kategorien noch um eine thematische Kategorie »Einbettung«, die These und Argumente situiert (1988: 74), und implizite »Wertbasis«, die vom Produzenten in Bezug auf den Rezipienten als gemeinsam angenommen wird.

Argumentationen können sehr unterschiedlich aufgebaut werden. So werden rationale, moralische, emotionale, aber auch taktische Argumentationsfiguren (Topoi) unterschieden (vgl. Wagner 1994). Eine Argumentation ist dann schlüssig, wenn die Argumente so verkettet sind, dass einem nachfolgenden Argument nicht widersprochen werden kann, ohne damit ein bereits vorausgegangenes, akzeptiertes Argument abzulehnen.

Argumentationsfiguren

In der Schule kommt die Argumentation in der Regel in der Erörterung vor, in der ein problemhaltiger Sachverhalt analysiert und durch argumentierendes und kommentierendes Vorgehen einer möglichen Lösung zugeführt wird (vgl. Ulrich 1979: 39). Die Erörterung ist also eine Mischform, die neben argumentierenden auch berichtende und beschreibende Anteile enthalten kann. Sie ist eine der ältesten Aufsatzformen überhaupt (vgl. Baurmann & Ludwig 1990: 16), die in der Antike schon die Untersuchung von Problemen und verschiedenen Standpunkten zum Gegenstand hatte, aber zunehmend formalisiert und verengt wurde.

Erörterung

Da es im Gegensatz zu anderen Mustern keine zeitliche, sondern nur eine gedankliche Struktur als Ausgangspunkt des Schreibens gibt, erweist sich die Strukturierung der Erörterung als besonders großes Problem (vgl. Fritzsche 1994: 114). In der aufsatzdidaktischen Tradition haben sich daher bestimmte formale Ausprägungen verfestigt, von denen vor allem zwei bis heute in den Schulen eingeübt werden:

- zum einen die lineare Erörterung, bei der das Nachdenken über ein bestimmtes Thema dargestellt wird – sie kann stei-

lineare Erörterung

gernd (nach der Bedeutung der Aussagen) oder nach bestimmten Aspekten angeordnet werden;

kontroverse Erörterung

- zum anderen die kontroverse Erörterung zu einem strittigen Problem, bei der These und Antithese anhand von pro und contra-Argumenten diskutiert werden und in eine begründete Schlussfolgerung (conclusio) mit eigener Position münden.

Nach einer orientierenden Einleitung, in der die Problemfrage präzisiert und im aktuellen Kontext situiert wird, folgt das dialektische Vorgehen zwei möglichen Mustern:

– These – pro-contra-pro-contra ... – conclusio
 oder
– These pro-pro-pro ...-contra-contra-contra ... – conclusio.

Die Kritik an der »eisernen« Form dieser Aufsatzart und ihrer Ideologieanfälligkeit (»Besinnungsaufsatz«) ist vielfältig. Auch die curriculare Einengung auf die Sekundarstufe wird in Frage gestellt. Baurmann & Ludwig verweisen auf Untersuchungen zur Schreibentwicklung, nach denen argumentative Muster bereits in der Grundschule zu finden sind (vgl. Kapitel 1.3). »Der Unterricht soll nicht in erster Linie bestimmte Formen und feste Muster vermitteln, sondern ausgehend von bereits Erfahrenem und Gelerntem Befähigungen zum Schreiben auf- und ausbauen.« (Baurmann & Ludwig 1990: 25).

Die Erörterung kann ein Lernmedium dafür sein, sich über Sachverhalte klar zu werden und sich einen eigenen Standpunkt zu erarbeiten. Neben dieser kognitiven erfüllt sie eine kommunikative Funktion, da sie Dezentrierung und die Fähigkeit zur Perspektivenübernahme verlangt (vgl. Fritzsche 1994: 118). »Selbst wenn der Text nur zur Selbstaufklärung dient, ist die Fiktion des Lesers nützlich, weil sie zur genauen Explikation der eigenen Auffassung, zur strengeren Argumentation und zur exemplifizierenden Konkretisierung zwingt. Begriffliche und logische Mängel werden leichter sichtbar, wenn man versucht, seine Auffassung einem anderen darzulegen.« (Fritzsche 1994: 120).

Eine Begrenzung der Inhalte auf allgemeine Probleme und Wertfragen wird ebenfalls kritisiert, zumal in der klassischen Aufsatzsituation die notwendigen Sachinformationen fehlen, sodass die Aufgabenstellung häufig »Oberflächlichkeit, Leichtfertigkeit und phrasenhafte Geschwätzigkeit« fördert (Fritzsche 1994: 116). Stattdessen versuchen neuere Konzeptionen, das argumentative Muster mit der Rezeption von Sachtexten in funktionalen Zusammenhängen zu verknüpfen (vgl. Felder & Fix 2001, 2003) und im Rahmen von thematischen Projekten, z.B. in Form von Leserbriefen, Kommentaren, Streitgesprächen, Stellungnahmen innerhalb thematischer Einheiten usw., anzuwenden. Zur Vorbereitung einer Argumentation stehen somit ein situativer Kontext und Recherchemöglichkeiten zur Verfügung. Die Schreibaufgabe selbst erfordert dann nicht das Abarbeiten eines bestimmten Gliederungsmusters, sondern die Anpassung der Argumentation an den konkreten Schreibanlass. Während bei der traditionellen Erörterung die Entlastungsstrategie der Vorbereitung nur das Lernen bestimmter Textsortennormen war, können die Schüler bei solchen Aufgabentypen auch die inhaltliche Seite vorbereiten; es macht ja wenig Sinn, ein Thema zu erörtern, wenn dazu kein inhaltliches Vorwissen erarbeitet wurde, zumal die sprachliche Form nicht vom Inhalt unabhängig ist. So wird es möglich, dass die Aufgaben von der üblichen Textmusterbezogenheit abrücken; zudem werden auch Fähigkeiten zur Textauswertung und Arbeitstechniken des Exzerpierens, Zusammenfassens usw. relevant, indem sie für den Schreibprozess nutzbar gemacht werden.

Situativer Kontext
Recherche

Die Darstellung der vier Textmuster erhebt keinen Anspruch auf Vollständigkeit. Aber sie ist doch für eine große Zahl von schulischen Schreibaufgaben hinreichend, da die meisten Textsorten auf diese Grundmustern zurückgreifen. Auch weiterführende Aufsatzformen lassen sich hier zuordnen:

Textanalyse

- Die Textanalyse enthält z.B. mit einer Inhaltsangabe eine *Beschreibung* des Textinhalts, aber auch *berichtende* Elemente (z.B. indirekte Rede); auch die Darlegung der Eigenheiten des Texts (Personen, Zeit, Ort, Handlung, Erzählperspektive, Form, Aufbau, Spannungskurve, Sprache [Satzbau, Wortwahl, bei Lyrik z.B. Metaphern, Metrum ...], Kontext ([Autor, Epoche, Intentionen] entspricht dem deskriptiven Muster. Die begründete Stellungnahme und Interpretation greift dagegen auf das *argumentative* Muster zurück.

produktiver Umgang mit Texten

- Beim so genannten »produktiven Umgang mit Texten« ist meist ein *narrativer*, literarischer Text Ausgangspunkt, an den man sich über bestimmte Schreibverfahren annähert. Dementsprechend werden stilistische Strukturen des Ausgangstextes fortgeführt (z.B. Schreiben eines inneren Monologs, Briefs, Tagebucheintrags).

Diese Beispiele unterstreichen erneut die Einschränkung, dass die Trennung in Textmuster idealtypisch ist. Kein Muster kann in Reinform gänzlich von den anderen isoliert werden. Es handelt sich eher um Felder, die sich an den Rändern überlappen und innerhalb derer funktionale Freiheit herrscht (vgl. Ossner 2005).

Zusammenfassung:

Es dürfte deutlich geworden sein, dass der Erwerb von Mustern als Bauplänen eine wichtige heuristische Funktion für Lernende erfüllt, aber nicht starr normativ zu verstehen ist. Textmuster sollen dazu dienen, die Schreibaufgabe durchschaubarer zu machen und den Schreibprozess zu entlasten, nicht, ihn zu bestimmen. Das Ziel bleibt die Überwindung der Norm hin zu einem authentischen Schreibstil.

Abschließend wird in der folgenden Tabelle versucht, heuristisches Wissen über die jeweilige Textsorte komprimiert nach Kategorien darzustellen:

Stichworte zu vier schulischen Textmustern

	Erzählen	**Berichten**	**Beschreiben**	**Argumentieren (Erörtern)**
Schreibziel	Ein erlebtes, Rezipiertes oder fiktionales Geschehen mit überraschender Wende soll unterhaltend, betroffen machend, Erstaunen erzeugend, spannend etc. nahe gebracht werden.	Vom Resultat her wird über einen Vorgang, ein abgeschlossenes Ereignis in der Vergangenheit informiert.	Einen selbst wahrgenommener Sachverhalt, ein Objekt oder ein Prozess, wird zur Wiedererkennung oder zum Nachvollzug für einen Adressaten möglichst genau dargestellt.	Ein Problem, ein Sachverhalt wird beleuchtet, um auch eine eigene Stellungnahme dazu zu begründen und ggf. den Leser von einer These zu überzeugen.

	Erzählen	**Berichten**	**Beschreiben**	**Argumentieren (Erörtern)**
Modalität der Themenentfaltung	subjektbezogen, emotional, szenisch, perspektivisch, stimmungsvoll, narrativ	sachlich, informierend, referierend, ereignisbezogen, deskriptiv mit narrativen Anteilen	sachlich, informierend, anschaulich, objekt- oder prozessbezogen, deskriptiv mit ggf. explikativen Anteilen	Problem- bzw. objektbezogen, sehr stark adressatenorientiert, ggf. persuasiv, argumentativ mit deskriptiven Anteilen
Beispiele für schulische Textsorten	Erlebnis-, Fantasie-, Nacherzählung, Reizwort-, Bild(er)-geschichte	Veranstaltungs-, Unfall-, Praktikumsbericht	Gegenstands-, Bild-, Personen-, Vorgangsbeschreibung	Lineare Erörterung Kontroverse Erörterung Texterörterung
Verwandte Textsorten	Produktives und kreatives Schreiben: Einen Text weiterführen, Paralleltexte usw.	Reportage Protokoll Meldung Referat	Anleitung, Rezept Charakteristik Inhaltsangabe Klappentext	Kommentar Leserbrief Rezension Interpretation Streitgespräch
Textstruktur	Orientierung mit Einführung der Aktanten – Episoden mit Komplikation, Höhepunkt – Auflösung – Schluss, evtl. mit Evaluation	Ereignisse werden geordnet (W-Fragen: Wer, wo, wann, was, wie, warum), logische Reihenfolge	Übersichtliche Reihenfolge (Nachvollziehbarkeit), z.B. vom Ganzen zu Teilen, von außen nach innen etc.	Einleitung zum Sachverhalt und zur Problemfrage, Darstellung verschiedener Standpunkte und Argumente, Begründung der eigenen Position
Schreibplan, inhaltliche Vorbereitung: Organisation des Wissens	Ideensammlung, Brainstorming, Imagination entfalten, ungewöhnliches Ereignis bzw. Handlung überlegen, Ort, Zeit, Personen festlegen	Klären, um was es geht (Zeitungsbericht: Lead, Schlagzeile), W-Fragen beantworten, Gliederung nach zeitlichem Ablauf	Genaue Beobachtung, alle Einzelschritte bedenken, bei Prozessbeschreibung nach zeitlichem Ablauf, ansonsten nach kategorialen oder sensorischen Merkmalen gliedern	Thema und Problem präzise klären, Stoffsammlung und Informationsrecherche, Entscheidung für einlinige oder kontroverse Argumentation, Argumente anordnen, Belege und Beispiele suchen

	Erzählen	**Berichten**	**Beschreiben**	**Argumentieren (Erörtern)**
Realisierung: Häufige sprachliche Mittel	Präteritum vorherrschende Zeitform; Einleitung: packend (direkt ins Geschehen) oder »klassisch« (Exposition wie z.B. in Märchen); Informationen über Aktanten durch Wiederaufnahme aufrechterhalten; Ausbauen der Höhepunkte, Markieren der Plötzlichkeit; Einsatz spannungssteigernder Mittel wie szenisches Sprechen (wörtliche Rede), kurze Sätze, abwechslungsreiche Satzmuster	Präteritum vorherrschende Zeitform; Beschränken auf Wesentliches, genau und sachlich informierend, evtl. zusammenfassender Schlusssatz, indirekte Redewiedergabe	Präsens vorherrschende Zeitform; nachvollziehbares und verständliches Verknüpfen von Aufzählungen, exakte Wortwahl (treffende Attribute, Fachbegriffe), bei Vorgängen: Passiv, Infinitiv, Imperativ, Indefinitpronomen usw.	Präsens vorherrschende Zeitform; Orientierung der Einleitung an der Themafrage, plausible Argumentation durch leserorientierte Anordnung von Belegen und Beispielen, wichtigste Argumente am Schluss; Wecken der Aufmerksamkeit durch dialogische Struktur, Vorwegnahme von Gegenargumenten usw.; am Ende Zusammenfassung

Aufgaben:

1. Welche Bedeutung hat Schreiben für Sie persönlich? Listen Sie die für Sie wichtigsten Schreibfunktionen auf und vergleichen Sie Ihre Liste mit den Ergebnissen der Schülerbefragung Seite 88.
2. Was meint Fritzsche damit, wenn er fordert, dass Textmuster und -normen nicht Lerngegenstand, sondern Lernmedium des Aufsatzunterrichts sein sollten?

3. a. Suchen Sie zu den vier vorgestellten Textmustern jeweils ein Beispiel für einen funktionalen Rahmen in einer Sprachhandlungssituationen (z.B. Beschreibung: Verlustanzeige für ein gestohlenes Fahrrad).
   b. Präzisieren Sie davon ein Thema und Schreibziel und planen Sie dafür den »Einstieg« in die erste Unterrichtsstunde einer schreibdidaktischen Einheit, also eine Möglichkeit, die Schüler mit der Schreibarbeit bekannt zu machen (Problemgewinnung, Motivation, Ideenimpulse ...).
4. Untersuchen Sie an Schreibaufgaben aus Schulbüchern, ob dort schematisierte Merkmale der Textmuster das methodische Vorgehen bestimmen.

Institutionelle Perspektive: Schreibunterricht in der Schule | 3

3.1 Schreibdidaktische Konzeptionen

3.1.1 Historische Entwicklung

Beim Versuch, die Geschichte der Schreibdidaktik in übersichtliche Abschnitte zu fassen, entsteht leicht der Eindruck, dass man hier eindeutige Perioden abgrenzen könne. Die auch im Folgenden verwandten Etikettierungen schreibdidaktischer Konzeptionen sind aber nicht einfach als chronologische Epochen zu verstehen, die einander ablösen; durch das Auftreten neuer Ansätze werden die bestehenden nicht eliminiert, sie existieren weiter fort, vermischen sich und werden so wieder zu neuen Konzeptionen. Dennoch lässt sich eine Linie festhalten, die sich auch terminologisch niederschlägt: Die alte »Aufsatzerziehung« wurde abgelöst durch eine »Didaktik des Textschreibens« bzw. »Schreibdidaktik«. Diese Entwicklung soll im Folgenden skizziert werden.

Von der Aufsatzerziehung zur Schreibdidaktik

Textschreiben, ursprünglich ein Teilgebiet rhetorischer Übungen in Latein, wurde im 19. Jahrhundert zu einem festen Bestandteil des allgemeinbildenden Unterrichts, zu dessen Zielen nun auch die Förderung des Ausdrucks in der deutschen (Schrift-)Sprache gehörte. Während in den Gymnasien im Schreibunterricht die »Ausbildung der Seelenkräfte« angestrebt wurde, ging es in den Volksschulen vor allem darum, die Literalisierung und die Durchsetzung der Standardsprache voranzubringen (vgl. Ludwig 2003: 172f.). Die rhetorische Orientierung auf einen Adressaten hin rückte dabei in den Hintergrund.

Die formalen Muster und stilistischen Normen waren allerdings streng vorgegeben; es wurde angenommen, dass Kinder zunächst damit überfordert wären, einen eigenen Text zu verfassen. So vertritt eine Aufsatzmethodik von 1871, eine Erzählung selbst zu bilden sei für die Kinder im Allgemeinen zu schwer. Die Übung könne in nichts anderem bestehen als in der Nachbildung (vgl. Mezler 1871). Es waren also weniger die eigenen Formulierungen gefragt als die Fähigkeit, vorbildliche Beispiele nachzuahmen. Die Sprachbücher enthielten für diese Kopiermethode Mustertexte, zu denen die Schüler analoge Texte schreiben mussten. Dahinter stand die Überzeugung, dass der eigene Schreibstil durch ein allmähliches Lösen von den Vorgaben zu erreichen sei.

Dieses Muster reproduzierende Schreiben ging in der Folge als gebundener Aufsatz in die fachdidaktische Diskussion ein (Gebundenheit von Thema, Gliederung, Stil, Wortwahl usw.). Obwohl der Schwerpunkt des gebundenen Aufsatzes im 19. Jahrhundert lag, lassen sich Linien bis zu den heutigen Prüfungsvorbereitungen ziehen, bei denen formale Merkmale von Textsorten, z.B. Erörterungen, trainiert werden.

Gebundener Aufsatz

Der gebundene Aufsatz geriet zu Beginn des 20. Jahrhunderts in heftige Kritik, Reformpädagogen kritisierten die normative Gängelung. Die schöpferische Kraft des Kindes dürfe nicht derart eingeschränkt werden, es müsse vielmehr wie ein Künstler, ohne die Grenze thematischer und stilistischer Gebundenheit, sein eigenes Erleben und seine Fantasie frei entfalten,. Dieser Gegenentwurf, der freie Aufsatz (so ein Buchtitel von Gansberg 1914/1950), sollte nicht nur Sprachübung sein, sondern auch eine persönlichkeitsbildende Funktion übernehmen. Er fand große Beachtung in den schreibdidaktischen Konzeptionen des 20. Jahrhunderts (mit Ausnahme der Zeit des Nationalsozialismus, in der der formalistische Drill rehabilitiert und ideologisch verstärkt wurde). In der Praxis war es vor allem die Volks- bzw. Grundschule, die Anregungen des freien (Erlebnis-)Aufsatzes aufnahm, während die Sekundarschulen stärker am gebundenen Aufsatz festhielten und beispielsweise den »falschen Erlebnisaufsatz« (Kolb 1924, S. 24) praktizierten, bei dem sogar das zu schildernde Erlebnis vorgegeben war.

Freier Aufsatz

Eine andere Begründungsrichtung schlugen Vertreter des sprachschaffenden oder sprachgestaltenden Aufsatzes (seit Ende der 1920er Jahre) ein. Während die Position des freien Aufsatzes von der Person des Schreibers her begründet ist, geht es hier um die Sprache, um den »richtigen Ausdruck«; Deutschunterricht sollte durch schöpferische Erfahrungen mit Sprache zur – so der Buchtitel von Seidemann 1927 – »inneren Sprachbildung« werden. Nach 1945 verschwammen teilweise die Konzepte. In der Praxis setzte sich ein am sprachgestaltenden Aufsatz orientiertes, vom Gegenstandsfeld her begründetes Modell des Aufsatzunterrichts durch, das auf der Annahme basiert, es gäbe für das Verhältnis von Inhalt und Form Gesetzmäßigkeiten, aus denen bestimmte Darstellungsformen resultierten (vgl. Kapitel 2.2.1)

Sprachgestaltender Aufsatz

In den 1970er Jahren wurde im Rahmen einer allgemeinen Normenkritik diesem schematischen, präskriptiven Ansatz (aber auch dem auf Innerlichkeit ausgerichteten, als einseitig empfundenen freien Erlebnis-Aufsatz) eine kommunikative Aufsatzdidaktik entgegengesetzt (vgl. z.B. »Texte für Leser«: Böttcher u.a. 1973). Es gab heftige Angriffe gegen die wirklichkeitsfernen Darstellungsformen, die sich in der Schule verselbstständigt hatten. Die Forderung der Curriculumdiskussion, Schüler mit lebenspraktischen, emanzipatorisch relevanten Qualifikationen auszustatten, führte zur Orientierung an realen Schreibsituationen. Es ging nun nicht mehr um den »richtigen« Ausdruck im Sinne einer Norm, sondern um die kommunikative Angemessenheit für die Schreibsituation, den Kommunikationspartner (Adressaten) und die Schreibintention – allerdings häufig verengt auf appellative Funktionen des Schreibens. Der Begriff »Aufsatz«, Symbol für eine normative Didaktik, wurde durch »Textproduktion« oder »Texte verfassen« ersetzt. Die pragmatische Dimension des Schreibens, die bislang vernachlässigt war, ist seither in den Lehrplänen stärker verankert. Eine Verengung auf Gesellschaftsrelevanz als einziges Ziel der Schreibdidaktik müsste sich allerdings den Vorwurf des Utilitarismus gefallen lassen. Schreiben aus rein ästhetischen Gründen hätte hier einen schlechten Stand. Zudem lässt sich nicht ignorieren, dass schulisches Schreiben auch bei versuchter Realitätsnähe immer zugleich eine Lehrer-Schüler-Interaktion im Leistungskontext darstellt. Selbst wenn es gelingt, Realsituationen herbeizuführen oder zu simulieren, bleibt die sekundäre Funktion des Schreibens im Unterricht häufig die Bewertung der Schülerleistung.

Kommunikative Aufsatzdidaktik

Die Wissenschafts- und Gesellschaftsorientierung der Siebzigerjahre rief in den 1980er Jahren Gegenbewegungen in verschiedenen Gebieten hervor. In der Pädagogik kam es zu einer Renaissance von reformpädagogischen Ansätzen. Einprägsame Begriffe wie Ganzheitlichkeit, Handlungsorientierung, entdeckendes, selbst gesteuertes Lernen, Differenzierung und Individualisierung, Freiarbeit, offener Unterricht und Projektunterricht prägten die Diskussion. Statt der Frage nach der Vermittlung fachwissenschaftlicher Inhalte standen nun die Schüler als Subjekte des Lernens wieder im Mittelpunkt des Interesses (»subjektive Wende«).

»Subjektive Wende«

Im Zusammenhang mit diesen Entwicklungen wurde insbesondere in der Grundschule das reformpädagogische *freie Schreiben* wieder belebt (auch unter den Begriffen personales Schreiben, expressives Schreiben firmierend, vgl. Ludwig 2003: 175). So kritisiert Sennlaub den traditionellen Aufsatzunterricht: »Könnten Kinder Schreiben so zwanglos-freudig lernen, wie sie Sprechen lernten, würde es diese Unlust und Angst, diesen Widerwillen und diese Gleichgültigkeit gegen Schreiben und Geschriebenes nicht geben. (...) Das Ziel ist: Schreiben muss Freude machen. Der Weg: Die Interessen und Bedürfnisse der Kinder müssen im Mittelpunkt stehen. (...) Das heißt erstens: Die Kinder entscheiden, ob sie schreiben wollen oder nicht. Zweitens: Sie entscheiden selbst, was sie schreiben wollen. Drittens: Sie entscheiden, wann sie schreiben.« (Sennlaub 1985). Spitta untermauert diesen Ansatz mit einer Kritik an der »Didaktik der überbetreuenden Fürsorglichkeit«, die von der Angst gespeist werde, Kinder könnten nur Schreiben lernen, wenn ihnen alles »häppchenweise vorgekaut serviert würde« (Spitta 1998: 35).

Die genannten Konzeptionen bestehen in der Unterrichtspraxis bis heute fort. In jüngster Zeit erfahren die traditionellen Darstellungsformen im Zusammenhang mit der Debatte um Bildungsstandards wieder eine Aufwertung, da die Merkmale von Textsorten relativ leicht zu normieren sind. In der Kontroverse um freies und angeleitetes Schreiben wird häufig eine Kombination instruktiver und selbst gesteuerter Elemente vorgeschlagen (z.B. Fix 2000). Hier bleibt die weitere Entwicklung abzuwarten.

Aktuelle schreibdidaktische Ansätze

Prägend für die aktuelle schreibdidaktische Debatte zu Beginn des 21. Jahrhunderts und somit auch für die institutionellen Vorgaben in den jeweiligen Bildungsplänen sind vor allem drei Ansätze der Schreibdidaktik, die sich – stark vereinfachend und komprimierend – mit drei Adjektiven charakterisieren lassen (die Terminologie wird entsprechend des allgemeinen Gebrauchs in der didaktischen Literatur übernommen, auch wenn die Etiketten teilweise nicht präzise genug sind):

- kreativ,
- prozessorientiert,
- integrativ.

3.1.2 Kreatives Schreiben

»creative writing«

Unterstützt durch die außerschulische Schreibbewegung im amerikanischen Raum (»creative writing«) und an die »subjektive Wende« anknüpfend avancierte das kreative Schreiben zu einer bedeutenden Richtung der Schreibdidaktik. Vertreter dieses Ansatzes (z.B. Rico 1984, Spinner 1993) gehen davon aus, dass Schreibaufgaben, die subjektorientierter und offener sind als herkömmliche Aufsatzthemen, Schüler stärker zum Schreiben motivieren. Stellenweise wird der Begriff mit dem freien Schreiben gleichgesetzt. Abraham (1998) unterscheidet drei Formen:

- Das personal-kreative oder autobiografische Schreiben,
- das poetische oder literarische Schreiben und
- das heuristische Schreiben (Denken durch Schreiben).

Spinner grenzt das kreative Schreiben in der Schule deutlich vom freien Schreiben ab, da kreatives Schreiben die Zugänge zum Schreiben arrangiert und die subjektiven Prozesse damit nicht völlig ungesteuert ablaufen lässt. Spinner (2001: 108) nennt drei Leitprinzipien:

Irritation, Expression, Imagination

- Irritation (»sperrige« Impulse sollen neue Einfälle provozieren),
- Expression (der authentische Ausdruck eigener Vorstellungen und Gefühle soll ermöglicht werden) und
- Imagination (es soll Raum zur Entfaltung von Fantasien gegeben werden, die das Gewohnte überschreiten).

Nach Guilfords bereits 1950 aufgestellten Kreativitätsfaktoren (1950 in Edelmann 1996: 325) braucht der Schreiber am Anfang eine gewisse Flüssigkeit des Denkens (»fluency«), um möglichst viele, neuartige Einfälle zur gestellten Aufgabe zu produzieren. Völlige Offenheit kann in dieser Phase aber blockierend wirken (»Angst vor dem leeren Blatt«), denn eine semantische Struktur muss erst geschaffen werden. Deshalb wird beim Konzept des kreativen Schreibens besonderer Wert wird auf Methoden gelegt, die Schreibprozesse auslösen sollen. Es werden hilfreiche Impulse gesetzt oder Strukturen vorgegeben, z.B. ein Bild, ein Gegenstand, eine Erinnerung, Reizwörter, ein Satz, ein Textfragment (das kreative Schreiben in der Auseinandersetzung mit literarischen Texten wird häufig»produktives Schreiben« genannt, s.u. 3.1.3). Entscheidend ist, dass der Impuls nicht zu komplex ist und einen überwindbaren Widerstand bildet, da es sonst ebenfalls zu Schreibblockaden kommen kann. Im nächsten Schritt muss der Autor seine Einfälle flexibel organisieren und daraus eine Textidee entwickeln.

Schreibimpulse

Das Schreiben selbst erfolgt ohne Eingriffe und Normen. Während bei stärker gebundenen Schreibaufgaben sprachliche Operationen innerhalb definierter Rahmenbedingungen auszuführen sind, muss hier zuerst einmal das Schreibziel und der Schreibmodus selbst festgelegt werden. Häufig wird in diesem Zusammenhang zwischen konvergentem und divergentem Denken unterschieden. Wenngleich bei allen Schreibaufgaben immer beide Denkarten zusammenwirken, ist doch bei einer normgebundenen Aufgabe die Lösung klarer bestimmt; dadurch ist der Anteil reproduktiven, konvergenten Denkens vermutlich höher. Bei einer kreativen Aufgabe ist der Lösungsweg weniger festgelegt, weshalb der Anteil des divergenten, von vorgefertigten Schablonen abweichenden Denkens wachsen könnte. Die in der Problemlöseforschung getroffene Unterscheidung zwischen einem »ill-defined« und»well-defined problem« (Hayes & Flower 1980) erscheint hier jedoch treffender als die zwischen divergentem und konvergentem Denken. Die besondere Anforderung des freien wie des kreativen Schreibens liegt darin, dass der Schreibende die Fragestellung während des Schreibens zunehmend in ein»gut definiertes« Problem überführen muss.

konvergentes und divergentes Denken

»ill-defined« und»well-defined problem«

Der Ansatz ist über eine Vielzahl praktischer Materialien in Schulen weit verbreitet. Es erweist sich allerdings als ein Problem der Bezeichnung »kreativ«, dass es sich dabei – ähnlich wie bei»frei« – um einen plakativen Hochwertbegriff handelt, der für ein Sammelsurium methodischer Vorschläge gebraucht wird und deswegen einer näheren Bestimmung bedarf. In der Psychologie steht der Terminus »Kreativität« nicht für eine spezifische Art des Denkens, sondern für ein besonders anspruchsvolles Niveau. Nach Weinert (1991: 34ff.) ist alles Denken kreativ, unterschiedlich ist nur, wie neu und bedeutsam die Lösung eines Problems ist. Kreative Leistungen sind somit das Ergebnis harter Arbeit und nicht die Folge plötzlicher Einfälle, die aus dem Unbewussten kommen. Auch bei einer»kreativen« Aufgabe greifen die Schüler also auf episodisch gespeicherte Wissensbestände und Muster zurück (z.B. Versatzstücke aus Büchern und Filmen), die sie im Lauf ihrer bisherigen Schreibsozialisation erworben haben. Diese Strategie wird von Lehrern häufig negativ bewertet – sie sehen darin einen Mangel an Fantasie. Dagegen ist aber nichts einzuwenden, wenn die Episoden nicht einfach reproduziert, sondern dem eigenen Schreibziel angepasst und entsprechend modifi-

Was ist Kreativität?

ziert werden. Viele Übungen zum kreativen Schreiben setzen z. B. Stücke von Texten gezielt als Impulse im Schreibprozess ein. Fritzsche zählt »Literaturbezogenheit« sogar als eines von sechs Merkmalen des kreativen Schreibens auf (2000: 136). Wenn Schüler selbst auf solche im Gedächtnis gespeicherten Elemente – auch aus Filmen – zurückgreifen, sollte dies nicht als unkreative Handlung abgewertet werden.

Umgekehrt müssen die Schüler aber auch bei einer ganz pragmatischen Aufgabe wie dem Schreiben einer Bastelanleitung kreative Leistungen vollbringen. Beim Verfassen eines Textes existiert nie eine eindeutige Lösung, Ziel und Weg sind nur vage bekannt, Lösungsentwürfe müssen im Schreibprozess ständig auf Widersprüche überprüft werden. Dies ist eine kreative Tätigkeit. Der Prozess ist auch nach linguistischer Definition kreativ, wenn man (mit Chomsky) unter Kreativität die Kompetenz eines Sprachteilhabers versteht, neue, nie zuvor gehörte Sätze zu bilden und zu verstehen. Man kann aus dieser Perspektive jede Form des Schreibens als kreatives Problemlösen bezeichnen. Insofern ist das Etikett »kreatives Schreiben« problematisch, da es die Implikation enthält, es gäbe auch ein unkreatives Schreiben.

Ein weiteres Problem ergibt sich dadurch, dass die Aktivität der Lehrkraft nach der Präsentation des Impulses häufig endet. Es ist für Spinner »durchaus typisch für das kreative Schreiben, dass Korrektur und Überarbeitung eher eine geringe Rolle spielen« (Spinner 1986: 83).

Kritik am kreativen Schreiben

In der Tat überarbeiten Schüler an Texten aus dem kreativen Schreiben deutlich weniger als an normierten Schreibaufgaben, selbst wenn sie dazu genügend Raum bekommen (vgl. die Ergebnisse in Fix 2000). Ortner (1998) kritisiert deshalb, dass Vertreter des kreativen Schreibens zu massiv auf ein holistisches (ganzheitliches) Personenkonzept und die Karte der ungesteuerten Entwicklung bis hin zur »Heiligsprechung des Authentischen« setzten. Abraham ergänzt, kreatives Schreiben liege im Trend des «Rückzugs ins Private« und mache noch keine Dichter aus den Schülern (Abraham 1998). Empirisch untermauert wird diese Kritik durch eine Vergleichsstudie von Winter (1998). Die Autorin kommt zu dem Schluss, dass wegen der Unklarheit der an das Schreiben gerichteten Ansprüche wichtige Impulse für die weitere Entwicklung der Schüler fehlten, weshalb der traditionelle Aufsatzunterricht dem Förderanspruch näher komme als das kreative Schreiben (Winter 1998: 201). In eine ähnliche Richtung geht die Feststellung Baumerts, der am Deutschunterricht generell kritisiert, dass vor der PISA-Studie die Neigung bestanden habe, die instrumentelle Basiskompetenz gegenüber der ästhetisch-expressiven Dimension nicht ernst genug zu nehmen (Baumert 2004).

Die Kritik hat die mit dem kreativen Schreiben zunächst verbundene Euphorie etwas gebremst. Sie impliziert aber keine Ablehnung des Ansatzes, denn es handelt sich bei den Methoden um sinnvolle Vorschläge für einen abwechslungsreichen Schreibunterricht, die bestimmte Schwerpunkte (etwa die stärkere Betonung assoziativer Strategien) für den Prozess des Problemlösens setzen. Es geht lediglich um ein Zurechtrücken des Anspruchs: Kreatives Schreiben ist nach dem Tenor dieser Kritik kein eigenständiges didaktisches Konzept, sondern eine methodische Variante des Schreibunterrichts.

3.1.3 Prozessorientierte Schreibdidaktik

Einen wichtigen Impuls für die Schreibdidaktik lieferte in den 1990er Jahren die Weiterentwicklung der Kognitionspsychologie und der kognitiven Linguistik. Die Untersuchung kognitiver Prozesse der Aufnahme, Speicherung und Anwendung von Informationen und daran anknüpfende Forschungen zum Schreib- und Leseprozess blieben nicht ohne Folgen für die Deutschdidaktik. Ein übergeordneter Begründungszusammenhang dafür wird häufig in der wissenschaftstheoretischen Diskussion um den Konstruktivismus gesehen. Sprachunterricht versteht sich in diesem Sinne nicht als Instruktion, sondern er soll die Lerner dabei unterstützen, Wissen in einem aktiven und selbstständigen Konstruktionsprozess aufzubauen. Dieser kognitive Begründungsansatz liefert Argumente für einen Unterricht, der den Schwerpunkt auf den Verlauf der individuellen Aneignung verlagert. Normative, ergebnisorientierte curriculare Elemente treten zugunsten offener, den Prozess betonender Arbeitsformen in den Hintergrund.

Orientierung am kognitiven Konstruktionsprozess

Diese Impulse schlagen sich in der Schreibdidaktik in einer Richtung nieder, die man als *prozessorientiert* zusammenfassen kann (in Deutschland seit Mitte der 1980er Jahre). Dem traditionellen, systematischen Aufsatzunterricht ging es um die Darstellungsformen bzw. Aufsatzarten als Produkte, die prozessorientierte Schreibdidaktik nimmt den gesamten Prozess in den Blick und möchte die Reduktion auf einzelne Aspekte (z.B. Textsorten, Stilnormen) vermeiden. Damit hebt sie sich auch vom kreativen Schreiben ab, das den Unterricht vom Blickwinkel der Kreativität aus organisiert (mit Betonung auf dem Subjekt). In der prozessorientierten Schreibdidaktik steht die Unterstützung des individuellen Schreibprozesses im Vordergrund, wobei auch der handwerkliche Charakter der Schreibprozeduren unterstrichen wird.

Unterstützung des individuellen Schreibprozesses

Zur Bewältigung der komplexen Probleme wird empfohlen, die Anforderungen beim Schreiben in überschaubare Phasen zu zerlegen: Planen – Formulieren – Überarbeiten. Dem Überarbeiten kommt dabei eine besondere Bedeutung zu, weil hier eine intensive Auseinandersetzung mit der eigenen kognitiven Konstruktion erfolgt. Vertreter der prozessorientierten Schreibdidaktik (vgl. z.B. Baurmann & Ludwig 1996) verweisen immer wieder darauf, dass eine konsequente Prozessorientierung erhebliche Auswirkungen auf die Leistungsbewertung hätte: Aufsätze dürften dann nicht mehr in einem einmaligen Akt geschrieben werden, sondern es müsste auch hier Gelegenheit zur mehrmaligen Überarbeitung bestehen, bevor eine Note gegeben wird.

Phasen: Planen – Formulieren – Überarbeiten

Die Nähe des Ansatzes zu einem ausschließlich kognitiven, zielorientierten Schreibprozessmodell wurde als zu starke Schematisierung kritisiert (vgl. z.B. Ortner 2000 und Kapitel 1.2). Die aktuelle Ausprägung des Ansatzes versucht jedoch, alle Funktionen des Schreibens und Schreibstrategien und damit die Schwerpunkte der anderen Ansätze zu berücksichtigen (Beispiele zur Konkretisierung folgen in den Kapiteln 3.2 und 3.4).

3.1.4 Integrative Schreibdidaktik

Wie schon die prozessorientierte Schreibdidaktik will auch der integrative Ansatz die durch Konzentration auf einzelne Elemente des Schreibens entstandene Einseitigkeit des Unterrichts überwinden. Die Forderung nach einer funktionalen Orientierung in einem integrativen Kontext geht jedoch weit über den Arbeitsbereich »Schreiben« hinaus. Integrativer Deutschunterricht soll den in fachsystematische Segmente isolierten Unterricht (z.B.

Funktionale Orientierung in einem integrativen Kontext

montags eine Fabel lesen, dienstags einen Bericht schreiben und mittwochs Wortarten behandeln) zugunsten einer Einbettung des sprachlichen Handelns in sinnvolle Zusammenhänge aufgeben. Die Schreibanlässe ergeben sich im Idealfall aus dem Unterrichtskontext, die traditionellen Arbeitsbereiche werden verbunden. Entsprechende Unterrichtswerke sind auf dem Markt. Klare empirische Befunde zu dieser Fragestellung liegen allerdings noch nicht vor, nicht zuletzt, weil die Untersuchung des Erfolgs integrativen Arbeitens erhebliche forschungsmethodische Schwierigkeiten mit sich bringt.

Sprachliches Handeln in sinnvollen Zusammenhängen

Leitlinien einer Lernbereichsintegration können thematische Einheiten (z.B.: «Entdeckungen«, »Liebe«), pragmatische Kategorien (z.B. »Argumentieren«, »Knifflige Probleme lösen«) oder literarische Anlässe (»produktives« Schreiben zu Texten) sein. In allen Fällen geht es um die funktionale Verbindung des Schreibens mit anderen Fragestellungen des Deutschunterrichts. Den integrativen Einheiten werden jeweils die passenden Lehrplaninhalte bzw. Kompetenzen aus den Bildungsstandards zugeordnet. So können z.B. im Umfeld eines geplanten Wandertags Inhalte wie »Einholen von Informationen (Brief, Telefon)«, »Einen Weg beschreiben«, »Ein Kurzreferat vorbereiten«, »einen Bericht schreiben« usw. behandelt werden. Die Lernbereichs- und Fächerintegration kommt also der Forderung nach stärkerer Berücksichtigung der Schreibfunktion entgegen, indem sie eine Fülle von Schreibanlässen bietet. Ein auffälliger methodischer Aspekt dieses Ansatzes ist das Entstehen von »Geschichtenbüchern«, »Klassenzeitungen«, »Lesetagebüchern« usw. – kommunikative Schreibprodukte von Schülern für Schüler in realen Sprachhandlungssituationen. Schreiben soll möglichst für echte Leser erfolgen.

Lernbereichsintegration

Das Textschreiben bietet zahlreiche Möglichkeiten für integratives Arbeiten:

a) Integration von Lesen und funktionalem Schreiben:

Das Zusammenspiel von Rezeption und Produktion betrifft zunächst die Vorwissenskomponente. Der Verfasser eines sachbezogenen Textes sucht externe Informationen in Fremdtexten. Dieses Vorgehen kann im Unterricht trainiert werden, indem z. B. eine Erörterung nicht ohne vorausgehende Lektüre von Sachtexten erfolgt. Auch während des Schreibprozesses und bei der

Rezeption und Produktion bei Sachtexten

Überarbeitung ihres bereits geschriebenen Entwurfs können die Schüler Argumentationen aus Texten zitieren oder einarbeiten. Durch die Auswertung von Sachtexten optimieren sie ihre eigenen Schreibprodukte in der Regel nicht nur auf der inhaltlichen Ebene, sondern auch textstrukturell und sprachlich (vgl. Fix und Schmid-Barkow 2005).

Im ungünstigen Fall kann es allerdings auch zu negativen Einflüssen kommen, etwa zu unreflektierten »copy-delete«-Maßnahmen, also der aneinander gereihten Reproduktion herauskopierter Versatzstücke, die nicht durch verständliche eigene Überleitungen kohärent verbunden werden. Deshalb ist ein solches Vorgehen langfristig anzulegen und mit dem Training von Auswertungstechniken zu koppeln. Es beginnt schon in der Primarstufe (z.B. ein Tier des Waldes anhand nachgeschlagener Informationen vorstellen) und wird regelmäßig bis hin zu den Abschlussprüfungen weitergeführt (z.B. eine Textmappe zu einem Themenbereich für einen Prüfungsaufsatz zusammenstellen).

Von der Kombination Produktion-Rezeption profitiert nicht nur der Schreibprozess, sondern auch der Leseprozess. Die Aufgabe, einen Text zu einem Thema zu schreiben, bewirkt eine gezielte Aktivierung des Vorwissens. Sie motiviert zu einer gründlichen Verarbeitung des Textinhalts, der mit den bestehenden eigenen Wissensstrukturen verknüpft werden muss. So kann es zu einer tieferen Verarbeitung des Gelesenen kommen als bei einer reinen Leseaufgabe.

b) Integration von Lesen und produktivem (»kreativem«) Schreiben:

Rezeption und Produktion bei literarischen Texten

Eine Verbindung von Rezeption und Produktion ist nicht nur für sachbezogenes, sondern auch für literarisch orientiertes Schreiben sinnvoll. Vertreter des produktiven Ansatzes der Literaturdidaktik betonen, dass durch Schreibaufgaben zu literarischen Texten deren Lektüre intensiviert werde und auf diese Weise eine Interpretationshandlung vollzogen werde, die dem didaktischen Ertrag einer traditionellen Textanalyse zumindest ebenbürtig sei (vgl. z.B. Haas, Menzel & Spinner 1994, Haas 2001, Waldmann & Bothe 1992, Waldmann 1994). Sie gehen von der rezeptionsästhetischen bzw. dekonstruktivistischen Auffassung aus, dass es für einen Text keine allein gültige Interpretation gibt, sondern ein Text erst in Bezug auf seine Leser und deren Rezeption real existent wird. In einem Text sind Unbestimmtheitsstellen enthalten, die vom Rezipienten während der Lese-Operation durch Inferenzen, das Hineintragen von eigenem Wissen und Imaginationen, ausgefüllt werden. Ein versierter Leser führt die Operationen mental durch, während ein Lesenovize Hilfen benötigt. Das produktive Schreiben soll eine solche Hilfe sein, die die mentalen Operationen in konkrete, äußere Handlungen verlagert und dadurch transparenter und lernbarer erscheinen lässt.

Kritiker dieses Ansatzes (v.a. Kügler 1988, vgl. zusammenfassend Paefgen 1999) wandten ein, dass Texte als autonome Kunstwerke zu respektieren seien, an denen Schüler nicht herumexperimentieren sollten, denn der schöpferische Prozess des Autors sei ein qualitativ anderer. Das Alltagswissen der Schüler trage nicht zum Textverstehen bei, Handlungen am Text setzten Textverständnis voraus, sie erzeugten es nicht. Produzieren könne erst auf das Verstehen folgen.

Die Gefahr, dass methodische Handlungskataloge zu einer mechanischen Spielerei ohne Bezug zum literarischen Text und dessen Funktion führen, besteht durchaus, wenn etwa nur Anfänge präsentiert werden. Entscheidend ist aber auch hier das Ziel. Wenn es um die Unterstützung der Rezeption geht und produktive Verfahren der Texterschließung dienen sollen, kann der Text nicht nur Auslöser für Schülerprodukte sein, sondern muss an einer Stelle im Unterricht in seiner Gesamtheit auftauchen. Liegt die Priorität jedoch darauf, dass das eigene Schreiben entwickelt werden soll, kann ein Textfragment durchaus auch dekontextualisiert als Impuls genutzt werden. Im letzteren Fall wäre die Methode dem Ansatz des kreativen Schreibens zuzuordnen (vgl. z.B. Fritzsche 2000).

Produktive Schreibaufgaben

Produktive Schreibaufgaben können auf verschiedenen Stufen der Rezeption ansetzen: von der schreibenden Texterschließung (z.B. Antizipieren eines fehlenden Schlusses, Restaurieren von Lücken) über interpretierende Transformationen (z.B. analoge Paralleltexte schreiben, Dialoge von Figuren ausarbeiten, Perspektivenwechsel) bis hin zum Transfer in von der Vorlage gelösten eigenen Texten. Häufig werden dazu auch Lesebegleithefte mit verschiedenen Textsorten erstellt (Briefe und Fragen an die Figuren, innere Monologe, Umgestaltung von Handlungsepisoden usw.). Solche Formen unterstützen auch die Aufarbeitung wachsender Intermedialität zwischen Buch, Film, Hörspiel, Computerspiel und eben eigener Rezeptionserfahrung (vgl. dazu Bertschi-Kaufmann 2000).

c) Integration von Schreiben und Sprachreflexion:

Es ist unbestritten, dass zu einer erfolgreichen Textproduktion auch das Bemühen um stilistische Gestaltung und grammatische Korrektheit gehört. Bislang war der Ort, an dem solche Fragen behandelt werden, der Grammatikunterricht. Die Diskussion um diesen Arbeitsbereich (vgl. z.B. Gornik 2003) hat jedoch darauf aufmerksam gemacht, dass der Aufbau sprachsystematischen Wissens besonders sinnvoll über konkrete Formulierungshandlungen beim Schreiben gefördert werden kann, wenn dabei zugleich eine Reflexion über Sprache stattfindet. Sprachbewusstheit als Ziel des Grammatikunterrichts kann mit dem Textschreiben funktional verknüpft werden.

Sprachbewusstheit als Ziel

Das gilt auch für die Rechtschreibdidaktik, wo schon seit längerem die Bedeutung des »eigenaktiven inneren Regelbildungsprozesses« (Eicher 1992) für die Lernenden betont und Rechtschreiben als »Konstruktion eines Konstruktionsprozesses« (Hanke 2003) verstanden wird. Grammatik- und Rechtschreibunterricht lassen sich ohnehin kaum trennen, wenn man Orthografie als das grafische Sichtbarmachen grammatischer Strukturen« versteht (Augst/Dehn 1998, 14) und die Abhängigkeit der Rechtschreibkenntnisse von Einsichten in grammatische Grundlagen betont (Küttel 2003). Der Unterricht soll die Schüler zu solchen Konstruktionsleistungen in komplexen Sprachhandlungen befähigen. Sie sollen Sprachstrukturen strukturieren und analysieren und schließlich ein Gespür für Entscheidungsprozesse beim Schreiben entwickeln. Dafür eignen sich die eigenen Produktionen als Ausgangsmaterial.

Das unterrichtliche Angebot eines funktional-integrativen Sprachunterrichts muss sehr vielseitig sein. Besonders schriftsprachlich schwache Schüler brauchen Unterstützung und Hilfen auf allen linguistischen Ebenen:

- phonologisch-orthografisch (v.a. Laut-Buchstaben-Zuordnungen),

- morphematisch (z.B. Wortstamm, Wortfamilien, Flexionsendungen)
- lexikalisch-semantisch (z.B. Wortfelder, Wortschatzerweiterung, Bedeutungsabgrenzungen)
- syntaktisch (z.B. Satzstellung, komplexere Nebensatzkonstruktionen)
- stilistisch (z.B. beim Umgang mit Jugendsprache als Stilmittel)
- textlinguistisch (z.B. Implizitheit, Kohärenzprobleme, Verbindung zwischen lokalen sprachlichen Operationen und der globalen Textebene).

Es liegt nahe, Sprachreflexion im Kontext von umfassenderen Schreibvorhaben in realen oder realitätsnahen Handlungssituationen zu betreiben, in denen die Verfasser konkrete Schreibziele verfolgen, für die es auch häufig Adressaten gibt, die über den üblichen Rahmen (Lehrer als Adressat, Benotung als einziges Ziel) hinausgehen. Wenn die Texte zu einer klasseninternen oder nach außen gehenden Veröffentlichung gelangen, scheinen die Schüler an orthografischer und grammatischer Richtigkeit stärker interessiert zu sein. Form, Stil und Textmuster werden an ihre eigentliche, die leserorientierte, kommunikative Funktion angebunden. Insbesondere in Überarbeitungsphasen können sprachliche Probleme für alle oder in individuellen Überarbeitungshilfen thematisiert werden.

In der Primarstufe wird besonders häufig integrativ unterrichtet, weil hier ein Konsens darüber besteht, dass jüngere Schülerinnen und Schüler eher konkreter, lebensnaher Formen des Lernens bedürften. Dass ältere Schüler mehr Abstraktionsvermögen haben, ist jedoch kein Grund, von der funktionalen Integration passender Unterrichtsgegenstände abzugehen. Vielmehr ist ein integrativer Unterricht gerade auch in der Sekundarstufe sinnvoll, weil auf bestimmte systematisch erworbene Grundfertigkeiten, z.B. im Bereich von Grammatik und Rechtschreiben, schon zurückgegriffen werden kann.

Integratives Arbeiten geht auch über die Fachgrenzen hinaus. Im Zusammenhang mit den um 2004 in Kraft getretenen nationalen und bundesländerspezifischen Bildungsstandards sollen die Schulen das Lernen in fächerverbindenden Projekten intensivieren und sich insbesondere um den Aufbau eines Methodencurriculums kümmern, das den Schülern selbstständiges Arbei-

fächerverbindender Unterricht

ten ermöglicht. Das Fach Deutsch spielt hierbei eine Schlüsselrolle: Ihm wird die Aufgabe zugewiesen, Basiskompetenzen (etwa die Fähigkeit der Informationsentnahme aus Texten, das Schreiben, das Präsentieren) zu vermitteln, von denen die anderen Fächer profitieren.

Zusammenfassung:

Die Schreibdidaktik war in ihren Konzeptionen stets zwischen den Polen einer Dominanz des Subjekts oder der Sache hin- und hergerissen. In offeneren Konzeptionen wird die freie Entfaltung und die Individualität des Schreibers hervorgehoben (Schülerorientierung, Prozessorientierung), in geschlosseneren eher die institutionell, sachsystematisch oder kommunikativ verlangte Gestaltung des Textes (Produktorientierung, Adressatenorientierung).

Dies gilt auch für die derzeitige Situation. Neben dem nach wie vor bestimmenden traditionellen Aufsatzunterricht, der sich auf Textmerkmale hin orientiert, existieren drei weitere Richtungen:

- *Der kreative Ansatz richtet das Textschreiben auf die subjektive Imagination aus.*
- *Der prozessorientierte Ansatz betont Schreiben als zerlegbares, zielorientiertes Problemlösen.*
- *Der integrative Ansatz organisiert Schreiben von der Funktionalität her (mit starker Berücksichtigung des Kontexts).*

Als problematisch zeichnet sich allerdings ab, dass die engere Festlegung auf eine didaktische Richtung häufig die Vernachlässigung bestimmter Aspekte bewirkt; integrative Konzeptionen des Schreibunterrichts versuchen, diesem Problem entgegenzutreten.

Aufgaben

1. Wählen Sie ein Deutschbuch aus und stellen Sie fest, welche der in diesem Kapitel vorgestellten schreibdidaktischen Konzeptionen dort den Aufbau des Bereichs »Texte schreiben« bestimmen.
2. Die folgende Gegenüberstellung schafft Polaritäten, die in dieser Form künstlich und möglicherweise auch nicht stimmig sind. Entscheiden Sie bei jedem Punkt, welcher Seite Sie eher zustimmen würden. Begründen Sie Ihre Entscheidung und suchen Sie Argumente, die zwischen

den Seiten vermitteln könnten (vgl. dazu Abraham u.a. 1998: 24):

	Dieser Aussage stimme ich eher zu:		
Traditioneller Aufsatzunterricht			*Kreatives Schreiben*
a) Die Vermittlung von standardisierten Normen des Schreibens ist unverzichtbar und sollte im Mittelpunkt des Aufsatzunterrichts stehen, denn sonst kann ein Schüler spätere Schreibanforderungen der Gesellschaft nicht erfüllen.			a) Zentral ist beim Schreiben der persönliche, individuelle Ausdruck, der subjektive Aspekt, der nicht unterdrückt werden soll. Schreiben heißt, etwas von der inneren Befindlichkeit zur Darstellung zu bringen.
b) Die systematische Orientierung an einem Textmuster aus der Lehre der Aufsatzformen, z.B. Merkmale einer Erzählung, eines Berichts, einer Erörterung, erleichtert das Schreiben und ist eine entscheidende Hilfe für den Leser. Das Schreiben beginnt mit dem Wissen über Textsorten und einer Stoffsammlung und Gliederung. Der Inhalt wird beim Schreiben in das Muster eingearbeitet.			b) Schreibende müssen von vorgeschriebenen Textmustern und Zwängen befreit werden. Impulse, die schematische Erwartungen durchkreuzen, schaffen eine Irritation und führen zu originellen Einfällen (z.B. Reizwörter, Bilder). Das Schreiben beginnt daher mit einem assoziativen, unstrukturierten Brainstorming, z.B. in Form eines Clusters. Das Wissen über zu erfüllende Normen stellt sich in den jeweiligen Anforderungssituationen von selbst ein.
c) Es entsteht ein Produkt, das aufgrund der klaren Normvorgaben auch gerecht zu bewerten ist. Kriterien sind Inhalt, Textaufbau, Stil, Sprache.			c) Es entsteht ein Produkt, das nicht unbedingt bewertet werden sollte, da es Teil der Persönlichkeit des Autors ist. Kriterien ergeben sich daraus, ob der Autor sein Schreibziel erfüllt sieht.

3. Was ist kreativ am kreativen Schreiben? Gibt es auch ein »unkreatives« Schreiben? Versuchen Sie, Kreativität beim Schreiben mithilfe der folgenden Zitate zu definieren.
   a) Kreativität (»Schöpferkraft«) ist der durch Inspiration gewonnene Einfall einer kreativen Persönlichkeit.

b) kreative Lösungen zeichnen sich dadurch aus, dass gedanklich weit entfernt liegende Elemente so verknüpft werden, dass das Ergebnis als subjektiv neu empfunden wird.
c) Kreative Problemlösungen sind auch als Umstrukturierungen und originelle Nutzung einer reichen und hochwertigen Wissensbasis zu begreifen (alle o.g. Aussagen nach Edelmann 1996)
d) Der Ausdruck »kreativ« darf nicht normativ und damit ausgrenzend verstanden werden – so, als wäre der Wortherkunft (creare) gemäß besondere Schöpferbegabung vonnöten oder käme es unbedingt auf Originalität an (...). Kreativ ist das Geschriebene nur insofern, als es für den Schreiber und seine gleichaltrigen Leser neu ist; für den älteren Leser mögen das gewählte Thema und die Sichtweise, mögen auch die sprachlichen Mittel bekannt, ja konventionell und klischeehaft sein (Fritzsche 1994).

4. Welches Problem spiegeln die folgenden Schüleraussagen zum freien Schreiben wider?

»Das freie Schreiben finden wir gut, weil man da schreiben kann, was man will. Das Schreiben macht uns Spaß.« (Michaela, Kl.3) »Freies Schreiben ist einfach, weil man viel mehr Freiraum hat und seinen Fantasien freien Lauf lassen kann. Mir hat das freie Schreiben gut gefallen. Ich hatte auch überhaupt keine Angst vor der Arbeit. Es war das beste Thema, das wir in Deutsch hatten.« (Matthias, Kl.8)	»Manchmal hat man lauter Ideen, die überhaupt nicht zusammenpassen, und wenn man davon dann eine Geschichte machen soll, weiß man bald überhaupt nichts mehr.« (Tina, Kl.8) »Auf »Knopfdruck« gelingt mir freies Schreiben nur selten richtig gut. Zu einem Bild eine Geschichte, einen Bericht o.Ä. heraufzwingen zeigt nicht das wirkliche Können des Schülers. Im Prinzip ist das ein reines Glücksspiel. Wenn einem nichts einfällt, hat man ein Problem.« (Patricia, Kl.8) »Geschichten schreiben ist, wenn man keine Luft mehr kriegt.« (Marco, Kl.1)

5. Inwieweit könnte der prozessorientierte Ansatz, verbunden mit einer Orientierung an der Schreibfunktion, zwischen traditionellen Ansätzen des Aufsatzunterrichts und Ansätzen wie dem freien oder kreativen Schreiben vermitteln?

3.2 Prozessorientierte Unterrichtsplanung

Die Darstellung der schreibdidaktischen Konzeptionen (Kap. 3.1) ergibt zu Beginn des 21. Jahrhunderts ein heterogenes Bild: Ausläufer aller genannten didaktischen Konzeptionen, die allerdings unter Einbezug neuer Erkenntnisse modernisiert und weiterentwickelt werden, sind in der Praxis zu finden und stehen in Bildungsplänen oft gleichrangig nebeneinander: Es wird Integration und Fächerverbindung gefordert (funktionales Schreiben, z.B. zu Sachthemen, produktives Schreiben zu Literatur), gleichzeitig soll die Fachsystematik (Erarbeitung traditioneller Aufsatzarten oder von Arbeitstechniken in Schreibwerkstätten) weiterhin leitend sein. Es werden Bildungsstandards als Normen festgesetzt, gleichzeitig soll aber Offenheit und Individualisierung beim freien Schreiben gefördert werden. Die anspruchsvolle Aufgabe, diese auf den ersten Blick widersprüchlich wirkenden Vorgaben in einer konkreten Unterrichtsplanung aufzulösen, wird im Alltag an die Lehrerinnen und Lehrer delegiert. Die folgenden Kapitel sollen zur Konkretisierung dieser Planungsaktivität beitragen.

3.2.1 Bedingungsfaktoren schulischen Schreibens

Die Bezugspunkte, zwischen denen die einzelnen didaktischen Richtungen hin- und herschwanken, bleiben konstant. Auch bei der der Planung von Schreibunterricht stehen neben dem Schreibenden die Sachperspektive und die institutionelle Perspektive, die der Entscheidungsautonomie des Schülers Grenzen setzen. Die drei Perspektiven auf den schulischen Schreibprozess sind im folgenden «schreibdidaktischen Würfel« noch einmal dargestellt, allerdings mehrdimensional und modifiziert. Der schulische Schreibprozess findet innerhalb des imaginären Raums statt, der von dem Würfel umschlossen ist; die Vorzeichen bedeuten keine Wertung, sondern kennzeichnen die jeweiligen Pole (vgl. Fix 2000, 324ff.):

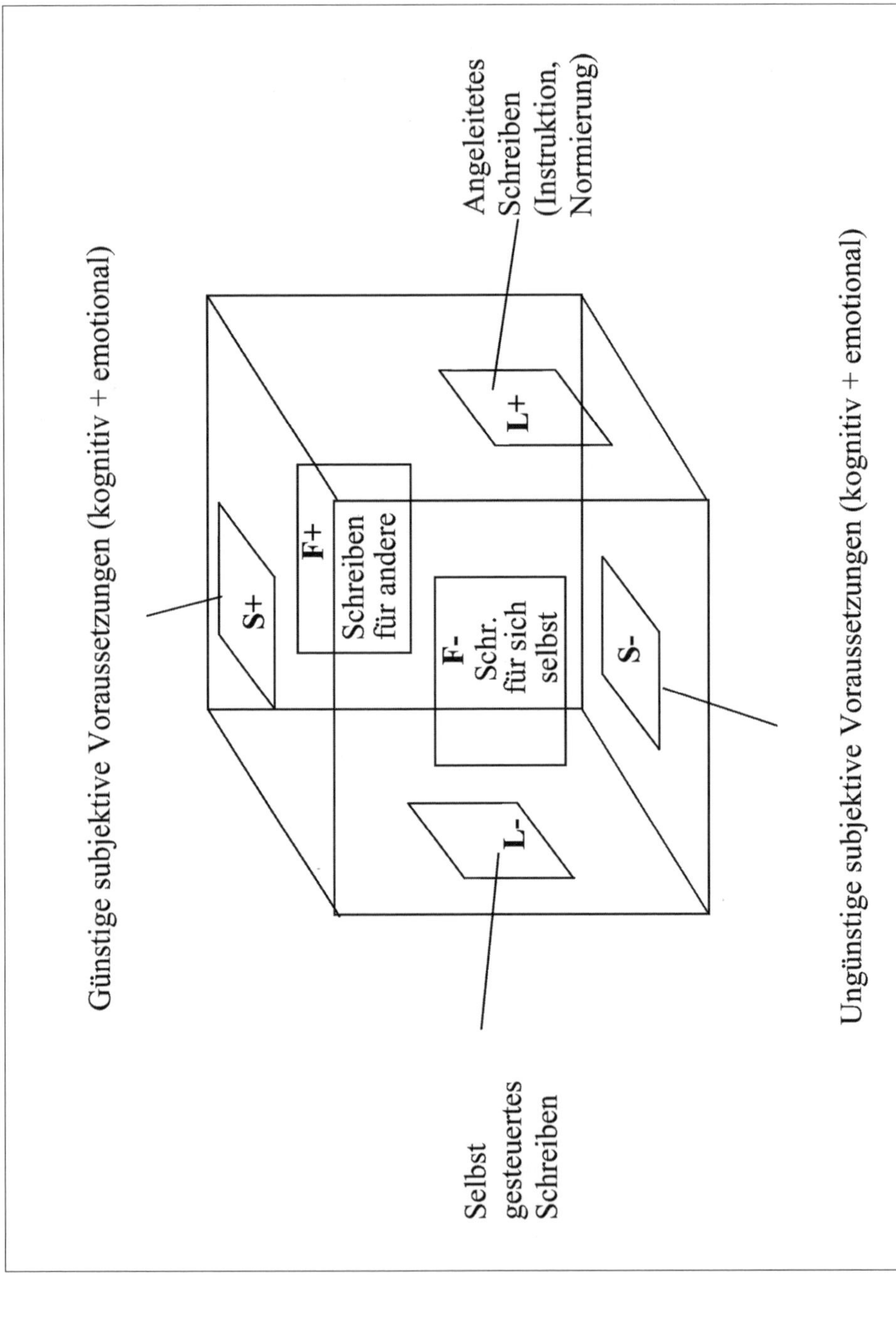
Günstige subjektive Voraussetzungen (kognitiv + emotional)
Ungünstige subjektive Voraussetzungen (kognitiv + emotional)
Angeleitetes Schreiben (Instruktion, Normierung)
Selbst gesteuertes Schreiben
S+
S-
L+
L-
F+
Schreiben für andere
F-
Schr. für sich selbst

- Die Sachperspektive wird durch die *Schreibfunktion* bestimmt (F): Soll das Schreiben eher personal-subjektiven oder kommunikativ-pragmatischen Funktionen dienen? Die Bandbreite reicht vom Schreiben für sich selbst (F-) in seinen verschiedenen Ausprägungen (psychisch entlastend, Informationen konservierend etc.) bis zum Schreiben für andere (F+, z.B. appellativ, narrativ, wegen des Rezipientenbezugs stärker textmusterabhängig). In diesen Bereich fällt z.B. die Frage, welches Textmusterwissen für die Erfüllung der Schreibfunktion erarbeitet werden muss.

Sachperspektive: Schreibfunktion

- Die institutionelle Seite wird durch den *Lehrer* (L) bzw. den Auftraggeber repräsentiert: Soll Schreiben unterrichtlich eher angeleitet-gebunden oder frei-offen inszeniert werden? Es geht hier um den Grad der Einflussnahme auf die Intentionalität und die Selbststeuerung durch unterrichtliche Instruktion und Vorgaben. Es besteht idealtypisch durchaus die Möglichkeit, schulisches Schreiben von Erarbeitungen im Unterricht frei zu halten, wenn auch mit Einschränkungen (L-). Umgekehrt können die Vorgaben sehr eng sein, bis hin zur dezidierten Normierung, etwa bei einem tabellarischen Lebenslauf (L+). In diesem Fall wäre der Schreibprozess also rechts hinten im Würfel «aufgehängt«, beim Schreiben eines Tagebucheintrags links vorne usw.

Institutionelle Seite: Lehrer

- Die beiden genannten Dimensionen sind aber auf die dritte, die subjektbezogene Dimension des *Schreibenden* (S) angewiesen: Hier geht es um die persönlichen Voraussetzungen und die «innere Schreibsituation« der Schüler – ein multifaktoriell zusammengesetztes Gesamtkonstrukt aus kognitiven, emotionalen, motivationalen und situativen Bedingungen (z.B. bereichsspezifisches und arbeitstechnisches Vorwissen, Interesse, Wohlbefinden, Angst, Selbstkonzept usw.). Die subjektiven Voraussetzungen können insgesamt günstig (S+) oder ungünstig (S-) auf den aktuellen Schreibprozess einwirken. Je nachdem sind z.B. differenzierende Maßnahmen einzuplanen (vgl. unten).

Subjektbezogene Dimension: Schreibender

Bei der Planung des Unterrichts ist nach der optimalen Passung zwischen diesen Bedingungsfaktoren zu suchen. Dafür kann es aber kein von situativen Intentionen unabhängiges Patentrezept geben. Die Oppositionen der schreibdidaktischen Ansätze wer-

Prinzip der optimalen Passung

den damit hinfällig, denn ohne ein konkretes Unterrichtsziel und eine konkrete Schülergruppe ist eine Bewertung des »richtigen« Ansatzes nicht möglich.

3.2.2 Differenzierung als leitendes Prinzip

Das Prinzip der optimalen Passung an die Bedingungsfaktoren und die Erkenntnisse zur Komplexität und Diskontinuierlichkeit des Schreibprozesses (Kap. 1.2) machen deutlich, dass es sowohl vom Gegenstand als auch von den Lernenden her keinen für alle gleichermaßen einheitlichen und linearen Weg geben kann.

Ein Einheits-Schreibunterricht für die ganze Klasse mag zwar an bestimmten Stellen sinnvoll sein, wenn er etwa in Initialphasen dazu dient, die motivationale Basis eines Schreibvorhabens zu legen oder für alle Beteiligten Grundlagen zu wiederholen; auch zum Zweck der Übung können gemeinsame Anleitungsphasen für bestimmte Aspekte angebracht sein, etwa zu einzelnen Ebenen der Revision und entsprechenden sprachlichen Operationen an Texten.

Heterogenität: Unterschiede zwischen den Schülern

Aber sobald der Schreibprozess beginnt, schlagen die individuellen Unterschiede erheblich durch. Eine Schulklasse voll schreibender Individuen bildet eine äußerst heterogene Gruppe:

Grad des Vorwissens

- Es bestehen unterschiedliche Bedingungen in Bezug auf das Vorwissen, das für die jeweilige Schreibaufgabe erforderlich ist (sowohl deklaratives Wissen über Inhalte als auch prozedurales Wissen, z.B. über narrative Strukturen, vgl. Kap. 1.1).

Grad der literalen Erfahrung

- Neben versierteren Schreibern gibt es ungeübte »Schreibnovizen« in einer Klasse, denen es z.B. schwer fällt, neben der Konzentration auf den Inhalt auch die Leserperspektive und Schreibkonventionen zu berücksichtigen und denen auch beim Überarbeiten ihrer Texte die Orientierung fehlt. Dies betrifft vor allem Kinder aus bildungsfernen Elternhäusern, die weitgehend ohne literale Erfahrungen aufwachsen.

Gender-Spezifik

- Studien zu geschlechtsspezifischen Unterschieden weisen die Tendenz auf, dass Jungen etwas weniger zum Schreiben motiviert sind als Mädchen, bei denen Schreiben emotional positiver besetzt zu sein scheint (als Ursache werden Sozialisationsunterschiede angenommen, vgl. z.B. Baurmann 2002: 74).

- Es bestehen auch Unterschiede in der Orientierung an Vorgaben. Während manche Schüler selbstständig und aufgabenorientiert arbeiten, bleiben andere stärker ich-bezogen und benötigen mehr Lehrerhilfe. Wieder andere orientieren sich ausschließlich an der (vermeintlich) vom Lehrer vorgegebenen Norm (soziale Abhängigkeitsorientierung, vgl. Baurmann 2002: 76) und suchen ständig Bestätigung, bringen aber von sich aus zu wenig Eigenes ein.

Orientierung an Vorgaben

- Schüler sprechen auch unterschiedlich auf methodische Arrangements an, weil sie – wie jeder Schreiber – jeweils unterschiedliche Schreibstrategien bevorzugen.

Unterschiedliche Schreibstrategien

Im klassischen Schulaufsatz wurde vor allem eine Methode praktiziert: Das an Vorgaben des Lehrers gebundene Schreiben in einem Zug, bei dem in einer begrenzten Zeit in einphasigem Vorgehen ein abgeschlossener Text verfasst wurde – und wird. Schreiben in einem Zug kann durchaus eine Strategie der Ideenfindung sein, bei der man seinen spontanen Gedanken freien Lauf lässt. Sofern der Text für Leser geschrieben wird, kann der Schreibprozess an dieser Stelle aber noch nicht zu Ende sein. Bei einer Überarbeitung sind jedoch wiederum zahlreiche Vorgehensweisen möglich, die auf die Schreiber und ihre Textentwürfe abgestimmt sein müssen. Ortner unterscheidet für ein solches *zerlegendes Schreiben* zwei Grundtypen (Vgl. Ortner 2000: 346ff.):

Schreiben in einem Zug

→ Der *aktivitätszerlegende* Schreiber erstellt Vorfassungen und überarbeitet diese mehrfach. Vorfassungen können Stichwortlisten, Gliederungen, Fragmente, verschiedene Textversionen bis hin zu kompletten Textentwürfen sein.

Aktivitäts- und produktzerlegendes Schreiben

→ Der *produktzerlegende* Schreiber verfasst dagegen Textteile und setzt sie nach einem Puzzle-Prinzip zusammen (z.B. zuerst den Schluss schreiben, dann Hauptteil und Einleitung; Exzerpte aus recherchierten Quellen als Textbausteine zu einem Text zusammenfügen).

- Neben *inter*-individuellen Unterschieden existierten auch gravierende *intra*-individuelle Unterschiede. So konnte in einer vergleichenden Untersuchung zweier Schreibaufgaben festgestellt werden, dass Schüler durchaus aufgabenspezifisch reagieren (vgl. Fix 2000). Wer z.B. bei der Inhaltsangabe erfolgreich sein Vorwissen intensiv einsetzen konnte, musste deswegen beim freien Schreiben nicht erfolgreich sein und

Aufgabenspezifik

umgekehrt, da jede Schreibaufgabe die Aktivierung anderer Wissenskomponenten verlangt.

Die Aufzählung macht deutlich, dass didaktische Planungsüberlegungen der Heterogenität sowohl von der Sach- als auch der Subjektseite her Rechnung tragen müssen. Um die Unterschiede zu diagnostizieren, brauchen Lehrerinnen und Lehrer neben schreibdidaktischen Kenntnissen vor allem interpretative Fähigkeiten zur Einschätzung der Voraussetzungen der Schüler. Optimal (aber in der Praxis nur bedingt leistbar) wäre es, für jeden Schreibprozess zu reflektieren, ob und an welcher Stelle es sinnvoll ist, einzelne Regler des »schreibdidaktischen Würfels« weiter zu öffnen oder zu schließen. Beim freien Schreiben ist z.B. die Fähigkeit zur Zielsetzung stärker gefordert, da die Schüler den Prozess selbst steuern – der Regler steht auf L-; einzelne Schüler brauchen aber mehr Hilfe und Anleitung (L+), eine zu deutliche Instruktion könnte aber wiederum die Motivation bremsen (S-) usw. Es geht also darum, solche Entscheidungen für die einzelnen Schüler differenziert zu treffen bzw. ihnen selbst über differenzierende Maßnahmen zu helfen, die ihnen angemessene Formulierungsstrategie zu entdecken.

Kriterien für die Differenzierung ergeben sich teilweise aus den konkreten Prozessgegebenheiten, sie können aber auch durch die Lehrperson gesteuert werden:

Quantitative Differenzierung

– Eine quantitative Differenzierung ist beim Textschreiben in Bezug auf die Textlänge und das unterschiedliche Arbeitstempo gegeben; dazu gehört auch die Anzahl der Überarbeitungsdurchgänge. Der vorgegebene Zeitrahmen für das Schreiben sollte in jedem Fall so groß sein, dass die Schüler den Schlusspunkt ihres Schreibprozesses selbst bestimmen können.

Qualitative Differenzierung

– Eine qualitative Differenzierung zur Berücksichtigung unterschiedlicher Wissensstände und Fähigkeiten der Schüler kann durch die Abstufung des Komplexitätsgrads der Aufgabenstellung erfolgen (z.B. mehr Hilfen/weniger Hilfen durch vorgegeben Ideenstichwörter, Bilder, Satzanfänge, Wortlisten), aber auch durch den Grad der Hilfe und Zuwendung durch Lehrer oder Mitschüler in einer Schreibkonferenz (vgl. Kap. 3.3.2).

Im »schreiber-differenzierten Unterricht« (vgl. Baurmann 2002: 69) erfolgt die Differenzierung im Idealfall selbstgesteuert, wenn die Schüler aus einem Angebot von Lernmaterialien unterschiedliche Aufgabenstellungen wählen (z.B. verschiedene thematische

Zugänge zum gleichen Oberthema, verschiedene Aspekte eines Themas) und diese auch an verschiedenen Schreiborten und mit selbstbestimmten Sozialformen (am Gruppentisch, in Einzelarbeit, zu Hause, in der Leseecke) realisieren können.

3.2.3 Jahresarbeitsplanung

Schreiber-differenzierter Unterricht

Das Ideal eines schreiber-differenzierten Unterrichts könnte den Anschein erwecken, als sei eine Planung aufgrund der Heterogentiät überhaupt nicht möglich. In der Tat ist es ein gewisses Paradox, »offene« Unterrichtsphasen planen zu wollen, weil damit die Offenheit bereits eingeschränkt wird. Die völlige Freiheit von Vorgaben ist im schulischen Kontext aber ohnehin ein theoretisches Konstrukt. Soziale Erwünschtheit, antizipierte Lehrererwartungen usw. beeinflussen stets den Schreibprozess innerhalb einer Unterrichtssituation, und die Leistungsbewertung ist auch unausgesprochen präsent. Diese Erkenntnis widerspricht allerdings nicht der Notwendigkeit, sich um zunehmende Selbststeuerung und freiere Arbeitsformen zu bemühen und sich der optimalen Passung zwischen offeneren und geschlosseneren Phasen, zwischen angeleitetem und freiem Schreiben anzunähern. Auch in einem offeneren Unterricht muss die Lehrkraft den Überblick über den Stand der individuellen Schreibprozesse behalten und diese moderierend unterstützen. Für solche Phasen des freien Schreibens lassen sich innerhalb der Jahresplanung geeignete Rahmenbedingungen schaffen, wenn Zeitpuffer dafür vorbehalten bleiben.

Themen und Schreibanlässe

Für den angeleiteten Teil des Schreibunterrichts sind jedoch Themen zu finden. Auch dafür ist eine solide Jahresarbeitsplanung hilfreich, die den Ablauf der schreibdidaktischen Unterrichtseinheiten koordiniert. Sie beginnt mit der Suche nach Schreibanlässen, die in einem integrativ angelegten Unterrichtskonzept problemlos zu finden sind. Man kann kommunikative Bedürfnisse der Klasse aufgreifen, die sich aus thematischen Unterrichtseinheiten ergeben: Briefe an eine Partnerklasse, eine fiktive Korrespondenz mit einer Figur aus einem Kinderbuch, eine Zeitung über das Schullandheim. Ebenso lassen sich Sachthemen anderer Fächer als Ausgangspunkt für das Schreiben eigener sachbezogener Texte nutzen. Diese Aufgaben leiden dann nicht wie Sprachbuchaufgaben unter dem Problem, dass ihr Inhalt ohne Belang für die übrige Unterrichtsarbeit ist.

Funktionale Integration

Bei einer solchen funktionalen Integration muss die Fachsystematik nicht unberücksichtigt bleiben: Der früher erhobene Vorwurf, dass im integrativen Sprachunterricht das Zufallsprinzip herrsche, wird heute in einer vermittelnden Position gelassener gesehen. Die Lehrkraft muss dazu den Überblick über ihr systematisches Sprachcurriculum behalten – sie kann z.B. kaum den Konjunktiv intensiv behandeln, wenn die Schüler nicht einmal die Indikativformen des Verbs beherrschen. Aber anstatt grammatische Phänomene ohne Zusammenhänge isoliert zu thematisieren, kann sie im integrativen Unterricht eine Stelle auswählen oder inszenieren, an der sich die grammatische Fragestellung im Kontext einer Äußerungssequenz ergibt. Die systematische Behandlung, z.B. in einer »Grammatikwerkstatt« (Menzel 1999), lässt sich somit mit dem integrativen Ansatz des Schreibunterrichts koppeln. Das gilt auch umgekehrt: Die Planung kann von der Erfordernis der systematischen Behandlung einer Textsorte, z.B. der Erörterung, ausgehen, für die dann ein integrativer Zusammenhang gesucht wird (z.B. Verbindung mit mündlichem Argumentieren und Diskutieren, Verbindung mit einem Sachthema aus dem Politikunterricht). Es bietet sich an, zunächst integrative Einheiten zu konzipieren und erst danach die verbliebenen Inhalte, die im Schreibunterricht thematisiert werden sollen, isoliert zu planen sowie Freiräume für offene Schreibzeiten unterzubringen.

Bei der Suche nach integrativen Themen kann man sich wieder an den drei Perspektiven auf den schulischen Schreibprozess orientieren:

- Themen aufgrund der Subjektperspektive: Situation der Klasse und einzelner Schüler (z.B. Kontakt zur Partnerklasse, soziale Probleme)?
- Von der Sachperspektive ausgehende Themen (z.B. soll das Textmuster »Berichten« behandelt werden, bietet sich die Verbindung mit eigenen Berichten in einer Klassenzeitung an)
- Themen, die die institutionelle Perspektive vorgibt: Zeitstruktur des Schuljahres, kultureller Kalender, (z.B. Feiertage, Ausflüge, Projektwoche, Theaterbesuch), vorgegebene fächerverbindende Einheiten, aus denen sich Schreibanlässe ergeben (z.B. Sachtexte, Berichte, Argumentationen, szenische Texte)

Das Ergebnis ist eine erste ungeordnete Themenliste für potenzielle integrative Unterrichtseinheiten (z.B.: Vorstellungen für unsere Klassengemeinschaft aufschreiben; eine Ausstellung mit Texten über Tiere des Waldes vorbereiten; ein Erzählbuch mit fantastischen Geschichten zusammenstellen usw.). Die Liste kann nun auf mögliche Lernziele hin überprüft und nach intentionalen Prioritäten geordnet werden. Anschließend ist es sinnvoll, den Themen anhand der Bildungsstandards passende Sach-, Methoden, Sozial- und Personalkompetenzen zuzuordnen. Was übrig bleibt, kann in den Freiräumen zwischen integrativen Einheiten in Kursen behandelt werden (hier sind Inhalte unterzubringen, die eher ein fachsystematisches Vorgehen nahe legen). So entsteht eine Planungstabelle, die »Schuljahrespartitur«:

»Schuljahres-partitur«

- Die diachrone Anordnung verteilt die thematischen Einheiten auf die verfügbare Gesamtzeit im Kalender (Zahl der Unterrichtswochen, Richtstunden), z.B. in einer Längsspalte.

Diachrone Anordnung

- Die synchrone Anordnung stellt die Inhalte zusammen, z.B. in *Querspalten* für die Arbeitsbereiche des Faches Deutsch und für fächerverbindende Inhalte.

Synchrone Anordnung

Abschließend ist zu überprüfen, ob genügend Freiräume enthalten sind (freie Schreibzeiten, Puffer für Verzögerungen usw.); eine zu dichte Planung ist ein häufiger Anfangsfehler.

Für eine 5. Klasse könnte das z.B. zum Schuljahresbeginn so aussehen:

Unterrichtswoche und Thema	D: Sprechen	D: Lesen / Umgang mit Texten	D: Texte schreiben	D: Rechtschreiben	D: Sprachbewusstsein	(Es folgen weitere Fächer)
1 **Unsere Klassengemeinschaft**	Wünsche für das Schuljahr formulieren	Lektürewünsche	Einen Steckbrief über sich selbst schreiben	Einführung in neue Arbeitstechniken, Anlegen des Wörterkastens		...

Unterrichtswoche und Thema	D: Sprechen	D: Lesen / Umgang mit Texten	D: Texte schreiben	D: Rechtschreiben	D: Sprachbewusstsein	(Es folgen weitere Fächer)
2 **Unsere Klassengemeinschaft**	Sprachlicher Umgang mit anderen, Gesprächsregeln, Diskutieren, Organisationsformen im Umgang miteinander	Textsorten mit Obligationsfunktion: Hausordnungen, Abmachungen, Verträge, Gesetzestexten	Eine eigene Klassenordnung entwerfen; evtl. auch: eine witzige Klassenordnung erfinden; erste Einführung der Schreibkonferenz	Überarbeiten der eigenen Texte	Unterschied Wunsch – Anordnung: Sprachliche Mittel	...

3.2.4 Planung von Unterrichtseinheiten

Bevor methodische Entscheidungen für eine Unterrichtseinheit getroffen werden können, sind zunächst die Subjekt- und die Sachperspektive eines Themas in der Planung zueinander zu bringen:

Bedingungsanalyse

- Eine Bedingungsanalyse klärt, welche Voraussetzungen die Schüler in Bezug auf das Schreibvorhaben haben (z.B. Schreibentwicklungsstand, Interessen, Vorkenntnisse, Lernschwierigkeiten, situative Bedingungen).

Sachanalyse

- Eine Sachanalyse reflektiert den Unterrichtsgegenstand (z.B. kommunikative und sprachliche Funktion der Textsorte, notwendige sprachliche Mittel, Bedingungen des Schreibprozesses, formale Fragen).

Didaktische Überlegungen

Die Reflexion dieser beiden Perspektiven bereitet den zentralen Teil der Planung vor, die didaktischen Überlegungen, die zu konkreten Zielen und Methodenentscheidungen führen. Die Kernfrage ist letztlich, warum die Schüler gerade jetzt dieses Thema behandeln sollen:

Was ist an diesem Unterrichtsgegenstand für meine Schüler bedeutsam?

Da die dazu gehörenden Teilfragen allesamt interdependent sind, lässt sich hier keine rezeptartige Reihenfolge vorgeben, weshalb Planungsmodelle flexibel gehandhabt werden sollten. Dennoch kann die folgende Checkliste bei Planungsentscheidungen helfen:

Checkliste für Planungsentscheidungen

- Welche Kompetenzen lassen sich an diesem Thema/Problem erwerben? Welche Relevanz haben diese Kompetenzen (individuell, für die weitere Arbeit im Fach Deutsch, lebenspraktisch ...)?
- Wie stellt sich das Problem aus Sicht der aktuellen fachdidaktischen Diskussion? Was weiß man über den spezifischen Aneignungs- und Lernprozess (z.B. zum Erzählen, zum Argumentieren)?
- Welche institutionelle Relevanz hat das Thema (Bildungsstandards, Schulcurriculum, Arbeitsplanung eines Lehrerteams ...)

Am Ende dieser Überlegungen können eine begründete Problemauswahl und die Zielformulierung erfolgen:

- Welches Grobziel der Einheit lässt sich formulieren?
- Welche Feinziele lassen sich daraus ableiten (evtl. aufgeschlüsselt für die einzelnen Unterrichtsphasen – z.B. pro Schritt ein Ziel – oder auf verschiedenen Zielebenen, z.B. kognitive, emotionale, soziale Ziele oder Ziele zum Aufbau deklarativen und prozeduralen Wissens)?

Das Formulieren von Grob- und Feinzielen mag angesichts konstruktivistischer Vorstellungen in der aktuellen Didaktik etwas überholt klingen. Mit Zielen sind hier aber nicht die eng operationalisierten Lernziele der veralteten lernzielorientierten Didaktik gemeint, die den Unterricht in ein Korsett zwängte (»Eiskanaldidaktik«, vgl. Ossner 1994: 4). Das Formulieren von Zielen hat vielmehr eine heuristische Funktion, indem sie den Planenden dazu zwingen, die Lehrer-Schüler-Interaktion – gegebenenfalls auch gemeinsam mit den Schülern – im Voraus zu durchdenken. Dazu gehören auch Ziele wie: »Die Schüler setzen sich selbst ein Schreibziel und gestalten einen individuellen Schreibprozess.« Die Kompetenz, sich bei der Unterrichtsplanung sinnvolle Ziele setzen zu können, bleibt selbst bei einem offeneren Unterricht ein entscheidender Bestandteil der Professionalität von Lehrern.

Ziele als Heuristik für die Planung

Grundmuster einer Unterrichteinheit

Die methodischen Entscheidungen für die einzelnen Schritte einer Unterrichtseinheit haben nun eine solide Begründungsbasis. Als Grundmuster für den Ablauf einer prozessorientierten schreibdidaktischen Unterrichtseinheit eignet sich das folgende Planungsschema, das in der Praxis vielfach erprobt wurde:

Klären der Schreibfunktion (als bestimmender Rahmen)

1. Vorbereitungsphase
Vom Schreibanlass zum Schreibziel:
– Übungen zur Entfaltung von Ideen (z.B. Brainstorming, Anregungsmaterialien wie Bildimpulse oder Erzählanfänge)
– Bereitstellung des erforderlichen Vorwissens (z.B. Internetrecherche, Expertenbefragung, Textauswertung)

↓

2. Entwurfsphase
Noch stärker am Schreiber orientiert:
– selbst gesteuertes Schreiben ohne normative Vorgaben
– Konzentration vorwiegend auf den Textinhalt

↓

(wenn die Schreibfunktion kommunikativ ist):

3. Überarbeitungsphase
Zunehmend leser- und normorientiert:
- Übungen auf der konzeptionellen Ebene: Inhalt, Textstruktur (z.B. Einleitung)
- Übungen hinsichtlich eines leserorientierten Stils
- Übungen zur sprachlichen Richtigkeit und evtl. zum Layout (am PC)

Schreibfunktion als bestimmender Rahmen

Die Schreibfunktion stellt den bestimmenden Rahmen des Prozesses dar. Aus ihr leitet der Schreiber sein zunehmend konkreteres Ziel ab, auf sie rekurriert er während der einzelnen Arbeitsschritte immer wieder. Deshalb ist es hilfreich, wenn die Lehrperson kontinuierlich auf die bewusste Reflexion der Schreibfunktion hinweist und z.B. das Schreibziel aufschreiben lässt. Handelt es sich bei der Unterrichtseinheit um ein von Vorgaben freies Schreiben, müssen die Schüler diesen funktionalen Aspekt weitgehend für sich alleine klären. In einem gemeinsamen Schreibvorhaben, bei der sich die Klasse über einen Rahmen oder eine Textsorte verständigt hat, kann die Besprechung der Schreibfunktion im Klassenverband erfolgen und mit einer initialen Motivationsphase verknüpft werden (z.B. die Herstellung einer realen Schreibsituation, die Präsentation eines Schreibanlasses).

Danach lässt sich der Unterricht in drei Schritte gliedern: In einer Vorbereitungsphase wird das nötige Wissen generiert. Handlungsplanung, Inhaltsplanung und Schreibplanung (vgl. 2.2) entwickeln erste Konturen. Beim so genannten kreativen Schreiben geht es dabei eher um die Entfaltung von Imaginationen und Ideen, beim pragmatischen Schreiben um die notwendigen Sachinformationen und die Leservorstellung. Die Entwurfsphase ermöglicht es dem Schreiber, sich zunächst dem Inhalt zuzuwenden und nicht zu stark durch Konventionen einengen zu lassen. In der Überarbeitungsphase werden die notwendigen Normen und die Leserorientierung gezielter reflektiert und entdeckte Probleme revidiert. Vor allem schwächere Schüler brauchen hier viele Hilfen, sonst läuft der Versuch der Optimierung ins Leere – Entwurf und Reinschrift weichen kaum voneinander ab.

Vorbereitungsphase

Entwurfsphase

Überarbeitungsphase

Beim freien Schreiben dienen diese Phasen lediglich zur individuellen Orientierung und Einzelunterstützung, beim angeleiteten Schreiben ermöglichen sie Unterrichtseinschübe für alle, wenn bestimmte Schwierigkeiten gezielt fokussiert werden sollen. Die Gliederung in Sequenzen ist jedoch eine idealtypische Vereinfachung, weil die Prozessschritte nicht völlig isolierbar sind. So muss beispielsweise schon in der Entwurfsphase an den Leser gedacht werden; entlastend ist aber das Bewusstsein, dass dieser Leser den Text erst nach einem weiteren Überarbeitungsdurchgang in die Hände bekommt, weshalb etwa Rechtschreibprobleme zunächst ausgeklammert werden können. Das Vorgehen ermöglicht aber die Konzentration auf einzelne Aspekte, indem die Komplexität des Schreibprozesses in überschaubare Schritte unterteilt wird. In den einzelnen Sequenzen entsteht Platz für individuelle Zugänge und Fördermaßnahmen. Zerlegendes Schreiben ist daher für die Schule eine wichtige Schreibstrategie, die allerdings ihre Grenzen hat und nicht unabhängig von der Schreibaufgabe und vor allem vom Schreibziel zu sehen ist.

Das prozessorientierte Planungsraster gibt nur einen themenunabhängigen Ablauf vor, es ist auf die jeweiligen Schreibfunktionen hin zu modifizieren.

Arbeitsformen und Unterrichtsmaterialien

Weitere methodische Grundsätze und Überlegungen betreffen die Arbeitsformen und Unterrichtsmaterialien:

- Welche Arbeitsformen sind in den einzelnen Phasen angemessen (z.B. Lehrervortrag, Einzelarbeit, Unterrichtsgespräch, Kreisgespräch, Kleingruppenkonferenz, Partnerfeedback usw.)?
- Welche Unterrichtsmaterialien werden benötigt (Schulbücher, Arbeitsblätter, Freiarbeitsmaterialien, audiovisuelle Medien, Plakate usw.)?
- Wie viel Zeit benötigen die einzelnen Phasen?
- Wo ist Differenzierung sinnvoll, notwendig und möglich? Wie kann sie organisiert werden?

Die folgenden Planungsbeispiele zeigen Möglichkeiten der thematischen und funktionalen Integration der Unterrichtsinhalte in größeren Schreibvorhaben (mehrere Unterrichtswochen):

Beispiel für die Primarstufe:

»Briefwechsel mit einem Gespenst« (vgl. Spitta 1988: 37ff.): Schreibfunktionen: Schreiben an andere (den Alltag schriftlich reflektieren, jemandem darüber berichten), Perspektivenübernahme (sich in eine fantastische Figur hineinversetzen).

1. Vorbereitungsphase
Schreibanlass: Es trifft ein Brief vom Schulgespenst ein, das sich vorstellt und bedauert, dass es die Tagwelt in der Schule nicht kenne, da es immer nachts unterwegs sein müsse. Die Kinder treten in einen Briefwechsel ein.

2. Entwurfsphase
Jeder schreibt einen individuellen Antwortbrief, berichtet von seinem Tagesablauf und stellt Fragen an das Gespenst über seine Welt.

3. Überarbeitungsphase
Die Briefentwürfe werden in der Gruppe und im Plenum der Klasse vorgestellt und danach eventuell überarbeitet. Abschließend wird entweder ein Sammelbrief der ganzen Klasse erstellt oder die Briefe

werden einzeln »abgeschickt« (an einem Ort abgelegt, wo das Gespenst sie nachts holen kann).

Fortsetzung nach dem nächsten Gespensterbrief usw.

Die funktionale Orientierung und das Training des Adressatenbezugs ist, wie das Beispiel zeigt, auch bei einem fiktiven Leser möglich. Eine Ausweitung in literaturdidaktischer Richtung ist ohne weiteres denkbar. Das Gespenst kann z.B. den Kindern das Buch »Das kleine Gespenst« von Otfried Preußler schicken und mit ihnen in einen Lesedialog eintreten. Damit wird die Rezeption mit der Textproduktion sinnvoll verbunden. Durch die Lektüre des Tagesablaufs des kleinen Gespensts und des Schulgespensts können die Kinder ihren eigenen Alltags bewusster wahrnehmen und schreibend reflektieren. Zugleich sind sie an der Lektüre des Buches noch stärker interessiert. Natürlich ist den Kindern zunehmend klar, dass hinter dem Gespenst die Lehrerin oder der Lehrer steckt, was der Motivation jedoch keinen Abbruch tut. Zum Beenden kann man das Gespenst umziehen lassen (in unserer Erprobung der Idee lud das Gespenst in seinem letzten Brief in den Heizkeller der Schule ein, wo seine Wohnstätte, ein alter Koffer, zurückgelassen war).

Auch im nächsten Beispiel ist die Produktion mit der Rezeption verbunden:

Beispiel für die Sekundarstufe I:

»Ein Ferienmagazin herstellen« (vgl. Fix 1996)
Schreibfunktion: Schreiben für andere (unterhaltsame Geschichten und informative Reportagen verfassen)

1. Vorbereitungsphase
Schreibanlass: Gegen Ende des Schuljahres wird über die Ferienlektüren gesprochen; es kommt der Vorschlag auf, ein eigenes Magazin für die Sommerferien herzustellen, in dem selbst verfasste, aber auch passende Fremdtexte enthalten sind. Es folgt ein Brainstorming zu möglichen Themen und Textsorten. Daraufhin werden von der Lehrkraft Anregungsmaterialien für Erzähltexte verschiedener Genres bereitgestellt. Die sachorientierten Schreiber recherchieren Informa-

tionen im Internet und der Bibliothek. Alle suchen außerdem zugleich nach interessanten Fremdtexten, darunter auch Rätsel, Witze usw.

2. Entwurfsphase
Pflichtprogramm für jeden ist, dass mindestens ein eigener Text verfasst wird, die Textsorte ist aber frei wählbar (fiktionale Erzählung, Bericht über ein Musikevent, Filmempfehlung, Sachreportage über ein Hobby usw.). Die Texte werden, wenn möglich, in den PC eingegeben.

3. Überarbeitungsphase
Die Entwürfe werden in der Schreibkonferenz besprochen (vgl. 3.4.2) und danach individuell überarbeitet. Es folgt das Layout des vorhandenen Materials (Überschriften gestalten, Bilder zuordnen, Textmenge nicht zu dicht auf die Seiten verteilen, Verzierungen). Die Redaktionskonferenz, also das Klassenplenum, beschließt Titel, Titelblatt, Seitenanordnung und Vermarktung des Magazins. Der letzte Schritt ist die Produktion und eine gemeinsame Leserunde zum Abschluss, evtl. ist auch ein Verkauf in der Schule denkbar.

Beispiel für die obere Sekundarstufe und Sekundarstufe II

»Texte auswerten und schreiben« (vgl. Fix 2002)
Schreibfunktion: Erstellen von Lernhilfen in einem Materialkompendium als Vorbereitung auf eine Prüfung

1. Vorbereitungsphase
Die Schüler erfahren ein (aktuelles, gesellschaftliches) Rahmenthema, zu dem später in einer Prüfung eine Argumentationsaufgabe gestellt wird (z.B. gesunde Ernährung, interkulturelles Zusammenleben, Mobilität und Verkehr usw.) Über einen längeren Zeitraum können sie ein Kompendium mit Materialien erstellen. Im Unterricht werden dabei Hilfen erarbeitet:

- *Ein Schreibziel festlegen, eine Fragehaltung als Vorbereitung der Recherche entwickeln,*
- *Recherche- und Auswertungstechniken (z.B. Suchen – Sichten – Sichern – Sortieren)*
- *Aufbereiten der Informationen in Textsorten wie Inhaltsangabe, Exzerpt, aber auch diskontinuierliche Textsorten wie Mind-Map, Flussdiagramm usw.,*
- *Argumente formulieren und anordnen.*

2. Entwurfsphase
Die recherchierten Texte werden ausgewertet, eigene Texte und Grafiken dazu entworfen und in das Kompendium aufgenommen. Den Schülern muss bekannt sein, dass das Kompendium später in der Prüfungssituation verwendet werden darf. Hier differenzieren die Schüler selbst, indem sie unterschiedliche Textsorten wählen (z.B. zum Thema »Interkulturelles Zusammenleben«: Erörterung zum Thema Fremdenfeindlichkeit, subjektive Erfahrungsberichte von Migranten, Reportage über ein Herkunftsland von Asylbewerbern, über örtliche Initiativen usw.)

3. Überarbeitungsphase
In Schreibkonferenzen und Textbörsen tauschen die Schüler ihre Ergebnisse aus, diskutieren über die gefundenen Materialien und die selbst produzierten Lernhilfen. Im Unterricht werden Ordnungssysteme (Register, Inhaltsverzeichnis) thematisiert. Die Überarbeitung des Kompendiums erfolgt wieder individuell.

Fortsetzung: Prüfungsaufgabe zu einem konkreten Schreibanlass innerhalb des Themengebiets. Der argumentative Text ist zwar auf einen situativen Rahmen zu beziehen, aber die Materialien aus dem Kompendium können verwendet werden.

Dieses Modell wurde entwickelt, um Rezeptions- und Methodenkompetenzen auch bei einer zentral vorgegeben Abschlussprüfung mehr Geltung zu verschaffen (vgl. Felder & Fix 2001) und die traditionelle Erörterung abzulösen, bei der die Schüler ohne inhaltliche Vorbereitung argumentieren sollten. Wenn der Aspekt der Zentralprüfung wegfällt, können natürlich von Anfang an Themen für Schreibaufgaben mit einer konkreten Recherche verbunden und in einer Mappe gesammelt werden. Über Vorgaben können die Bereiche genauer geregelt sein, die in einem solchen Portfolio abgedeckt sein sollen. Die Schüler entscheiden selbst darüber, welche Arbeiten sie zur Bewertung besonders sorgfältig aufbereiten und vorlegen. Während des Arbeitsprozesses besteht die Möglichkeit zur Beratung und Unterstützung. Die Präsentation des Portfolios erfolgt in der Regel in einem Kolloquium, bei dem die Bewerter Rückfragen stellen können; es ist aber auch möglich, dass der Autor seine Auswahl in einem Begleitschreiben kommentiert. Kriterium der Bewertung kann somit neben der Qualität der Schreibprodukte auch die Begründung der Auswahl sein.

Zusammenfassung:

Die Unterrichtsplanung kann auf individuelle Schreibprozesse eingehen, wenn sie bereits im Vorfeld die drei Perspektiven klärt, die im »schreibdidaktischen Würfel« dargestellt sind: Je nach Sachorientierung, institutioneller Orientierung und Schülerorientierung wird der funktionale Rahmen der Einheit umrissen.
Darüber hinaus müssen Differenzierungsfaktoren berücksichtigt werden, z.B. Vorwissen, Geschlecht, Vorgaben, Hilfen, Schreibstrategien, Aufgabentypen, Umfang und Schwierigkeitsgrad. Voraussetzung für eine gelingende Differenzierung ist eine bereichsspezifische diagnostische Kompetenz der Lehrer.
Eine Jahresplanung kann als Schuljahrespartitur so offen angelegt sein, dass sie schreiber-differenzierten Unterricht zulässt und dennoch thematische Einheiten vorstrukturiert. Die Inhalte lassen sich einer dia- und synchronen Übersicht zuordnen, die im Schuljahresverlauf weiter präzisiert und an die realen Gegebenheiten angepasst wird.
Für die Planung einer Unterrichtseinheit sind die Voraussetzungen der Schüler und der Lehr-Lern-Situation (Bedingungsanalyse) und der Unterrichtsgegenstand (Sachanalyse) zu klären; grundlegende didaktische Überlegungen beziehen die aktuelle Fachdiskussion ein und führen zur Präzisierung von Zielen, die eine methodische Ausarbeitung ermöglichen.
In der prozessorientierten Schreibdidaktik hat sich das »Drei-Phasen-Modell« als Grobstruktur für die Verlaufsplanung bewährt.

Aufgaben

1. Ein didaktischer Leitspruch zu Unterrichtsplanung könnte lauten: »Plane so integrativ wie möglich und so fachsystematisch wie nötig!« Erläutern Sie diesen Satz.
2. Sie bekommen in der schulpraktischen Ausbildung die folgenden, an Textsorten orientierten Unterrichtsthemen vorgegeben. Erstellen Sie dazu eine Planungsskizze (»Partitur«, vgl. Seite 137), die das Thema in einen thematischen Kontext einbindet und weitere Inhalte zuordnet.

a. »Eine Person beschreiben« (Kl.5-6)
b. »Von einem Ereignis berichten« (Kl. 7-8)

3.3 Unterrichtsmethoden: Das Schreiben auslösen

Vor der Lektüre eines Kapitels zu Unterrichtsmethoden ist eine Warnung angebracht: Methoden können nicht vom Unterrichtskontext isoliert betrachtet werden, sie sind abhängig von den konkreten Zielen und den dahinter stehenden didaktischen Überlegungen. Selbst wenn eine Planung von einer Methodenidee ausgehen sollte (»das möchte ich einmal ausprobieren«), müssen die didaktischen Überlegungen dazu nachgeholt werden. Die folgenden Vorschläge sind also Anregungen, die als Bausteine für eine umfassende Planung, nicht als Rezepte genutzt werden können.

Wie Kapitel 3.1 gezeigt hat, können die Ausgangspunkte des Schreibens je nach schreibdidaktischem Ansatz zu sehr unterschiedlichen methodischen Arrangements führen. Die hier im Schwerpunkt verfolgte prozessorientierte Konzeption liegt dabei quer zu den anderen Ansätzen, denn der Prozess kann von jedem Schreibanlass aus weiter begleitet werden. In allen Arrangements geht es in dieser Phase des Schreibprozesses darum, Ideen zu entwickeln, Wissen zu aktivieren und gegebenenfalls fehlende Informationen einzuholen. Rezeption und Produktion werden in der Regel miteinander verbunden. Die Schwerpunkte liegen jedoch jeweils auf unterschiedlichen Aspekten der Unterstützung:

Didaktischer Ansatz	**Schreibanlässe durch ...**	**Methodenschwerpunkt**
1. Traditioneller Aufsatzunterricht	Themenvorgaben der Lehrkraft, die einer Textsortensystematik folgen (z.B. »Mein schönstes Ferienerlebnis« → Erlebniserzählung)	Textsortenwissen und stilistische Merkmale
2. Freies Schreiben	Selbst gesetzte Schreibideen aufgrund kommunikativer oder personaler Bedürfnisse (z.B. »Gedanken zum Tag«)	Anregungsreiche Schreibumgebung
3. Kreatives Schreiben	Anregungsmaterialien, die Impulse setzen (z.B. Bildimpuls mit einem Blick auf einen Höhleneingang)	Auslösen von Assoziationen und Imaginationen
4. Produktives Schreiben	Verbindung mit literaturdidaktischen Fragestellungen (z.B. einen inneren Monolog des Protagonisten eines Romans schreiben)	Aneignung von Literatur durch schreibende Verarbeitung
5. Funktionales Schreiben	Verbindung mit einem kommunikatives Bedürfnis aus dem Unterrichtskontext (z.B. Aufbereiten von Sachinformationen und Schreiben von Informationstexten für eine Ausstellung über Berufe)	Aneignung inhaltlichen Wissens oder Erfüllen eines kommunikativen Zwecks

3.3.1 Schreibanlässe im traditionellen Aufsatzunterricht:

Nach wie vor sind die meisten Schreibeinheiten in Unterrichtsmaterialien nach einem traditionellen Muster aufgebaut. Zwar wird häufig ein integrativer Rahmen darüber gelegt, dieser bleibt in der Regel jedoch oberflächlich. Dahinter steht meist die Orientierung an Merkmalen einer Darstellungsform, die in der Einheit erarbeitet werden soll. Noch immer dominieren solche Aufgabenstellungen die Abschlussprüfungen im Fach Deutsch.

Ein textsortenbezogenes Vorgehen kann als Übungseinheit sinnvoll sein, bringt aber die Gefahr einer Erstarrung von Darstellungsnormen mit sich (vgl. 2.2). Dies ist an schulischen Schreibformen wie der »Bildergeschichte« gut abzulesen – ein Konstrukt, das in der außerschulischen Wirklichkeit so nicht vorkommt. Ihre ursprüngliche Funktion war eine methodische Hilfe, die zum Erzählen bzw. zum Interpretieren hinführen sollte – allmählich wurden sie jedoch selbst zu einer Art Textsorte. Dennoch kann etwa das Erzählen zu einer Bildfolge in der Grundschule eine Methode sein, die das Entdecken narrativer Strukturen ermöglicht und somit narratives Schreiben auslöst.

Erzählen zu einer Bildfolge

Ein textsortensystematischer Unterricht kann deduktiv beginnen und Merkmale einer Erzählung, eines Berichts, einer kontroversen Erörterung usw. als Ausgangspunkt vorgeben, die dann an einem bestimmten Thema abgearbeitet werden. Aus lerntheoretischen und motivationalen Gesichtspunkten erscheint dieses Vorgehen aber problematisch. Auch das Erarbeiten von Merkmalen einer Textsorte kann über einen induktiven Weg erfolgen, indem etwa Textbeispiele auf Gemeinsamkeiten hin untersucht werden, die darauf in einer Checkliste gebündelt werden.

Merkmale von Textsorten induktiv erarbeiten

Von der Lehrkraft gestellte Themen sollten sich an der minimalen Anforderung orientieren, dass man erfolgreich nur über etwas schreiben kann, was einen betrifft oder interessiert, wovon man schon Kenntnis oder wozu man Lebenserfahrung hat (vgl. Abraham 1998: 31). Wenn das Thema gestellt ist, beginnt ein durchaus prozessorientiertes Vorgehen. In der Regel wird zunächst eine Stoffsammlung erstellt. Diese Phase trägt in der antiken Rhetorik die Bezeichnung »inventio«, Erfindung – hier können also Verfahren des Brainstormings angewandt werden, wie sie weiter unten beim kreativen Schreiben aufgelistet sind. Der Zweck ist dabei aber weniger das Erspüren subjektiver Empfindungen als vielmehr das Finden von Gesichtspunkten, die der Erfüllung der durch die Aufgabe gesetzten Norm dienen. Daraufhin wird versucht, eine Ordnung in das Material zu bringen und eine Gliederung zu entwerfen. Diese wird schließlich zu einem Aufsatz ausgearbeitet.

Thema

Stoffsammlung

Gliederung

Aufsatz

Methodische Hilfen im traditionellen Aufsatzunterricht sind zum einen Übungen zum Gliedern, z.B. das Ordnen unstrukturierter Sätze oder Textteile, zum anderen sprachliche Hilfen, insbesondere für Text- und Satzanfänge (vgl. dazu z.B. Vorschläge in Payrhuber 1996 oder Beck/Hofen 1999) oder für besondere

Methodische Hilfen

Textstellen (z.B. die Markierung der Plötzlichkeit beim Erzählen, den Aufbau eines Arguments mit Beleg und Beispiel beim Erörtern; zu den Merkmalen vgl. 2.2).

Vorgaben zur Ausdrucksseite

Sowohl die Handlungsseite (pragmatischer Aspekt) als auch die Inhaltsseite werden beim traditionellen Aufsatzunterricht weniger vorbereitet als die Ausdrucksseite. Beim Schreiben des Aufsatzes orientieren sich die Schüler an den Vorgaben zum Aufbau (z.B. »die wichtigsten Argumente am Schluss«), Stil (z.B. »Schreibe sachlich und vermeide Wertungen« bei einem Bericht) und Sprache der Textsorte (»Verwende das Präteritum beim Erzählen und Berichten, das Präsens beim Beschreiben«).

In einer Untersuchung zum Schreiben nach Bildimpulsen im Vergleich zu Inhaltsangaben (Fix 2000) wurde deutlich, dass solche Normierungen für manche Schreibertypen eine Hilfe sein können, für andere wirken sie – gerade zu Beginn des Schreibens – eher blockierend (beim Überarbeiten ihres Textes dagegen können sie für die gleichen Schüler hilfreich sein). Ein Hauptvorwurf gegenüber den Methoden des traditionellen Aufsatzunterrichts besteht deshalb darin, dass ein bestimmter Weg für alle favorisiert, ja sogar vorgeschrieben wird, anstatt auf die individuellen Unterschiede einzugehen (zu Differenzierung vgl. 3.2.2).

3.3.2 Anregungen zum freien Schreiben

funktionsdifferenzierte Zonen

Anregungsmaterialien

Hilfen für die Bewältigung dieser komplexen Anforderungen können in einem offenen Unterricht vor allem über die Schreibumgebung und durch Materialien gegeben werden, die zum Schreiben anregen. Die Gestaltung des Klassenraums sollte in diesem Fall funktionsdifferenzierte Zonen enthalten, unter denen sich auch ein Rückzugsort zum Schreiben befindet, von dem aus Bücher, Magazine, Bildkarteien und andere Anregungsmaterialien frei zugänglich sind, die zum Schreiben für sich, für andere oder an andere (z.B. Briefe) einladen, im Primarbereich möglicherweise auch eine Schuldruckerei in Anlehnung an Célestin Freinet (1896-1966). Das freie Schreiben bietet so die Möglichkeit, dass Schüler schon vorhandene Strukturpotenziale nutzen können und trainieren, sich selbst Schreibziele zu setzen.

Auch hier gilt allerdings der Einwand, dass ein Methodenmonismus unangebracht ist: Einen Konzept, das ausschließlich freies Schreiben verfolgte, liefe Gefahr, ähnlich einseitig wie der traditionelle Aufsatzunterricht zu werden. Denn auch die Offenheit zu Beginn des Schreibprozesses liegt nicht allen Schreibern gleichermaßen. Sie stellt eine sehr anspruchsvolle Anforderung dar, weil man nicht nur den Anfang des Formulierens finden muss, sondern sich auch den funktionalen und thematischen Rahmen abzustecken hat – Aufgaben, die beim angeleiteten Schreiben durch entsprechende Vorgaben wegfallen. Deshalb verwundert es nicht, dass sich Schüler gerade beim freien Schreiben häufig an gesehenen Filmen orientieren, die ihnen nicht nur inhaltlich, sondern auch durch die Vorgabe eines Erzählmusters eine Schreibstrategie liefern (vgl. Fix & Jost 2004). Diese intermediale Orientierung ist durchaus eine akzeptable Vorgehensweise.

3.3.3 Impulse für das kreative Schreiben

Auslösen kreativer Prozesse

Beim kreativen Schreiben liegt aus Sicht der planenden Lehrkraft der Schwerpunkt auf der Initialphase, denn es geht vorrangig um das Auslösen kreativer Prozesse. Verfahren zu gelenkten Assoziationen sollen vorhandene Muster aktivieren, Imaginationen und Fantasie entfalten und neue Ideen generieren. Durch die Vorgabe gezielter Impulse unterscheidet sich das kreative Schreiben vom freien Schreiben, da es sich hierbei um ein Steuerungsinstrument handelt.

Die Impulse können so gewählt werden, dass sie bestimmte Assoziationen implizieren, indem sie z.B. an »frames« (»Rahmen«) oder »scripts« (»Drehbücher«) anknüpfen (vgl. 2.1.3). So weiß man beim frame »Schule«, dass es dort ein Lehrerzimmer gibt, einen Pausenhof, einen Hausmeister usw. – diese Begriffe können also in Verbindung mit dem auslösenden »Reizwort« Schule assoziiert werden, während »Bahnhof« entsprechend andere Vorstellungen weckt. Prozessual organisierte »scripts« repräsentieren dagegen Abläufe wie »Eine Fahrkarte kaufen, damit sind Vorgänge wie »den Geldbeutel herausholen, sich am Automat oder Schalter anstellen, das Reiseziel eintippen oder nennen, bezahlen usw.« gekoppelt. Diese beiden Formen von Wissensbeständen lassen sich nicht immer idealtypisch trennen. Sie sind jedoch Anhaltspunkte, die auch für die Rezipientenorientierung in einem Text wichtig sind, denn das Leseverstehen profitiert von

Assoziationen zu bestimmten frames und scripts, indem ein Leser entsprechende Inferenzen (Ergänzungen zum Gelesenen) vornimmt. Verfahren der gelenkten Assoziation können sich solche kognitiven Repräsentationen für das kreative Schreiben zunutze machen, indem etwa Bildimpulse oder Reizwörter gezielt ausgewählt werden, um entsprechende Einfälle zu produzieren. Je nach den Fähigkeiten der Schülerinnen und Schüler kann dabei zwischen offenen Impulsen (z.B. ein Bild einer Insel im Meer) und engeren Vorgaben (z.B. die Reizwörter »Geldbeutel – Bahnhof – Dieb«) differenziert werden. Letztere geben allerdings ein so eindeutiges script vor, dass Vertreter des kreativen Schreibens sie wohl nicht mehr akzeptieren würden. Die Präsentation der Wörter kann auf verschiedene Weise erfolgen, z.B. über Kärtchen, die nach und nach gezogen werden (z.B. ein Ort, eine Person, ein Gegenstand, ein Gefühl, ein Ereignis), in Form einer Drehscheibe oder in Form eines Wörterwürfels (vgl. z.B. Payrhuber 1996: 51).

Verfahren der gelenkten Assoziation Bildimpulse, Reizwörter

Ein anderes mentales Speichermodell liefert die semantische Prototypentheorie, die ebenfalls für die Vorgabe von Impulsen bedeutsam ist. Sprachbenutzer greifen auf prägnante, aus der Erfahrung stammende und zum Teil bildlich geprägte Repräsentationen zurück, die für ein bestimmtes semantisches Feld typisch sind (vgl. Linke u.a. 1996: 347ff.). Diese Primärbegriffe können bei jedem Individuum auf anderen Ebenen liegen: Beim Bild eines Rotkehlchens werden viele das Wort »Vogel« assoziieren, ein Ornithologe jedoch bestimmt nicht. Dagegen löste das Bild einer Banane bei den meisten Sprachbenutzern nicht »Frucht« aus, sondern aufgrund der häufigen Erfahrung »Banane«. Bei der Speicherung von Begriffen spielen sensorische (»Eine Banane schmeckt süß«) und kategoriale Merkmale (»Vogel ist ein Hyponym zu Tier«) eine Rolle. Solche Überlegungen können bei der Auswahl von Begriffen durch die Lehrkraft berücksichtigt werden. So können sicherlich auch kategoriale Merkmale assoziativ genutzt werden, z.B. bei der Aufgabe: « Welche Unterbegriffe fallen dir zum Oberbegriff »wilde Tiere« ein? Wähle eines davon für eine Tiergeschichte aus.«

Sensorische und kategoriale Merkmale von Begriffen

Sensorisch oder emotional stark besetzte Begriffe dürften jedoch für das Auslösen von Assoziationen, insbesondere im Hinblick auf die Aktivierung narrativer Strukturen, fruchtbarer sein. Hierfür werden zum Beispiel Verfahren wie die »Fantasiereise« oder das »Clustering« eingesetzt.

Fantasiereise

Die Fantasiereise ist ein Verfahren, das unter anderem auch die Psychotherapie verwendet (vgl. Payrhuber 1996: 58). Meistens wird sie in gelenkter Form mit einer Entspannungsübung verknüpft, die von einem Erzähler angeleitet wird. Dieser führt die Zuhörer mit geschlossenen Augen durch eine – in der Regel angenehm gestaltete – Fantasiewelt. Nach einer Phase der Körperwahrnehmung folgt der Übergang und die Phase der Imaginationen (z.B. Schweben über eine Blumenwiese, Landen auf einer Waldlichtung usw.), nach der Rückkehr können die »Eindrücke« schriftlich fixiert und weiterverarbeitet werden.

Clustering

Die Clustering-Methode (vgl. Rico 1984) ist eine Form des »Brainstormings« (»Gedankensturm«), die nach Auffassung Ricos an die neurobiologischen Gegebenheiten im Gehirn anknüpft: Ein Wort wird in die Mitte geschrieben, freie Assoziationen dazu werden durch die Verbindung mit Strichen notiert, Verzweigungen ergeben sich, wenn die gefundene Assoziation eine neue ergibt. So entsteht ein noch unstrukturiertes Netz oder Bündel (»Cluster«). Die beiden Beispiele aus dem »Ludwigsburger Aufsatzkorpus« (vgl. Fix & Melenk 2000) aus Klasse 8 zeigen, dass dabei nicht unbedingt der erste Begriff die Grundstruktur prägt. Gezeigt wurde diesen Schülern das Bild eines alten, verwitterten Stiefels, der im Uferschlamm steckte:

Beim einen Schüler löste dieses Bild den Einfall einer Entführung aus, beim anderen das Thema Drogen:

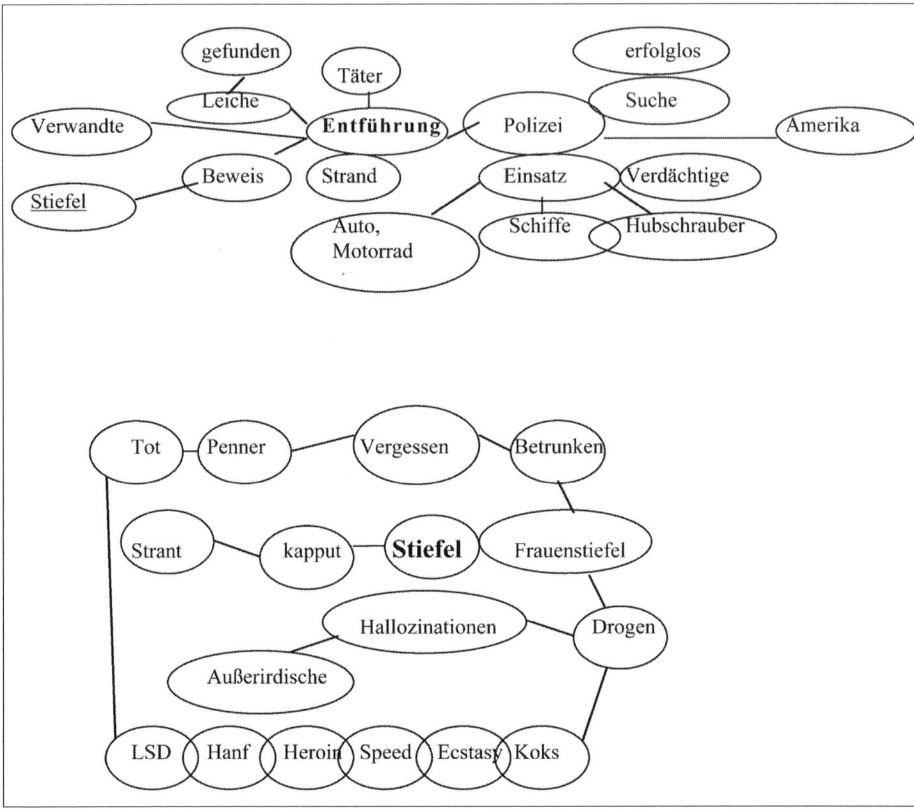

Sprachspielerische Muster und Strukturgitter

Neben diesen an inhaltlichen Assoziationen orientierten Verfahren arbeitet das kreative Schreiben auch mit sprachspielerischen Mustern, etwa der Vorgabe, ein Haiku (japanisches Kurzgedicht, in dem in drei Zeilen siebzehn Silben in einer bestimmten Form unterzubringen sind) oder ein Elfchen (Kurzgedicht aus elf Wörtern in fünf Zeilen) zu verfassen (vgl. Fritzsche 2000). In diesem Fall ist der Impuls das Strukturgitter, das die Schreibenden semantisch zu füllen haben. Das Prinzip des kreativen Schreibens, durch eine Irritation neue Einfälle zu provozieren, wird in diesem Fall durch die Form erfüllt.

3.3.4 Produktives Schreiben zu literarischen Texten

Auch bei dieser integrativen Variante des kreativen Schreibens kommen ähnliche Verfahren zur Geltung. Im Vordergrund steht hierbei aber nicht das Schreiben, sondern die Vorbereitung oder Vertiefung der Textrezeption durch die eigene Produktion (vgl. z.B. die Vorschläge in Haas, Menzel & Spinner 1994).

Textrezeption durch die eigene Produktion

Antizipierende Verfahren können bereits vor der ersten Textbegegnung stehen, wenn etwa auf einen Themenbereich eingestimmt werden soll (z.B. emotionale Einstimmung auf das Thema »Herbst« durch Gegenstände, Aufschreiben eigener Gedanken und Gefühle zum Herbst, danach Lektüre eines Herbstgedichtes). Eine andere Form der Antizipation ist die unvollständige Präsentation des Textes als Fragment oder Lückentext. Die »Leerstellen« werden durch eigene Schreibprodukte gefüllt (z.B. Erfinden eines Schlusses, Einfügen einer Überschrift, eines Mittelteils, Ergänzen fehlender Reimwörter usw.).

Antizipierende Verfahren

Bei transformierenden Verfahren stellt die Lektüre eines literarischen Texts den Ausgangspunkt für das Schreiben dar. Das Umarbeiten kann sowohl dem Ziel der Inhaltserschließung als auch der Interpretation dienen.

Transformierende Verfahren

Klassische Formen sind Nacherzählung, Zusammenfassung und Inhaltsangabe, die in der Praxis aber nicht zuletzt aus Motivationsgründen umstritten sind. Verfahren des handlungs- und produktionsorientierten Literaturunterrichts greifen andere Transformationen auf, z.B.

- Umarbeitung in einen Comic, ein Drehbuch, einen Steckbrief über Figuren des Textes, eine Zeitungsreportage oder einen Kommentar;
- Schreiben eines Paralleltexts mit analogem Bauplan, aber einer anderen Sprachvarietät, einer Stilvariation oder ausgetauschten Figuren (z.B. Übertragen einer Fabel auf die Erfahrungswelt der Schüler);
- Schreiben eines Gegentexts (romantisches Gedicht – Umweltverschmutzung);
- Variation des Handlungsverlaufs, Veränderung der Erzählperspektive.

Der transformierende Eingriff in den literarischen Text durch eigene Schreibproduktionen hat vorrangig eine interpretative Funktion. Während bei geübten Lesern mentale Operationen ablaufen (das eigene Wissen aktivieren, Inferenzen in den Text tragen und so den Sinn des Gelesenen konstruieren), sollen die produktiven Aktivitäten der Lernenden die Rezeption erleichtern und ihnen einen individuellen Zugang zum Text schaffen. Die Passung der Methode hängt allerdings entscheidend von Art und Gehalt des Textes ab.

Nicht im Sinne dieses Ansatzes ist ein Vorgehen, das den literarischen Text lediglich als Schreibimpuls nutzt, ihn danach aber wieder verlässt. Man könnte an einem solchen Vorgehen bemängeln, dass dann die angemessene Behandlung der Literatur als Gegenstand auf der Strecke bleibe; aus Sicht des kreativen Schreibens ließe sich aber auch argumentieren, dass es auf das Ziel ankomme: Wenn das Schreibenlernen vorrangiges Ziel ist, kann auch ein literarischer Text als Impuls legitim sein. Geht es primär um die Erarbeitung von Literatur das Ziel, muss auch die textnahe Textproduktion diesem Zweck angemessen sein.

3.3.5 Integrative Anlässe für funktionales Schreiben

Schreibaufgaben aus dem thematischen Zusammenhang

Innerhalb integrativer Unterrichtseinheiten ergibt sich eine Schreibaufgabe auch aus dem thematischen Zusammenhang. Der zu schreibende Text dient dem Fortgang oder der Dokumentation der inhaltlichen Arbeit; hier entstehen vorrangig explikative, deskriptive und argumentative Texte. Neben Beobachtungen und Erhebungen (für das Beschreiben und Berichten, für Versuchsprotokolle und Sachtagebücher, etwa in Verbindung mit einem Versuch aus der Biologie) erlangen für das Vorbereiten der eigenen Schreibprozesse das Recherchieren, die Auswertung und die Aufbereitung der extern eingeholten Informationen besondere Bedeutung.

Recherche

Recherche: Als Arbeitstechnik der Informationsbeschaffung gewinnt zunehmend der Umgang mit dem Internet an Relevanz. Der Online-Autor kann Textangebote sichten, Stücke davon auswählen und zu einem neuen Text kombinieren oder umschreiben. Der Umgang mit der Unübersichtlichkeit und der Informationsfülle dekontextualisierter Daten ist allerdings eine neue Hürde für die Lernenden. Die Informationsflut ist ungleich größer als beim nicht multimedia-unterstützten Schreibprozess, es müssen viel mehr irrelevante Daten herausgefiltert, relevante Daten ausgewählt und angeordnet werden. Besonders wichtig ist in diesem

Zusammenhang der Umgang mit semantischen Hierarchien. Mit einer globalen Suchstrategie (Eingabe eines Begriffs in die Suchmaschine) kommt man im Internet nicht weit. Hyponyme (Unterbegriffe) und Hyperonyme (Oberbegriffe) bekommen eine Bedeutung, die sie bislang in keinem Nachschlagewerk hatten. Auch hier kann die Schreibfunktion und das daraus resultierende Ziel den Maßstab vorgeben, nach dem sich im Internet gefundene Wissensbausteine einschätzen lassen; andernfalls besteht die Gefahr, sich in der Fülle des Datenraums zu verlieren. Borrmann & Gerdzen (2001) schlagen daher in ihrem Strukturmodell des Recherchierens unter anderem eine Phase der Rückkoppelung und Optimierung der Suche vor, die in eine Präsentation und Reflexion der Ergebnisse mündet. Der gegenseitige Austausch der Informationen über eine Materialbörse oder eine Gruppenkonferenz kann die Evaluation des gefundenen Materials erleichtern.

Suchstrategie

Materialbörse

Auswertung und Aufbereitung: Techniken für die Auswertung der Texte stellt die Leseforschung bereit. Hierfür gibt es auch zahlreiche Vorschläge für den Unterricht. Als ein Beispiel sei die Fünf-Schritt-Lesemethode SQ3R nach Robinson genannt (vgl. Christmann & Groeben 2001: 192):

Fünf-Schritt-Lesemethode

- Survey: Verschaffen eines ersten Überblicks (schnell zu verarbeitende Informationen wie Titel, Inhaltsverzeichnis nutzen)
- Question: Fragen an den Text stellen
- Read: Gezieltes Lesen mit Hilfe der eingangs gestellten Fragen
- Recite: Rekapitulieren nach jedem Lesen eines Abschnitts
- Review: Repetieren aller vier Schritte für den Gesamtüberblick

Die Ergebnisse können dann in eigene Schreibprodukte überführt werden, die der Weiterverarbeitung des Gelesenen dienen. Dabei kommen sowohl Formen der Reduktion (Kürzen, Zusammenfassen) als auch der Elaboration (Aus- und Umarbeiten in andere Formen, Ergänzen einer Worterklärung usw.) in Frage.

Als konservierende Maßnahmen dienen das Herausschreiben, Unterstreichen, Anfertigen von Randnotizen und das Notieren von Schlüsselwörtern oder Überschriften für Abschnitte. Zusammenfassungen und andere Formen, etwa Flussdiagramme, die die Gedankengänge eines Textes stichwortartig linear mit Pfeilen wiedergeben, dienen als externe Wissensspeicher, der die Textstruktur analog zur mentalen, kognitiven Strukturierung des Lesers abbilden.

Externer Wissensspeicher

Mind-Map Einen Versuch, der kognitiven Speicherstruktur besonders nahe zu kommen, stellen so genannte Mind-Maps dar: »Gedanken-Landkarten«, bei denen der zentrale Begriff in die Mitte gesetzt wird. Dadurch können auch Vernetzungen zwischen den einzelnen Aspekten sichtbar gemacht werden. Die geordnete, reflektierte Mind-Map ist nicht zu verwechseln mit dem Cluster, bei dem die Verzweigungen spontane Assoziationen repräsentieren (vgl. Seite 154); diese müssen erst in eine Mind-Map überführt werden, die durch die hierarchische Verknüpfung der Schlüsselwörter differenzierte Strukturierungsmöglichkeiten bietet (vgl. Merz-Grötsch 2003: 806). Das folgende Beispiel (aus Ossner 2001: 55) stellt die Vorbereitung eines Ratgebertexts zum Thema »Richtig reisen« dar (die Aufgabenstellung verlangt einen Gegentext zu Tucholskys Satire »die Kunst, falsch zu reisen«, verbindet also produktives Schreiben mit funktionalem Schreiben).

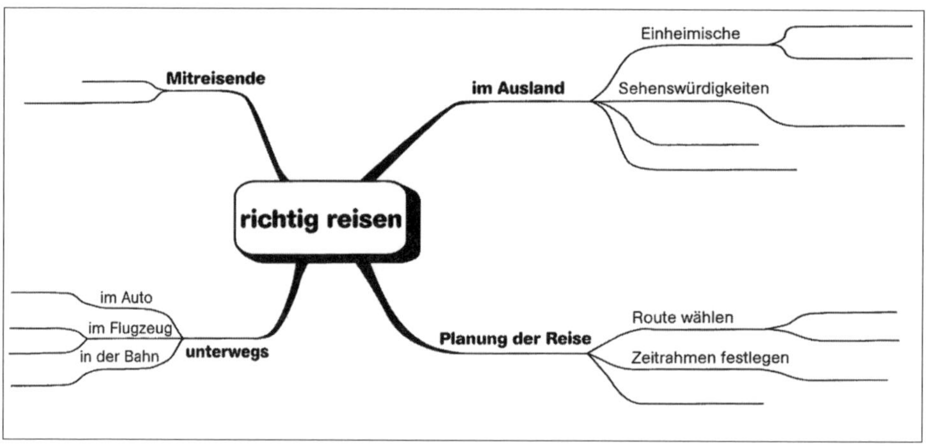

Zusammenfassung:

Für das Auslösen von Schreibprozessen im Unterricht stehen vielfältige Methoden zur Verfügung, wobei es Affinitäten zwischen bestimmten Methoden und bestimmten didaktischen Konzepten gibt:

- *Der traditionelle Aufsatzunterricht greift eher auf deduktive (Schreibnormen) und merkmalsorientierte Formen sowie strengere Ordnungsprinzipien (Gliederung) zurück.*

- *Im freien Schreiben werden möglichst gar keine instruktiven Methoden verwendet, dagegen wird großer Wert auf die Gestaltung der Schreibumgebung gelegt.*
- *Das kreative Schreiben arbeitet mit gezielten Impulsen, die assoziativ an semantische Strukturen im Gehirn anknüpfen.*
- *Produktives Schreiben zu literarischen Texten orientiert sich an den ästhetisch-stilistischen Gegebenheiten der Vorlage.*
- *Funktionales Schreiben innerhalb eines thematischen Kontexts beginnt in der Regel mit Informationsrecherchen und deren Aufbereitung für das Schreiben.*

Aufgaben:

1. Welche Elemente verschiedener didaktischer Konzeptionen finden sich in der folgenden Aufgabenstellung in einem Sprachbuch der 3. Klasse (Jojo 3 von Karin Engewald u.a., Berlin: Cornelsen 1996, S. 35)?

Reise ins Traumland

Ich lag im Bett und träumte. Plötzlich klopfte es an meinem Fenster. Ein Männlein mit lila Haaren stieg durch die Fensterscheibe, setzte sich auf meine Bettdecke und flüsterte: „Komm mit in mein Traumland." Das Männlein nahm mich bei der Hand ...

geheimnisvolle Stimmen, Giftschlangen, ...

alte Karte mit seltsamen Zeichen, Schatzkiste, ...

Ritt auf einem Elefanten, Tiersprache verstehen können, ...

1 Stelle dir vor, du fliegst mit dem Männlein ins Traumland. Entscheide dich für ein Erlebnis. Schreibe deine Geschichte auf. Der Schlusssatz könnte sein: *Ich wachte auf und merkte, dass alles nur ein Traum war.*

2 Was könntest du auf deiner Traumreise noch erleben? Erzähle ein lustiges Erlebnis **oder** ein spannendes Erlebnis **oder** ein geheimnisvolles Erlebnis.

14.12.04

Aufsatz Nr 2

Fantasiegeschichte

Reise ins Traumland

Ich lag im Bett und träumte. Plötzlich
klopfte es an meinem Fenster. Ein
Männlein mit lila Haaren stieg
dirch die Fensterscheibe,
setzt sich auf meine Bettdecke und
flüsterd: „Komm mit in mein
Traumland." Das Mannlein nahm
mich an der Hand. He was wrum
aber ich mus schlafen die Mannlein
mit lilanen Haaren, wilst du

ins Schatzkiste ja ja ich will zu denn
Schatzland gehen, nah klar sagte die
Mannlein. Wow vohl schönes Insel.
ja. Ich hab es, was hast du ja den
Schatzkiste nah toll du kannst
wider schlafen gehen sagt die
Mannlein.
Aber ich will noch bisschen aber
das war mein Traumland. ♡

Fehler: ___ Schrift: ___

Unterschrift: ___

2. Gülsüm (Klasse 3, Dezember) sollte zu dieser Aufgabe (s.o.). eine Fantasiegeschichte schreiben. Beurteilen Sie Gülsüms Text in der vorliegenden Form. Wie verarbeitet sie die Impulse der Aufgabe, wo entfaltet sie Kreativität? Wo hat sie noch Probleme?

(Abgeschriebener vorgegebener Text):

Reise ins Traumland
Ich lag im Bett und träumte. Plötzlich klopfte es an meinem Fenster. Ein Männlein mit lila Haaren stieg durch die Fensterscheibe, setzt sich auf meine Bettdecke und flüsterd: Komm mit in mein Traumland« Das Mannlein nahm mich an der Hand.

(Eigener Text):

He was wrum aber ich mus schlafen die Mannlein mit lilanen Haaren, wilst du ins Schatzkiste ja ja ich will zu denn Schatzland gehen, nah klar sagte die Mannlein. Wow vohl schönes Insel. Ja.« Ich hab es, was hast du ja den Schatzkiste nah toll du kannst wider schlafen gehen sagt die Mannlein.
Aber ich will noch bisschen aber das war mein Traumland.
Gülsüm

3. Beurteilen Sie Gülsüms Text erneut. Nehmen Sie dieses Mal die vom Transkriptor grammatisch und orthografisch bereinigte Fassung als Beurteilungsgrundlage. Ändert sich Ihre Einschätzung?

Bereinigte Fassung

Reise ins Traumland
Ich lag im Bett und träumte. Plötzlich klopfte es an meinem Fenster. Ein Männlein mit lila Haaren stieg durch die Fensterscheibe, setzte sich auf meine Bettdecke und flüsterte: »Komm mit in mein Traumland!« Das Männlein nahm mich an der Hand.

»He, was, warum? Aber ich muss schlafen!«
Das Männlein mit lila Haaren: «Willst du zur Schatzkiste?«

»Ja, ja, ich will in das Schatzland gehen!«
»Na klar, sagte das Männlein.«
»Wow – voll die schöne Insel.«
»Ja. Ich hab sie!«
»Was hast du?«
»Ja, die Schatzkiste!«
»Na toll, du kannst wieder schlafen gehen!« sagt das Männlein.
Ich will noch ein bisschen bleiben – aber das war mein Traumland.
Gülsüm

4. Leons Reizwortgeschichte: Leon (Klasse 4, Januar) erhielt die Reizwörter *Kiste, Geräusch* und *Aufregung.* Er schrieb darauf den folgenden Text:

Der weiße Hai

Tim und ich sind Forscher über Fische. Wir sollten weiße Haie beobachten, denn es wurden welche gesichtet. Das Wasserflugzeug ist auf dem Wasser gelandet und das Schlauchboot wird gerade zu Wasser gelassen. Wir steigen zu viert auf das Boot und fahren hienaus. Da guckt eine Flosse aus dem Wasser es ist ein weißer Hai. Sofort stecke ich das Unterwasserhörgeret ins Wasser es kommen komische Geräusche von unten. Es hört sich an als ob ein ganzer Schwarm von weißen Haien wär. Die Flosse ist inzwischen verschwunden. Plötzlich kentert das Boot und wir sind allein im Wasser. Jezt taucht ein weißer Hai auf. »Hielfe!« ruft Tim, den der weiße Hai schwimmt direckt auf ihn zu. Die Kiste von dem Unterwasserhorgeret denke ich. Ich schnappe mir sie und stecke sie dem weißen Hai fest ins Maul den er hatte sein Maul schon offen. Wir schwamen direkt auf das Wasserflugzeug zu. Tim keute und sprach: »Du hatest Recht. Es ist ein ganzer schwarm von weißen Haien.« Den vor uns tauchten ungefähr 10 weiße Haie auf. »In so einer Situation taucht in den Filmen immer ein U-Boot auf. Wieso ausgerechnet jezt nicht? schimpfte ich. »Hör auf zu schimpfen sondern denke an deine schönsten Tage.« flüsterte Tim. Doch plötzlich hörten wir wieder ein Geräusch. Diesmal hörte es sich an als ob ein Fligenderfisch auf uns zu kam. Aber nein diesmal bin ich falsch gelegen. Es war ein Wasserhubschrauber. »Schnell!« brüllte ich den die weißen Haie waren nurnoch 7 Meter von uns entfernt. Der Huschrauber landete und plötzlich hauten die weißen

Haie ab. Und wir sprangen in den Hubschrauber. Er flog uns direkt nach Hause. Ich fragte den Kaptin vom Hubschrauber: »Wie haben sie uns gefunden?« »Nach den Angaben von einem Wasserflugzeug,« antworte der Kaipten. Inzwisch sind wir zuhaus. Ich freute mich so. Und lebte glücklich und zufriden mein Leben zuende.
Ende
Leon

a) Untersuchen Sie, wie Leon die Reizwörter verarbeitet hat. Entspricht dies den Prinzipien des »kreativen Schreibens« (Irritation löst Imagination und Expression aus)?
b) Die Lehrerin schrieb folgenden Kommentar mit der Auflage zur Überarbeitung unter den Text:
Die drei Reizwörter – eins fehlt sowieso – sind nicht die Handlungsträger. Sie könnten bei dieser Geschichte heißen: Hai – Boot – Wasserflugzeug. Bis jetzt: ausr.
Beurteilen Sie den Kommentar der Lehrerin.
c) Leon hat den Film »Der weiße Hai« nie gesehen. Die Lehrerin vermutet aber bei Leon die Strategie des Rückgriffs auf eine Filmrezeption. Wie würden Sie eine solche Strategie in Bezug auf Ihr Verständnis von Kreativität beurteilen? (Vgl. auch Kap. 3.1)
d) Aufgrund des Feed-Backs der Lehrerin holt sich Leon nach eigenen Angaben Rat bei seinem Opa, der ihm eine Katzen-Geschichte empfiehlt, und schreibt daraufhin einen völlig neuen Text – mit Erfolg: Der Aufsatz erzieht die Note *gut*. Vergleichen Sie beide Texte (Originalität, Spannung usw.) und nehmen Sie zur Bewertung der Lehrerin Stellung.

Das Geräusch

Ich fragte meine Schwester: »Wo ist mein Micky Maus Heft?« »Weiß nicht. Oder doch ich habe es auf den Dachboden in die Kiste getan.« Nach dem Essen rannte ich hoch und fand die Kiste. Plötzlich raschelte es in der Kiste, als ob ein Bär oder so etwas darin wär. Die Aufregung konnte ich einfachch nicht verdrücken und lief hinunter. »Wir haben Geister im Haus!« brüllte ich. Meine Eltern und meine Schwester gingen mit hinauf. Es kam schon wieder so ein Geräusch.

Alle erschraken so arg, dass meine Mutter zurück wich. Schließlich faste sich mein Vater ein Herz und öffnete die Kiste. Grüne Augen schauten uns entgegen, schwarzes Fell kam dazu, ich erschrak zu Tode doch schließlich kam ein miau aus der Kiste und Otello unsere Katze kam freudich heraus. Ich dachte: »Die ganze Aufregung war umsonst.«

3.4 Unterrichtsmethoden: Vom Entwurf zum Endprodukt

3.4.1 Überarbeiten im Unterricht

Überarbeitung statt Verbesserung

Der Unterricht im Schreiben endet in der Praxis häufig dann, wenn der erste Textentwurf vorliegt – unabhängig davon, ob traditionelles, freies, kreatives oder integratives Schreiben praktiziert wird. Eine Überarbeitung findet selten statt. Bei benoteten Aufsätzen kommt es manchmal zu einer so genannten Verbesserung – in der Regel aber leider erst nach der Bewertung. Deshalb wundert es nicht, wenn viele Schüler die Auffassung äußern, dass man sich auf das Schreiben von Aufsätzen ohnehin nicht vorbereiten könne (vgl. die Befragung von Merz-Grötsch 2001: 163). Im Selbstverständnis der Schüler bedeutet Überarbeiten vor allem, Korrekturen der Grammatik und Rechtschreibung vorzunehmen. Das hängt damit zusammen, dass sie in der Schule bislang kaum andere Erfahrungen beim Überarbeiten ihrer Aufsätze gesammelt haben.

Prozessorientierte Schreibdidaktik

An dieser Stelle zeichnet sich der prozessorientierte Ansatz durch die Ausarbeitung einer Vielzahl methodischer Möglichkeiten aus (vgl. z.B. Baurmann 2002, Böttcher & Becker-Mrotzek 2003).

Revisionen an Prätexten

Die Tätigkeit des Revidierens beginnt schon vor der ersten Niederschrift von Textteilen. Übungen hierzu werden der Tatsache gerecht, dass sich in der Realität die Subprozesse des Planens, Formulierens und Revidierens kaum trennen lassen. Revisionen an Prätexten können bereits im Kopf erfolgen – ohne externe Repräsentation auf dem Papier oder Bildschirm, denn die gedankliche Arbeit an Formulierungen bedeutet zugleich schon ein Überarbeiten. Dies könnte beispielsweise dadurch trainiert werden, dass Textideen, Gliederungs- und Formulierungsvorschläge in kooperativen Schreibprozessen in Gruppen gemeinsam diskutiert und revidiert werden, bevor ein schriftliches Produkt erstellt wird.

Der Unterricht wird nun nicht nach dem ersten Schreibversuch eingestellt, sondern es gibt eine Reihe weiterer Maßnahmen der differenzierten Unterstützung des Prozesses. Auch Übungen, die als Textrevisionen nach dem Entwurfschreiben durchgeführt werden, haben einen Lerneffekt für spätere Formulierungsprozesse und mentale Prätextrevisionen. Sie bieten hervorragende Möglichkeiten, bereichsspezifisches Wissen über Inhalte, Textmuster, Sprachsystem und exekutive Verfahren in konkreten Schreibhandlungen zu verknüpfen und zu erweitern. Zudem erlaubt eine zeitliche Distanz zum Text auch einen neuen Blickwinkel auf das Geschriebene: Es werden Aspekte aus der Leserperspektive gesehen, die in der unmittelbaren Schreiberolle nicht bewusst wurden. Unter diesem Gesichtspunkt ist eine Sequenzierung des Unterrichts in Phasen, wie sie in Kapitel 3.2 vorgeschlagen wurde, eine sinnvolle Maßnahme.

Textrevisionen aus der Leserperspektive

Wurde erst einmal das Schreiben ausgelöst (siehe voriges Kapitel), liegt also der Fokus der Aufmerksamkeit des Unterrichts auf Operationen des Überarbeitens. Hierzu ist ein genauerer Blick auf den Subprozess des Revidierens sinnvoll:

Operationen des Überarbeitens

Eine Revision setzt eine Aufgabendefinition bzw. Zielbewusstheit voraus. Der Autor muss die Schreibaufgabe für sich interpretieren und ein Schreibziel bestimmen, das während der Revisionsprozesse die Rolle des Monitors übernimmt, sonst fehlt den Überarbeitungen eine klare Linie, es kann dadurch zu Textverschlechterungen kommen. Der Überarbeitende überprüft und bewertet nun seinen bisher geschriebenen oder ausgedachten Text aus der Sicht eines Lesers (Evaluation). Dabei richtet er seine Aufmerksamkeit auf das Entdecken von Problemen auf verschiedenen Ebenen, auf das Wahrnehmen von Diskrepanzen zwischen Intention und Realisierung. Es folgen produktive Prozesse, mit denen ein Autor sich dem Schreibziel annähern will. Die Revisionen können konzeptionell sein, wenn sie das ganze Text- oder Satzschema verändern, sie können aber auch nur sequenziell sein, wenn sie »Veränderungen innerhalb vorliegender Text- bzw. Satzschema betreffen« (Wrobel 1995: 94). Drei Handlungsrichtungen sind im operativen Teil denkbar (vgl. Rau 1994):

- Additionen (Hinzufügungen, z.B. zur Explizierung)
- Deletionen (Weglassungen, z.B. bei Redundanzen)
- Variationen (Umstellungen und Ersetzungen, z.B. zur Präzisierung).

Baurmann & Ludwig (1984) haben ein terminologisches Modell vorgelegt, das Revisionen nach unterschiedlichen linguistischen Ebenen klassifiziert. Die Tätigkeiten beim Revidieren reichen von einfachen Korrekturen bis hin zu einer Reformulierung des Textes:

Klassifikation von Revisionen nach Baurmann & Ludwig 1984:

Revisionsklasse	*Revisionshandlungen*		
Nachträge	Vorrangig auf der Buchstabenebene: Kleinere»kosmetische« Veränderungen am Schriftbild, Ergänzungen vergessener oder Streichungen überzähliger Grapheme und Zeichen.		
Korrekturen	Vorrangig auf der Wortebene: Beseitigung von Normverletzungen in den Bereichen Orthografie, Interpunktion, z.T. auch Syntax und Semantik.	↓	↓
Verbesserungen	Vorrangig auf der Satzebene: Stilistische Veränderungen, bezogen auf Autor, Leser, Text: Wortwahl, Satzkonstruktion, Vermeidung von Wiederholungen usw.	*Zunehmende »Tiefe« der Revision*	*Zunahme von Revisionen, die erst nach dem Schreiben geschehen*
Redigierungen	Vorrangig auf der Textebene: Umsetzungen am Text, Veränderungen in der Logik des Gedankens, in der Textorganisation (Streichungen, Ergänzungen); Versuch der größeren Verständlichkeit für den Leser.	↓	↓
Reformulierungen	Auf der Textebene: Ein neues Schreibziel hat sich ergeben – Abschnitte werden neu geschrieben, bis hin zu einem ganz neuen Text (neue motivationale Basis).		

Für derartige Operationen steht einem versierten Schreiber eine Reihe von Revisionsstrategien zur Verfügung, ein »Schreibnovize« stößt jedoch auf große Schwierigkeiten, wie bisherige Forschungsbefunde zeigen. Für ihn ist die Voraussetzung unabdingbar, eine gewisse Distanz zum eigenen Text zu gewinnen. Aber auch mit zeitlicher Distanz kommt es bei Schülern häufig nur zu Revisionen, die lokale Merkmale auf der sprachlichen Oberfläche betreffen und seltener zu solchen, die in konzeptionelle Elemente der Textstruktur eingreifen (es sei denn, aus Mangel an besseren Strategien wird gleich eine Totalrevision vorgenommen). Die Fähigkeit zur Problemdiagnose ist bei vielen Schülern noch zu schwach ausgeprägt, sie erkennen – auch trotz der Zusammenarbeit in Schreibkonferenzen – tiefer liegende Probleme in ihren Texten nicht.

Fähigkeit zur Problemdiagnose

Wenngleich es insgesamt also an geeigneten Revisionsstrategien und an exekutiven Fähigkeiten fehlt, zeigen Untersuchungen zum Überarbeiten dennoch sehr positive Effekte. Es konnte nachgewiesen werden, dass

Positive Effekte

- das Überarbeiten von Texten in der Schule didaktisch sinnvoll ist,
- mehrheitlich zu Textoptimierungen führt,
- Leistungsunterschiede zwischen den Schülern nicht nivelliert,
- von den Schülern insgesamt positiv aufgenommen wird (vgl. Fix 2000: 320).

Insofern ist es von großer Bedeutung, dass Lehrende die Revisionskompetenz von Lernenden diagnostizieren können. Eine Möglichkeit für das Erfassen und Beschreiben vorgefundener Textrevisionen stellt das folgende Raster vor:

Raster zur Klassifikation von Textrevisionen

Raster zur Klassifikation von Textrevisionen (nach Fix 2000)
Textumfang:

	Erstfassung	Endfassung	Differenz
Wortzahl (tokens)			

Globale Einschätzung der Optimierungsleistung:

Veränderungen von der Erst- zur Endfassung	geglückt	missglückt	neutral
Inhalt			
Textaufbau			
Angemessenheit der sprachlichen Mittel, Stil			
Eindruck der sprachlichen Korrektheit			

Lokale Veränderungen (Sätze, Satzglieder, Wörter):

Zeile	Handlungstyp	Vermutete Intention	Evaluation		
	A = Addition D = Deletion V = Variation (Umstellen, Ersetzen)	z.B. Leserorientierung, Orientierung an einer Textsortennorm, Präzisierung...	geglückt	missglückt	neutral, nicht einschätzbar

Korrekturen hinsichtlich der sprachsystematischen und orthografischen Richtigkeit:

Klassifizierung	Fehler in der Erstfassung	Fehler am gleichen Sprachmaterial in der Endfassung	Fehler an neuem Sprachmaterial in der Endfassung
Grammatik			
Interpunktion			
Orthografie			
Gesamtfehlerzahl			
		Fehlersumme Endfassung	
Gesamtfehlerquote: Fehlerzahl Wortzahl x 100 = %			

Zunächst wird – rein deskriptiv – der Textumfang erfasst, danach folgt eine Einschätzung der Optimierungsleistung nach wenigen, globalen Kriterien. Vor einer detaillierteren Analyse wird also der subjektive Ersteindruck festgehalten, da diese Anforderung zu einer ersten, vergleichenden Betrachtung zwingt und bereits die Wahrnehmung der Veränderungsrichtung nachvollziehbar wird: Optimierung oder Verschlechterung. Im zweiten Schritt werden nun die Revisionen im Einzelnen auf der lokalen Ebene, nach Handlungstypen differenziert, betrachtet. Hier ist die Einschätzung des Erfolgs oder Misserfolgs subjektiv – dieses Problem gilt aber für die Bewertung insgesamt (siehe Kapitel 3.5). Die Korrekturen der Grammatik und Orthografie sind dagegen als Fehlerquoten systematisch fassbar (stilistische »Fehler« bleiben hier ausgeklammert). Da die Schüler manchmal innerhalb eines Textes Schreibungen variieren, werden nicht Fehler-Types, sondern alle Fehler-Tokens (Vorkommnisse) gezählt, um ein genaues Bild zu erhalten. Die kontinuierliche Arbeit mit einem solchen Raster an verschiedenen Messpunkten innerhalb eines Schuljahrs kann eine wichtige diagnostische Funktion erfüllen und der Lehrkraft die Entscheidung über differenzierten Förderbedarf ihrer Schüler erleichtern.

3.4.2 Formulierungen und Revisionen unterstützen

In jedem Fall sollten Überarbeitungen selbstverständlicher Teil des Schreibprozesses im Unterricht sein – unmittelbar oder nach einer gewissen zeitlichen Distanz. Im Folgenden werden methodische Handlungsmöglichkeiten am Beispiel eines Schülertextes konkret ausgeführt. Kostas (Hauptschule, Kl. 7) beginnt seine Fantasiegeschichte so:

Methodische Handlungsmöglichkeiten am Beispiel eines Schülertextes

Es gab eine magisch kugel. Die von
einen Muskelprotz vernichten werden
soll. Sein name Bodyjek wir können
es uns schon vorstellen wiso sein name
Bodyjek heist. Nun zur geschichte
Die magische Kugel
Die Geschichte begann so:
Eine Magische kugel die nur die Frauen
anfasen können wenn es ein Mann
berürt löst er sich in Luft auf. Ow
Eso Body muss zu kugen das die
magische Kugel vernichten soll. Aber
es kommt zu spät nähmlich die Brücke
ist zerstört worden also muss er o runt
in die Schlucht. Ihn der Zeit kam eine
Stupe. Es war Princesin Korena, die Ganz
Böse, Sie bricht in den Turm ein
bringt mit ihrer Manschaft alle Frauen
um auser eine die entflien konnte
aber zwei der Manschaft haben es
bemerkt. Die sie verfolgen mit Pfeilen
die Princesin testete ob es stimt das
nur 1 Frauen es anfassen dürfen. Jetzt
weiß es sie. Die entflohene weiss
wie man über die Schlucht kommt
da war ein Seil mit einem Haken
sie zur nach unten aber die Krieger
schossen nach ihr.

Beispiel

Es gab eine magisch kugel. Die von einen Muskelprotz vernichten werden soll. Sein name Bodyjek wir können es uns schon vorstellen wiso sein name Bodyjek heist. Nun zur Geschichte
Die magische Kugel
Die Geschichte began so:
Eine Magische kugel die nur die Frauen anfasen können wenn es ein Mann berürt löst er sich in Luft auf. Body muss zu kugen das die magische Kugel vernichten soll. Aber er kommt zu spät nähmlich die Brücke ist zerstört worden also muss er rennt in die Schlucht. Ihn der Zeit kam eine Trupe. Es war Princesin Korena, die Ganz Böse. Sie bricht in den Turm ein bringt mit ihrer Manschaft alle Frauen um auser eine die entflien konnte aber zwei der Manschaft haben es bemerkt. Die sie verfolgen mit Pfeilen, die Princesin testete ob es stimt das nur Frauen es anfassen dürfen. Jetzt weiß es sie. Die entflohene weiss wie man über die Schlucht kommt da war ein seil mit einem Haken sie [vur?] nach unten aber die Krieger schossen nach ihr (...)

Korrekturen auf der sprachlichen Oberfläche

Kostas Probleme mit Orthografie und Grammatik erschweren die Lektüre, sodass es vor einer inhaltlichen Revision zunächst angebracht ist, den Text in den Computer einzugeben und Kostas über das Rechtschreibprogramm die gröbsten Fehler korrigieren zu lassen (wenn das Schreiben am Computer erfolgt, gibt es auch keine Probleme mit dem Arbeitsaufwand des mehrmaligen Abschreibens). Anschließend kann er ihn mit Leerzeilen und einem breiten Rand ausdrucken, um später Überarbeitungshinweise von Hand zu ermöglichen.

Von Seiten der Lehrperson könnte Kostas nun ein Feedback gegeben werden. Dabei sind die folgenden methodischen Tipps anwendbar (nach Fix 2005):

Das Schreibziel explizit formulieren lassen:

Schreiben für andere: Das Schreibziel aufschreiben

Wer sich über die Funktion seines Textes bewusst ist, wird für Diskrepanzen zwischen der sprachlichen Realisierung und dem Ziel sensibler. Für erfolgreiches Überarbeiten muss somit metakognitives Wissen über das eigene Tun aufgebaut werden. In Kostas' Fall handelt es sich um ein Schreiben *für andere*, das sprachliche Explizitheit für die Leser erfordert. Der funktionale Rahmen einer Unterrichtseinheit zum Erzählen, etwa die Zusammenstellung eines Geschichtenbuchs mit fantastischen Lieblingserzählungen der Schüler, kann dabei helfen, das eigene Schreibziel finden und zu konkretisieren. Man könnte Kostas bitten, sein Schreibziel zum Textentwurf aufschreiben (Randnotiz: »Warum und für wen schreibst du? Oder: Was möchtest du mit deinem Text erreichen?«). Die Aufforderung, eine Antwort zu formulieren, aktiviert den inneren »Monitor« für die Überwachung des eigenen kognitiven Prozesses. Dabei geht es keinesfalls um ein statisches Ziel, vielmehr wird der entsprechende Platz mit Bleistift auszufüllen und immer wieder zu modifizieren sein. Zum Schluss kann die letzte Zielformulierung auch mit dem überarbeiteten Text abgegeben werden, sodass der Leser dadurch ein Kriterium für sein Feedback erhält. Bei Kostas ist zum Beispiel entscheidend, ob er für die Mitschüler oder für einen Erwachsenen schreibt. Da der Lehrer den Film (nach Angaben der Schüler ein alter Klassiker mit Arnold Schwarzenegger: »Red Sonja«), auf den sich Kostas offensichtlich bezieht, nicht kannte, war der Text inhaltlich für ihn nur schwer verständlich, während die Mitschüler weniger Probleme hatten. Kostas bemerkte diese Implizitheit aber erst, als er sich die Leserorientierung bewusst machte.

Lehrer-Feedback als Formulierungshilfe

Den Lehrerkommentar als »Geburtshilfe« für angemessene Formulierungen nutzen:

Klangprobe

Der Vorgang des Überarbeitens besteht zunächst aus einem rezeptiven Anteil – eine Formulierung wird gelesen und gedanklich mit dem gesetzten Schreibziel abgeglichen. Das Abwägen von Formulierungsalternativen kann also zunächst anhand der einfachen Klangprobe erfolgen, indem man den Text bzw. Satz laut erklingen lässt und intuitives Sprachwissen nutzt, z.B. bei Textanfängen (Was klingt besser?). Bei Diskrepanzen kommt es im Idealfall zum produktiven Anteil: Eine sprachliche Operation wird durchgeführt, z.B. eine Erweiterung, Weglassung oder Variation (umstellen oder ersetzen). Ein Grundproblem solcher sprachlicher Proben ist allerdings, dass sie bereits ein bestimmtes Maß an Sprachbewusstheit voraussetzen und deshalb eher fortgeschritteneren Schreibern helfen, während z.B. Kostas damit Schwierigkeiten hat – er braucht noch die konkrete Lehrerhilfe.

Das Feedback des fördernden Lehrerkommentars kann einen starken Impuls von außen setzen. Es sollte eine Rückmeldung zu den gelungenen Teilen, aber auch konkrete Tipps für Optimierungsalternativen geben (vgl. das folgende Kapitel). Für den Erfolg der Hinweise ist entscheidend, ob sie auch operationalisierbar sind: Sie müssen so formuliert sein, dass der Schüler sie in sprachliche Handlungen umsetzen kann. Eine Rückmeldung wie »Das ist aber unverständlich« bringt Kostas relativ wenig im Vergleich zu konkreten Fragen am Rand, z.B.:

– Wo gab es diese magische Kugel?
– Ich kann mir noch nicht vorstellen, wieso der Muskelprotz so heißt. Kannst du es genauer erklären? usw.

Aus diesen Fragen kann Kostas ablesen: Ich muss noch etwas für den Leser ergänzen. Eine methodische Vereinfachung bieten hierfür Randzeichen des Lehrers, die auf eine bestimmte, im Unterricht erarbeitete Probe verweisen (U = Umstellen oder ersetzen, W = Weglassen, E = Erweitern → »UWE-Technik«, vgl. Fix 2003 und 2005).

Randzeichen

Die Hinweise sollen den Schüler zu einer eigenständigen Überarbeitung anregen. Allerdings ist dies nicht immer einfach. Zu Kostas Text fiel mir zunächst die Frage ein: »Wäre es nicht sinnvoller, die Überschrift über den Text zu stellen?« Das könnte man aber auch ganz anders sehen: Sein erster Satz könnte als eine Art Prolog verstanden werden, der das übliche Erzählmuster verlässt und somit sogar ein besonders origineller Einfall ist. Hier hilft nur der Dialog mit dem Schüler als Autor.

Auch für die Überarbeitung hinsichtlich der sprachlichen Richtigkeit (Grammatik- und Rechtschreibfehler) bieten sich Randzeichen an. Nummern können hier Fehlerkategorien anzeigen, die mit den Nummern bestimmter Übungsblätter (Kartei, Ordner usw.) übereinstimmen. Ein »Gr« am Rand ist für schwache Schüler lediglich ein (gewohnter) Versagensnachweis, wenn die Markierung dagegen auf Kategorien verweist, für die es bestimmte Übungen gibt, ist sie ein geeigneter Trainingsimpuls. So lassen sich auch individuelle Zugänge der Überarbeitung für die einzelnen Schüler realisieren.

Fehlerkategorien

Um den Trainingsbedarf besser diagnostizieren zu können, lässt sich ein Rückmeldesystem einrichten, durch das die Schüler die Expertenhilfe anfordern können, z.B. über Karteikarten: Stoßen sie auf ein Formulierungsproblem, das sie nicht selbst

Rückmeldesystem

beantworten können, füllen sie eine Rückfragekarte aus, die sie gerne beantwortet haben würden. Die Karten werden eingesammelt und als Planungsinstrumente für die nächsten Erarbeitungsschritte genutzt: Sie ermöglichen es, gezielte Maßnahmen zur Lösung von Formulierungsproblemen zu ergreifen – im Klassenunterricht, in der Gruppe oder in Form einer Einzelberatung.

Beispiel für eine Rückfragekarte:

Darüber würden wir gerne mehr erfahren: Schreibkonferenzgruppe: ______ Thema der Schreibaufgabe: ______ Datum: ______. In der Schreibkoferenz zum Text ______ ist uns das folgende Problem aufgefallen:	
Textstelle (Satz)	Frage
Unser Lösungsvorschlag:	Bearbeitungshinweis der Lehrerin/des Lehrers:

Arbeit an anonymen Schülertexten

Trainingsschwerpunkte herausgreifen und an Fremdtexten üben

Um die Schüler nicht zu überfordern, ist es sinnvoll, immer wieder eine andere Ebene der Überarbeitung herauszugreifen und dort jeweils operationales Wissen aufzubauen. Dazu können Beispieltexte durchgegangen werden (z.B. eine Geschichte ordnen und vervollständigen). Übungen mit anonymen, fremden Schülertexten (erhältlich z.B. auf CD-Rom in Fix & Melenk 2000) oder Musterbausteinen aus Textverarbeitungsprogrammen erleichtern das Erlernen des Überarbeitens, weil sie ein distanzierteres Vorgehen erlauben (vgl. auch die Ergebnisse von Held 2006).

Überarbeiten am Computer

Als Schreibmedium ist der Computer besonders geeignet, weil er hinsichtlich der Überarbeitungsprozeduren enorme Vorteile bietet, da Texte auf dem Bildschirm weitaus einfacher zu verändern sind als auf dem Papier. Bei der Arbeit an Fremdtexten ist die Fähigkeit gefragt, Verknüpfungen herzustellen und sprachliche Brücken zu bauen. Referenz-, Kohärenz- und Kohäsionsprobleme, die durch Verschiebungen, Deletionen und Textmontagen entstehen, sind jedoch neue Schwierigkeiten, die hier auftauchen.

Überarbeitungsmöglichkeiten für die Einzel- und Gruppenarbeit

Die Auswahl des Überarbeitungsaspekts hängt stark von der Schreibaufgabe ab. Eine vorausgehende Erarbeitung im Klassenunterricht an einem Beispiel ist sinnvoll. Die Tabelle zeigt Möglichkeiten für die Einzel- und Gruppenarbeit:

Überarbeitungsaspekt	Methodenbeispiele
a) Inhaltsebene: Fehlende Ideen, Episoden, Fehlende Informationen, Argumente	• Neue Schreibimpulse anbieten (Texte, Bilder, Begriffe) • Neue Recherche, Textauswertung • Ideenkonferenz mit Mitschülern, Materialbörse
b) Textaufbau: Kohärenz, Gliederung	• Inkohärente Fremdtexte zerschneiden und neu anordnen, Überleitungen schreiben • Am eigenen Text Überschriften für die einzelnen Textsegmente suchen, Abschnitte neu anordnen • Verständlichkeit durch gegenseitiges Vorlesen testen, Fragen an den Schreiber notieren
c) Sprache: Leserorientierter Stil	• Adressatenbezug durch gegenseitiges Vorlesen testen, Fragen an den Schreiber notieren • Sprachproben anwenden (Umstell-, Ersatz-, Erweiterungsprobe), Varianten in der Schreibkonferenz vorstellen • Synonymlexikon und Thesaurus anwenden • Wortlisten, Wortfeldarbeit
d) Sprache: Grammatische und orthografische Richtigkeit	• Arbeit mit einem Fehlerraster, dazu Übungen aus der Lernkartei, evtl. Einsatz eines Rechtschreibprogramms • »Experten« in der Klasse zu Rate ziehen • »Textlupe« – Austausch mit Mitschülern

e) Layout: Schrift, Formatierung usw. (bei Veröffentlichung)	• Zuordnen von Text- und Bildelementen auf einem leeren Rasterblatt oder am Computer, Seitenentwürfe in der Schreibkonferenz auswählen.

Peer-Feedback

Rückmeldungen durch reale, gleichaltrige Leser erleichtern:

Textlupe

Unterstützende Hinweise können sich die Schüler mit der Zeit auch gegenseitig geben, z.B. in einer »Textlupe« (gegenseitiger Austausch der Blätter) anhand von Kriterien, die im Unterricht vorher besprochen und auf die konkrete Schreibaufgabe hin angepasst werden sollten. Das unmittelbare Leser-Feedback ermöglicht es, die Verständlichkeit sofort im Dialog zu überprüfen. Wie beim Lehrer-Feedback sollten auch die Kommentare der Gleichaltrigen positive (»Das hat mir gut gefallen«) und kritische Punkte (»Hier habe ich noch Fragen, hier würde ich etwas ändern«) mit konkreten Vorschlägen zum Umstellen, Streichen oder Erweitern umfassen.

Schreibkonferenz

Ein mündliches Verfahren hierzu ist die Schreibkonferenz, in der sich etwa vier Personen zusammensetzen und sich gegenseitig ihre Texte vorstellen (vgl. Spitta 1992). Die Berater geben dem Autor nach dem Vorlesen des Textes Überarbeitungshinweise. Forschungsergebnisse deuten darauf hin, dass Kinder offenbar als Leser Probleme in einem Text erkennen können, die sie beim eigenen Schreiben noch nicht berücksichtigen. Eine Schwierigkeit ist allerdings, dass viele Schüler ihr Gefühl über eine Formulierung sprachlich nicht klar fassen können. Die Hinweise bleiben auch hier oft auf sprachliche Oberflächenmerkmale wie Rechtschreibfehler beschränkt. Tiefer gehende Probleme können dagegen häufig nicht adäquat verbalisiert und in Handlungsvorschläge umgesetzt werden. Manchmal kommt es sogar zu Verschlechterungen, wenn sich z.B. dominante Schüler unabhängig von der Qualität ihrer Vorschläge durchsetzen. Die hohen Anforderungen in einer Schreibkonferenz werden bei Fix (1999) aufgelistet:

Beispiele für Anforderungen in der Gesprächssituation »Schreibkonferenz«

Schreiber (Produzent)	**Helfer (Rezipient)**
– Fähigkeit zum Vorlesen und Präsentieren des Geschriebenen – Fähigkeit zur Metakommunikation; Voraussetzung ist die Fähigkeit zur Distanzierung vom eigenen Text – Fähigkeit, sich der Kritik der anderen auszusetzen und die Beziehungsebene zugunsten der Inhaltsebene weitestgehend auszuklammern (was allerdings kaum möglich ist) – Fähigkeit, sich vor einer Gruppe von Hörern als einzelner Sprecher zu behaupten und den Mut aufzubringen, auf seinem Entwurf zu bestehen, wenn man die Änderungsvorschläge als nicht für sinnvoll erachtet – Fähigkeit, die Vorschläge der Mitschüler zu klassifizieren (als sinnvoll oder nicht) und daraus geeignete Revisionsstrategien abzuleiten	– Fähigkeit zur Rezeption eines mündlich vorgetragenen schriftlichen Textes – Fähigkeit zur Einschätzung der Qualität des Textes (Evaluation und Problemerkennung) hinsichtlich der Angemessenheit zur Schreibaufgabe (Lesererwartungen in Bezug auf Kohärenz, sprachliche Konventionen usw.) – Fähigkeit zur Metakommunikation – Fähigkeit, bei der Beurteilung eines Textes die Beziehung zum Schreiber von der Sachebene zu trennen und Kritik bzw. eventuelle Instruktionen konstruktiv zu formulieren (und die »Macht«, bewerten zu dürfen, nicht schulmeisterlich zu missbrauchen)

(Papier-)-Chat, Schreibdiskussion

Eine Erweiterung des gegenseitigen Kommentierens in Textlupe und Schreibkonferenz ist das »Chatten auf dem Papier«, für die der Entwurf des Textes auf ein größeres Blatt Papier geklebt wird, z.B. im Zeichenblockformat. Beim »Chatten« wandert das Blatt durch die Klasse oder wird an der Wand aufgehängt; jeder kann darauf kurze Anmerkungen notieren, z.B. anhand der Checkliste zu einer bestimmten Textstelle. Dieses Verfahren kann man auch als »Schreibdiskussion« bezeichnen. Der nachfolgende Chat-Teilnehmer kann dann sowohl eigene Anmerkungen als auch Kommentare zu den Notizen der Vorgänger niederschreiben. Wenn in einer Schule entsprechende Möglichkeiten des E-Teachings und E-Learnings bestehen, dürfte der Papier-Chat natürlich zugunsten des »richtigen« Chats im digitalen Medium entfallen. Die Kooperation bei der Textproduktion anhand einer Groupware (eines Programms, das den Internetzugriff mehrer, autorisierter Personen auf ein Dokument ermöglicht) oder einer Lernplattform (die darüber hinaus auch Interaktionen wie etwa einen Chat ermöglicht) wird in Zukunft auch in den Schulen eine größere Rolle spielen. In vielen Berufssparten ist das Überarbeiten von Dokumenten auf diese Weise längst Alltag.

Aufbau metakommunikativer Fähigkeiten

Selbst wenn aber der unmittelbare Erfolg für die Textoptimierung in Schreibkonferenzen durchaus gering ausfallen mag: die Notwendigkeit, in der Gruppe Ausdrucksformen für sprachliche Phänomene zu finden, schult den Aufbau wichtiger metakommunikativer Fähigkeiten. Schreibkonferenzen müssen somit als ein langfristig angelegtes Methodenkonzept verstanden werden und leisten in jedem Fall einen Beitrag zum Arbeitsbereich Sprachreflexion.

Kriterien für eine Checkliste zum Überarbeiten

Checklisten einsetzen

Diese Formen der Kooperation können für die Überarbeitung der Texte größere Erfolge bringen, wenn dafür gemeinsam erarbeitete Kriterien und Operationen verfügbar sind. Hier kann eine Checkliste helfen, die die wichtigsten Sprachproben oder Fehlerkategorien enthält. Je nach Textsorte müssen die folgenden allgemeinen Kriterien mehr oder weniger detailliert ausgeführt werden:

- Gesamteindruck:
  Passung zum Schreibziel, Angemessenheit?
- Inhalt?
- Aufbau?
- Formulierungen und Stil?
- Sprachliche Richtigkeit?
- Darstellung?

Die zunächst mühsame Unterrichtsarbeit mit Checklisten macht sich langfristig bezahlt, weil immer mehr Arbeitsschritte an die Schüler delegiert werden können. Sie brauchen dabei aber Unterstützung im Bereich der Methodenkompetenz, z.B. beim Nachschlagen im Wörterbuch, beim Umgang mit einer Grammatikkartei oder einem Korrekturprogramm.

Beispiel für eine Checkliste (Fix 2005):

1. Bei allen Entscheidungen sollte dich das gesetzte **Schreibziel** leiten:

Warum und für wen schreibst du? Was möchtest du mit deinem Text erreichen? Stelle dir dazu deine Leserinnen und Leser noch einmal genau vor. Sind es Erwachsene oder Jugendliche? Versuche, dein Schreibziel in einem Satz aufzuschreiben.

Untersuche nun die Wirkung deines Textes auf Leser. Lies ihn nochmals am Stück durch oder lasse ihn dir vorlesen. Wie ist dein **Gesamteindruck**?

- Was gefällt dir besonders gut an dem Text? Was siehst du eher kritisch?
- Welche Wirkung erzeugt der Text wohl bei den Leserinnen und Lesern, für die er geschrieben wurde? Ist er leserfreundlich?
- Je nach Schreibziel gelten hier natürlich andere Schwerpunkte!

Dein Gesamteindruck lässt sich sicher an einzelnen Teilen des Textes belegen. Dazu ist es sinnvoll, über folgende Fragen nachzudenken:

2. Inhalt:

- Ist es klar, um was es geht? Gibt es einen »roten Faden«, einen Zusammenhang?
- Sind alle wichtigen inhaltlichen Schwerpunkte berücksichtigt oder fehlt etwas?
- Sind Teile des Textes überflüssig oder doppelt vorhanden?
- Bei entsprechender Textsorte: Sind originelle Ideen enthalten?

3. Aufbau:

- Ist der Text überzeugend gegliedert? Ist die Reihenfolge sinnvoll?
- Sind die Textteile gut untereinander gewichtet, zu knapp oder zu ausführlich?
- Passt das gewählte Textmuster zur Situation?
- Sind die Textteile gut miteinander verbunden?

4. Im nächsten Schritt schaust du dir nochmals deine einzelnen **Formulierungen** an. Dazu gehst du am besten Satz für Satz durch. Stelle dir erneut deine Leser vor und frage dich bei jedem Satz:

- Ist der Satz verständlich, zu umständlich, zu verschachtelt, zu lang, zu kurz, zu einfach?
- Ist die Sprache abwechslungsreich oder eintönig (z.B. Variationen der Satzmuster, der Wortwahl)?
- Passt der Sprachstil zur Leserzielgruppe (z.B. zu kompliziert, zu plump, zu umgangssprachlich formuliert...)?

5. Nun ist ein letzter Blick auf die **sprachliche Richtigkeit** erforderlich:

- Sind Grammatikfehler im Text?
  (z.B. Fehler im Satz (Stellung der Satzglieder, Satzverbindung), Fehler im Wort (Einzahl/Mehrzahl, Fälle, Zeitformen ...)
- Stimmt die Zeichensetzung?
  (z.B. fehlendes Komma, Anführungszeichen ...)?
- Stimmt die Rechtschreibung?
  (z.B. Groß- und Kleinschreibung, Getrennt- und Zusammenschreibung, das-dass, Fremdwörter ...)

6. Abschließend bleibt noch die **Darstellung** zu überprüfen:
• Ist Handschrift oder Computerausdruck die angemessene Form? • Ist die Platzeinteilung, die Schrift leserfreundlich? • Sollten Formatierungs- und Gestaltungselemente eingesetzt werden, z.B. verschiedene Schriftarten, Bilder oder Grafiken?

Übungsmaterialien

Die Checkliste lenkt die Aufmerksamkeit auf bestimmte Bereiche, zu denen für die selbstständige Weiterarbeit jeweils Übungsmaterialien bereit stehen sollten, z.B. Wortfeld- und Wortfamilienkarten, Aufgaben zu einzelnen Rechtschreibphänomenen usw. Bei der Durchsicht eines Textes kreuzt der Lehrer (oder auch der Überarbeitungshelfer) entsprechende Nummern der Checkliste an und schreibt diese Zahlen zugleich an den Rand. Die Nummern der Liste sind mit der Nummerierung des Übungsmaterials identisch. Der Schüler weiß daher sofort, wo er etwas zu seinem Problem findet, und kann das Material in der Revisionsphase einsetzen. So baut sich über mehrere Schuljahre hinweg ein Instrumentarium vielfältiger Überarbeitungshilfen auf.

Beispiel für eine Wortfeldkarte

Ersatzwortkartei
In dieser Kartei findest du zu Wörtern, die in selbst geschriebenen Geschichten häufig vorkommen, Wortfelderkarten. Suche dir daraus passende Wörter und baue sie in deinen Text ein!
Karte 17: »Geräusche machen«:
pfeifen, dröhnen, tuten, gellen, kreischen, surren, klingeln, stampfen, pochen, zischen, lärmen, summen, brummen, keuchen, ächzen, schellen, schallen, klirren, toben, poltern, donnern, grollen, rollen, rumpeln, rasseln, knattern, klappern, tönen, hallen, knallen, krachen, scheppern…

Zu Beginn das Überarbeiten noch an engeren Textmustervorgaben üben

Rolle der Schreibaufgabe

Ein wichtiges empirisches Ergebnis zu schulischen Textrevisionen ist, dass Quantität und auch Qualität der Revisionen mit der Art der Schreibaufgabe zusammenhängen (vgl. Fix 2000). Bei freien Schreibaufgaben ist die Motivation zwar deutlich höher, nicht aber die Überarbeitungsbereitschaft – zum einen, weil die Identifikation mit den Produkten größer ist, zum anderen, weil den Schülern oft klare Kriterien für die Überarbeitung fehlen. Dagegen wird bei engeren Normvorgaben mehr revidiert, obwohl die Aufgaben als langweiliger empfunden werden. Die Überarbeitungsrichtung ist aber konkreter operationalisierbar, z.B. die Wahl der Zeitform Präsens bei einer Beschreibung.

Dieser Befund kann nicht bedeuten, dass nun die normative Aufsatzerziehung zu rehabilitieren sei – er ist nur ein Hinweis darauf, dass im Bereich offener Schreibaufgaben bei Schülern noch zu wenig konkrete Vorstellungen über gelungene Texte vorliegen. Voraussetzung für das Überarbeiten ist es aber, eine Orientierung zu haben, in welcher Richtung die Revision gehen soll. Textsorten sind superstrukturelle Muster, das Wissen darüber kann auch eine Strategie des Überarbeitens liefern, weil Normen das Überarbeiten einfacher machen. Sie sind aber zugleich wegen der Gefahr eines stereotypen Vorgehens problematisch. Fehlt die Einsicht in ihre Funktionalität, besteht die Gefahr des simplen Abarbeitens nicht verstandener Vorgaben.

Zu Beginn eignen sich pragmatische Aufgaben mit einer deutlichen Adressatenorientierung, z.B. das Schreiben von Bastelanleitungen oder in höheren Klassen das Anpassen eines Muster-Bewerbungsschreibens. Hier wird der Erfolg einer Überarbeitung hinsichtlich der Umsetzbarkeit für Leser besonders anschaulich. Auch Vorlagen wie z.B. Musterbriefe im geschäftlichen Bereich, können herangezogen werden – eine durchaus lebenspraktisch relevante Übung, da solche Schreibprozesse im Berufsleben ähnlich ablaufen dürften.

Langfristig ist aber eine Feedback-Kultur in der Klasse aufzubauen, die verschiedene Verfahren der gegenseitigen Rückmeldung durch reale Leser bei allen Schreibaufgaben nutzt (vgl. dazu Bräuer 2004).

Zusammenfassung:

Beim Verfassen eines Textes liegen zwischen Entwurf und Endprodukt noch zahlreiche Arbeitsschritte, für die auch entsprechende Unterrichtsmethoden zum Einsatz kommen können. Überarbeiten beinhaltet das Vergleichen des bisher Geschriebenen mit dem Ziel, das Diagnostizieren von Abweichungen und das Durchführen der sprach-

lichen Operationen. Die Revisionen können aus Additionen, Deletionen oder Variationen bestehen und von oberflächlichen Nachträgen bis hin zu Reformulierungen von ganzen Textteilen gehen.
Schüler brauchen Unterstützung für diese anspruchsvolle Tätigkeit. Dabei können ihnen zum Beispiel folgende Methoden helfen:
- *Explizite Zielformulierung*
- *Randnotizen und Fragen des Lehrers, evtl. auch auf Anforderung (Rückmeldesystem)*
- *Training einzelner Schwerpunkte an Fremdtexten*
- *Reale Leser in Textlupen und Schreibkonferenzen*
- *Zuhilfenahme von erarbeiteten Checklisten*
- *Von engeren Vorgaben ausgehend Überarbeitungsprozesse zunehmend öffnen*

Aufgaben

1. Elena (Klasse 4) beginnt ihre Erlebniserzählung so:

Beispiel

Die Mutprobe
Tim sagte zu Jonas: »Wenn du das schaffst, gehörst du zu unserer Bande!« Jonas sah noch einmal auf das hohe Dach. Sollte er es wirklich tun? »Na, was ist?«, fragte Tim. »Machst du es jetzt oder nicht?« Jonas nahm all seinen Mut zusammen und fing an, auf der Strickleiter hinauf, auf das leer stehende Haus zu klettern. Nur nicht runterschauen, dachte er … (…)«

Die Lehrerin lobt sie für ihre gelungene Sprache, bemerkt aber im Kommentar, dass die Einleitung fehle und nicht klar sei, wer Tim und Jonas seien bzw. warum Jonas unbedingt zu Tims Bande gehören wolle. Elena überarbeitet daraufhin ihre Einleitung wie folgt:

Beispiel

Die Mutprobe
Jonas ist vor kurzem umgezogen. Er geht jetzt in die Klasse 3b und sitzt neben Tim. Tim ist ein sehr netter Junge, denn er hilft Jonas oft. Eines Tages spricht Tim Jonas an: »He, Jonas, willst du in meine

Bande? Du könntest bei uns eintreten. »Oh ja gerne!«, antwortete Jonas. Er wusste ganz genau wie beliebt Tims Bande war. »Gut«, sagte Tim. »Heute um 3.00 Uhr am leer stehenden Haus, du musst nämlich noch eine Mutprobe bestehen.« Eine Mutprobe? Daran hatte Jonas noch gar nicht gedacht. Aber er kam trotzdem pünktlich um drei Uhr, Tim und die anderen waren schon da. Sie erklärten ihm, dass er auf der Strickleiter an dem Haus hoch und wieder runterklettern musste. Jonas nahm all seinen Mut zusammen und fing an, auf das leer stehende Haus zu klettern. Nur nicht runterschauen, dachte er ... (...).

Beurteilen Sie den Ratschlag der Lehrerin und die Überarbeitung Elenas!

2. Der folgende Text von Andreas ist nach der Vorlage eines Bildimpulses entstanden (Bild »Alter Stiefel im Uferschlamm« und Cluster dazu siehe Seite 153f.; das Beispiel ist aus Fix 2000, 256ff. entnommen).

1. Fassung	**2.Fassung (nach einer Schreibkonferenz)**
Der Tot meines besten Freundes Am 3.1.96 wollte ich mit meinen Kumpels am Strand einen trauf machen als da am abend ein bedrunkener Penner anschlurfte. Fragte er uns ob wir ein paar Drogen brauchen er boht uns Koks, Speed, Heroin, Hanf, und LSD an. Wir nahmen Koks und Heroin, wir hatten das Geld zusammen gelegt da kammen insgesamt 1500 DM raus für das Geld nahmen wir die Drogen und bihmten uns die Drogen rein doch Heinrich waren die Drogen zuviel er hatte Hallozinationen, von Mauern die ihn zusammen quetschten. Da kamm er ins Krankenhaus und starb an Herzversagen wir schwörten uns nie wieder das zeug zu nehmen. Das einzigste was wir von ihm noch haben ist ein Schuh der am Strand lag.	Der Tod meines besten Freundes Am 3.1.96 wollte ich mit meinen Kumpels am Strand einen trauf machen als da am abend ein bedrunkener Penner anschlurfte. Fragte er uns ob wir ein paar Drogen brauchen er boht uns Koks, Speed, Heroin, Hanf, und LSD an. Wir nahmen Koks und Heroin, wir hatten das Geld zusammen gelegt da kammen insgesamt 300 DM raus für das Geld nahmen wir die Drogen und bihmten uns die Drogen rein doch Heinrich waren die Drogen zuviel er hatte Hallozinationen, er wurde von Mauern zusammengequetscht. Da kamm er ins Krankenhaus und starb an Herzversagen wir schwörten uns nie wieder das zeug zu nehmen. Das einzigste was wir von ihm noch haben ist ein Schuh der am Strand lag.

In einer Schreibkonferenz reden Andreas, Eva und Barbara über die erste Fassung:

Schü-ler/in	**Auszüge aus der Schreibkonferenz** **(*kursiv* = *Text wird vorgelesen*)**	**Kommentar**
A	*Der Tot meines besten Freundes*	
E	Da isch'n Rechtschreibfehler drin, *Tod* schreibt man mit *d* hinten und net mit *t*.	Eva schaut bei Andreas mit in den Text hinein.
A	*Am 3.1. wollte ich mit meinen Kumpels am Strand einen trauf machen als da am Abend ein bedrunkener Penner anschlurfte.*	
B	Erschtens glaub ich net, dass 'n betrunkener Penner Drogen bei sich hat, vor allem die Menge.	Barbara kritisiert unrealistische Elemente in der Handlung.
A	Warum?	
B	Ja, des isch ja ziemlich viel und alles Mögliche.	
A	Na und, des war halt net hier, der isch halt nach Hawaii geflogen.	Andreas akzeptiert die Kritik nicht, obwohl der Vorschlag plausibel ist.
B	Ach was!	
E	Ja, jetzt weiter!	Eva drängelt ungeduldig; sie bricht damit die Diskussion über Realistisches/ Unrealistisches, also eine tiefenstrukturelle Überarbeitung, ab.
A	Isch er gut oder net gut?	
E	Ja, gut.	
A	*Fragte er uns ob wir ein paar Drogen brauchen er baht uns Koks, Speed, Heroin, Hanf, und LSD an.* *Wir nahmen Koks und Heroin, wir hatten das Geld zusammen gelegt da kammen insgesamt 1500,00 DM raus ...*	
B	[lacht]	
U	Warum ist des so witzig, Barbara?	Der Untersuchungsleiter (U) kommt gerade zufällig vorbei.
B	Erschtens bietet ein Dealer net einfach des Zeug an fremde Leut' an und zweitens ...	Barbara insistiert nochmals darauf, die Geschichte realistischer zu machen.

Schü-ler/in	**Auszüge aus der Schreibkonferenz** ***(kursiv = Text wird vorgelesen)***	**Kommentar**
A	Des kann ich doch net wissen!	Andreas sagt das ironisch und augenzwinkernd, er will damit ausdrücken, dass er sehr wohl über das Dealen Bescheid wüsste.
B	... find ich's der Hammer, dass sie so viel Geld bei sich dabei haben, wenn sie einen draufmachen wollen, also ich weiß net, irgendwie ...	
A	Haja, Mann, die haben des von ihrer Großmutter und so gekriegt, weisch, und woher soll ich des wissen, dass die Jungs zu 'nem Dealer hingehen sollen und die net zu dem, woher soll ich'n des wissen, tut mir Leid. O.K.? *... 1500,00 DM raus für das Geld nahmen wir die Drogen und bihmten uns die Drogen rein doch Heinrich waren die Drogen zuviel er hatte Hallozinatienen, von Mauern die ihn zusammen quetschten.*	Andreas lässt sich alles Mögliche einfallen, um seine Ideen in der Gruppe zu verteidigen.
E	Des Geld isch viel zu viel.	
A	Warum? Des isch ja nich' jeden Tag.	
E	Ja, aber ...	
B	Zu wievielt waren die? Wie viele Personen?	Barbara bleibt aber hartnäckig.
A	Zu viert.	
B	Zu viert 1.500 Mark für Drogen? Nein ...	
A	Ja, O.K., sagen wir mal zu dritt, ich hab nämlich die zwei Bilder zusammen genommen. Die sind halt Reiche, Mann!	
B	Die haben die ganzen Drogen genommen, ja?	
A	Nein, nicht alles, der Heinrich hatte zu viel genommen. (...) Weisch, kuck mal der da oben, der mit der Mütze, ist 'n Ferrari-, sein Vater isch Michael Schuhmacher, des Mädchen, die Mutter isch Anke Huber, und der Junge, weisch wer der isch, von Arnold Schwarzenegger der Sohn – und die werden des Geld ja wohl zusammenkriegen.	Andreas versucht erneut, auf witzige Weise den Reichtum der Jugendlichen zu erklären. Er bezieht sich dabei auf den zweiten vorgelegten Bildimpuls (Bild II vgl. S. 206.
B	Ich glaub du raffsch den Sinn net, es geht da drum, dass die zu viele Drogen nehmen, des überleben die net, verstehsch?	
A	Haja, aber der hat ja grad des zu viel genommen!	

Schüler/in	**Auszüge aus der Schreibkonferenz** ***(kursiv = Text wird vorgelesen)***	**Kommentar**
E	Andi, tu den Betrag ein bissle kürzen!	Eva schlichtet den »Streit« mit einem vernünftigen Kompromissvorschlag.
A	*Er kam ins Krankenhaus und starb an Herzversagen wir schwörten uns niewieder das zeug zu nehmen.* Isch der Satz gut, ja? *Das einzigste was wir von ihm noch haben ist ein Schuh der am Strand lag* Gut.	Andreas liest hier nicht wörtlich vor. Im Text steht »*da kamm er ist Krankenhaus*«. Entweder korrigiert er bereits beim Vorlesen oder er nimmt den Fehler auch als Rezipient seines eigenen Textes gar nicht wahr.
B	Ich weiß net, hier komm ich net ganz mit, des isch zu hoch ... des ...	
E	Mach des Thema der *Tot* weg.	
A	Warum?	
E	Mach des *t* bei dem *Tot* weg! Des heißt ja ...	
K	[lacht] Totot!	
A	Ey, jetzt mach mich hier nich' so an, hey. *Tod*-d,d,d	
E	Jetzt mach des *t* weg, Andi, bitte.	Eva kommuniziert auf der Beziehungsebene anders mit Andreas als Barbara: Sie wählt freundlichere Illokutionsindikatoren.
B	Hast du noch Fragen?	Der studentische Beobachter schaltet sich ein, um den Wechsel zur nächsten Schülerin zu initiieren.
A	Bisch du heut daheim?	Auf diese »Anmache« Andreas' reagiert Barbara säuerlich.
K,E,	[lachen]	
B	Du bisch so blöd.	
A	Haja, Sie haben zu mir gsagt, ob ich no Fragen an mein Team hab', also ...	Zum studentischen Beobachter ENDE

a) Untersuchen Sie die beiden Textfassungen genau und beschreiben sie die Revisionen.
b) Vergleichen Sie die Vorschläge der Helferinnen in der Schreibkonferenz mit den tatsächlichen Revisionen. Wie erklären Sie sich das Ergebnis?

3. Untersuchen Sie (noch einmal) die Bastelanleitungen von Petros (Kl. 5, vgl. auch S. 35). Formulieren Sie als Lehrer/in ein Feedback für Petros, durch das er auf konkrete Überarbeitungsoperationen geleitet wird.
4. Vergleichen Sie die vom Lehrer stark unterstützte Endfassung (rechte Spalte) mit dem Entwurf (linke Spalte) von Petros: Welche Überarbeitungen wurde vorgenommen?

Entwurf	Endfassung
Für mein Flugobjekt brauche ich Bakardieschachtel 1 Orangensaftschachtel 1 Alufolie und ein paar Pappreste 2 Federungen aber klein und 2 Becher gebraucht.	**Bauanleitung für einen Zeppelin** Du brauchst: – 1 größere, längliche Pappschachtel (z.B. Verpackung einer Weinflasche) – 1 Orangensaftschachtel (o.Ä.) – Alufolie, Klebstoff und ein paar Pappreste – 2 Joghurt-Becher als Anker – 2 Schnüre zu je 2 m, 2 Briefklammern – 2 Schnüre zu je 50 cm
Ich habe die große Schachchtel genomen und hab sie mit Alufolie überzogen Dann hab ich Orangensaftsachtel genommen und die 2 kleine Federungen und hab sie zwischen den Zepeelin ein gebaut. Die orongensaftschahtel hab ich auch mit Alufolie überzogen. Jetzt hab ich die Pappreste genommen und hab sie ausgeschiten. Danach hab ich als Lenkwerk benuzt.	1. Zuerst musst du die Aufhängung für später vorbereiten. Bohre dazu an den Enden zwei kleine Löcher in die große Pappschachtel. Stoße von innen die Briefklammern durch und befestige daran die beiden langen Schnüre. 2. Beklebe nun die große Schachtel mit Alufolie. Sie stellt den Rumpf des Zeppelins dar. 3. Überziehe die Orangensaftschachtel ebenfalls mit Alufolie. Klebe sie als Kabine unter die große Schachtel.

Entwurf	Endfassung
Dann hab ich 2 Schnure genommen und hab eine nach vorne gebracht und die zweite hab ich nach hinten gebracht.	4. Schneide die Pappreste so aus, dass sie wie Höhen- und Seitenruder aussehen.
	5. Klebe sie hinten und an der Seite an die große Schachtel.
Jetzt hab ich 2 lange Schnure genommen und hab sie bei der Orangenensaftschachtel befestigt und dann hab ich di2 Becher genommen und hab sie an den 2 langen Schnuren befestigt als Anker.	6. Befestige die beiden kurzen Schnüre an der Spitze und am Heck des Zeppelins.
	7. Nun kannst du den Zeppelin an der Decke aufhängen. Darunter stellst du einen Tisch.
	8. Stopfe die Joghurtbecher mit Füllmaterial aus (z.B. zerknülltes Papier), damit sie schwerer werden. Passe die Länge der Ankerschnüre an und Klebe die Enden an den beiden Joghurtbechern fest (Anker).

3.5 Geschriebenes beurteilen und bewerten

3.5.1 Fördernde und bewertende Beurteilung

In der Schreibdidaktik werden die Begriffe »beurteilen, bewerten, benoten« von verschiedenen Autoren mit unterschiedlichen Nuancen definiert (z.B. Baurmann 2002, Fritzsche 1994, Böttcher & Becker-Mrotzek 2003). Die folgenden Ausführungen gehen vom Oberbegriff »beurteilen« aus und übernehmen die von Baurmann getroffene Unterscheidung zwischen einem eher *fördernden* und einem eher *bewertend-prüfenden* Modus in der Reaktion auf Schülertexte (wenngleich die Trennung idealtypisch ist, da auch eine Aussage zum fördernden Beurteilen wertende Aspekte enthält).

Fördernde Beurteilung

a) Fördernde Beurteilung:

Rückmeldung Orientierung Motivation

Die fördernde Beurteilung ist ein mündliches oder schriftliches Feedback des Lesers an den Autor, das ein gemeinsames Verständnis über den Text herstellen und in der Weiterarbeit zur Textoptimierung führen soll. Sie hat somit vorrangig die Funktion der Rückmeldung, Orientierung und auch der Motivation; für die

Lehrerinnen und Lehrer gibt sie zugleich Hinweise für die Diagnostik der Schülerkompetenzen, für die Erfolgskontrolle und die Planung des weiteren Unterrichts.

Diagnostik
Erfolgskontrolle
Planung

Daher steht eine fördernde Beurteilung nicht am Ende, sondern ist (wie im vorigen Kapitel gezeigt wurde, weshalb dieser Punkt hier kürzer behandelt wird) Bestandteil des Schreibprozesses, z.B. zwischen Entwurf und Überarbeitung. Im Vordergrund steht der Entwicklungsbezug und die weitere Förderung, für die Impulse gesetzt werden: Was kann der Schüler schon? Was fehlt noch bzw. was muss er als Nächstes lernen? Wie kann er weiterarbeiten?

Förderndes Beurteilen wird von Baurmann als »Kern aller Beurteilungen« angesehen (1996: 154). Ivo vergleicht die Schreibhilfe mit der Methode der Mäeutik (vom griechischen Wort für die Hebammenkunst, nach der die sokratische Methode des Fragens zum Erkenntnisgewinn der Schüler bezeichnet wird, vgl. Ivo 1982). Das Gegenteil wäre eine »exekutierende« Zensur (so Merkelbach 1986). Es geht beim fördernden Beurteilen darum, durch die Hinweise die »Geburt«, das Hervorbringen einer eigenen Formulierung, zu erleichtern, sie dürfen aber nicht so sehr lenken, dass der Eingriff zu radikal gerät.

Mäeutik

b) Bewertend-prüfende Beurteilung und Leistungsmessung

Bewertend-prüfende Beurteilung

Die bewertend-prüfende Beurteilung steht am Ende des Schreibprozesses. Wenn dabei eine Bewertung in Ziffern kodiert wird, kann man von Benotung oder Zensur sprechen. Eine Rückmeldung über die Lern*entwicklung* geben Zensuren nicht, sondern nur über einen erreichten Lern*stand,* wobei die einzelnen Teilleistungen nicht mehr erkennbar sind. Die Bewertung rekurriert zum einen auf Kriterien, die explizit in Kriterienkatalogen benannt sein können (s. 2.5.3), aber auch – von den Bewertern verinnerlicht – implizit in eine Globalbewertung einfließen (»das ist eine gute 2«). Zum anderen messen sie die Ergebnisse des Lernerfolgs aber auch dadurch, dass sie den Einzelnen in Beziehung zu anderen Mitgliedern der Lerngruppe setzen, im Extremfall mit der »Gaußschen Normalverteilung«, bei der die von den meisten Schülern gezeigte Leistung zur Mitte erklärt wird, ohne dass dabei die Lernziele berücksichtigt werden (vgl. Fritzsche 1994: 227).

Benotung

Lernstand, nicht Lernentwicklung

Durch den Vergleich mit dieser Norm müssen die Noten zwangsläufig für manche Schüler zu Versagensnachweisen werden, selbst wenn diese durchaus etwas geleistet haben.

Auch das bewertende Beurteilen von Texten kann zu pädagogischen Zwecken gebraucht werden, die jedoch – anders als beim fördernden Beurteilen – fragwürdig sind, etwa wenn negativen Zensuren eine leistungsmotivierende oder gar eine disziplinierende Aufgabe zukommen soll. Vor allem erfüllt die Leistungsbewertung jedoch gesellschaftliche Funktionen (vgl. Tillmann & Volstädt 1999). Im Hinblick auf die Lehrer, aber auch Außenstehende wie Schulaufsichtsbeamte oder Eltern, bietet sie die Möglichkeit einer einfach zu erfassenden curricularen Kontrolle, indem sie darüber informieren kann, ob die gesetzten Lernziele erreicht worden sind. Da das Schreiben von Texten in schulischen Abschlussprüfungen, aber auch in den Aufgabenbeispielen der KMK-Bildungsstandards nach wie vor zentral ist, ist diese Form der Leistungsbewertung auch für die Allokation (Zuweisung) der Schüler zuständig: Über die Notendurchschnitte werden die Schüler miteinander verglichen und dementsprechende Schulartenempfehlungen, Ausbildungs- und Studienplätze vergeben. Dabei kommt es zu einer harten Selektion der »schwächeren« Schüler, die die Normerwartungen nicht erfüllen.

Curriculare Kontrolle Information

Allokation

Selektion

Das gilt auch für die Kompetenzniveau-Tests, die im Zusammenhang mit Bildungsstandards (vgl. KMK 2004) in den Schulen durchgeführt werden. Hier werden ebenfalls mittlere Regelstandards angestrebt, die somit – auch wenn dies in den Standardpapieren nicht immer so dargestellt wird – zu selektiven Instrumenten werden können. In den Schulen bewirken sie häufig ein »teaching to the test«, wodurch sich die Auslese verschärft. Den »Diagnosearbeiten« kommt somit eine entscheidende Rolle zu. Diese Niveaukonkretisierungen sind aber das eigentliche Problem des Standardkonzepts. Wenn sie nicht dazu genutzt werden, das untere Leistungsdrittel nach dem Test zu fördern, sondern zu selektieren, führt eine derartig verkürzte Rezeption der Standards in der Schulpraxis dazu, dass die soziale Bildungsschere noch stärker auseinander klafft. Von fachdidaktischer Seite müsste auch darauf geachtet werden, dass die neuen Aufgaben nicht über die Hintertür längst überwunden geglaubte normative Simplifizierungen in der Leistungsbeurteilung (etwa das isolierte Lernen von Textsortenmerkmalen usw.) rehabilitieren, sondern

teaching to the test

dass fachbezogene Problemlösekompetenz im Vordergrund steht.

c) Prozesse beurteilen

Die fast unauflösbare Spannung zwischen dem Anspruch der Einzelförderung und dem Zwang zur Selektion durch Zensuren, also zwischen Individualisierung und Zentralisierung, kennzeichnet die langjährige Debatte um die Aufsatzbewertung. Einerseits soll der Schreibprozess möglichst offen und die Förderung möglichst individuell angelegt sein, anderseits besteht ein Bedürfnis nach intersubjektiver Gültigkeit von Bewertungskriterien. Einen Ausweg aus diesem Dilemma könnten möglicherweise Formen der Prozessbeurteilung bieten, wenngleich hier neue Bewertungsprobleme auftauchen.

Prozessbeurteilung

Im Fall der fördernden Beurteilung ist der enge Bezug zum Schreibprozess per se gegeben, weil sie vor Abschluss des Endprodukts stattfindet. Sie kann in den Prozess direkt kommentierend eingreifen. Zahlreiche Beispiele stellt Dehn für die Primarstufe vor (1994, 1999). Eine gute Möglichkeit, die »reflexive Praxis« beim Schreibprozess zu fördern, bieten z.B. Arbeitsjournale, wie sie Bräuer (2000) vorschlägt: Das Arbeitsjournal wird mit einer Werkstatt verglichen, in der experimentiert wird und in die der Autor immer wieder »Personen seines Vertrauens« einlädt, um sich Rückmeldungen einzuholen. Im Idealfall kann auch die Lehrkraft eine solche Vertrauensperson sein, die fördernde Beurteilungen abgibt. Dafür wird für die Kommentare ein breiter Raum, z.B. die linke Seite des Journals, frei gehalten (Bräuer 2000: 22).

Arbeitsjournale

So wichtig die Prozessbeurteilung aus Fördergründen ist, so problematisch ist sie im Zusammenhang mit der Bewertung. Die systematische Beobachtung und explizite Bewertung einzelner Arbeitsschritte durch Lehrkräfte durchbricht den wichtigen lernpsychologischen Grundsatz, dass die Lernphase von der Bewertungsphase zu trennen ist. In einer unbewerteten Lernphase (hier: Vorbereiten und Schreiben des Entwurfs) können die Schreibenden sich auf ihre Ideen konzentrieren und müssen weniger auf die blockierende Vermeidung von Normverletzungen achten, da sie wissen, dass sie die Erwartungen ihrer

Lernphase und Bewertungsphase trennen

Leser vor der Abgabe in einer Überarbeitungsphase reflektieren können.

Projektprüfungen

Anders sieht es aus, wenn die Vorbereitungsaktivitäten bis zum Entwurf des Textes im Bewusstsein einer permanenten Bewertung (nicht Beratung) erfolgen. In Projektprüfungen wird dies z.B. so praktiziert, dass Lehrer auch die vorbereitenden Aktivitäten (z.B. Recherchieren, Exzerpieren, Diskutieren usw.) unter Rubriken wie Methoden-, Sozial- und Personalkompetenz protokollieren und diese Beobachtungen in die Note einfließen. Wenn damit der Prozess selbst zum Prüfungsgegenstand wird, kann dies z.B. zu Hemmungen und Blockaden oder zu einem Verhalten im Sinne sozialer Erwünschtheit führen (z.B.: Wer viel nachschlägt und im Internet recherchiert, macht vielleicht einen besseren Eindruck im Hinblick auf Methodenkompetenz, unabhängig davon, ob er auch etwas findet). Damit ist die Prozessbewertung nicht nur lernpsychologisch, sondern auch hinsichtlich der fachlichen Validität problematisch. Einige Beispiele aus dem Bewertungskatalog zum »kreativen Schreibprozess« in Böttcher & Becker-Mrotzek (2003, S. 84ff.) können dies veranschaulichen: »Schreibt der Schüler von sich aus gerne und oft? (...) Trägt die Schreibbegeisterung über die Anfangsphase hinaus? (...) Hat der Schüler so viele Ideen, dass er auch Mitschülern helfen kann? (...) Macht er sich Stichwörter [z.B. ein Cluster] oder malt seine Ideen, um sie dann sprachlich umzusetzen?« Diese Beobachtungsaspekte sind für die Förderung sinnvoll, für die Bewertung aber weniger geeignet, denn es werden nicht nur Fachgegenstände, sondern auch personale Merkmale wie z.B. die Motivation oder die Wahl der Schreibstrategie bewertet, die sich einer intersubjektiven Überprüfung entziehen.

Prozesskomponenten sinnvoll in die Bewertung einbeziehen

Da das Ziel prozessorientierten Unterrichts die Entfaltung und Anerkennung individueller Strategien ist, sollte jeder Schüler die für ihn passenden Arbeitstechniken finden und anwenden können, um zum Ziel zu gelangen – diese Werkzeuge selbst brauchen aber nicht explizit Gegenstand der Bewertung zu werden. Es gibt andere Wege, wie Prozesskomponenten in die Note eingehen können:

Zwei Messzeitpunkte

– Eine Lernentwicklung kann numerisch bewertet werden, wenn man sich die Mühe macht, mindestens zwei Messzeitpunkte vorzusehen: So könnten z.B. eine Note für den Entwurf und eine für die Endfassung miteinander verrechnet werden; meistens wird in der Praxis der Vornote des Entwurfs ein größeres Gewicht gegeben, sodass die Überarbeitung nur eine kleinere Verbesserung der Note ermöglicht.

- Einfacher ist es, bei der Bewertung des Endprodukts zu bleiben, aber diese erst nach einer fördernden Beurteilung und Überarbeitung vorzunehmen. Die Überarbeitung kann so organisiert werden, dass der Textentwurf vom Lehrer eingesammelt und später wieder ausgeteilt wird, falls man vermeiden möchte, dass die Schüler fremde Hilfe holen; man könnte aber auch bewusst Aspekte der Sozialkompetenz einbeziehen, indem Schreibkonferenzen abgehalten werden. Im zweiten Durchgang der Klassenarbeit konzentrieren sich die Schüler auf das Revidieren auf verschiedenen Ebenen. Das könnte in einem offeneren Unterricht so weit gehen, dass die Schüler die Anzahl der Schreibphasen und den Zeitpunkt der Abgabe selbst festlegen. Der »mehrstufige Prüfungsaufsatz« (Merkelbach 1986, Felder & Fix 2001) erlaubt darüber hinaus auch, dass die Materialien des gesamten Schreibprozesses, etwa recherchierte und exzerpierte Texte, im Schreibprozess immer zugänglich bleiben. Dadurch kann auch in einer Prüfungsarbeit z.B. eine inhaltsleere Argumentation vermieden werden, weil die vorbereitende rezeptive Arbeit gewürdigt wird.

Mehrstufiger Prüfungsaufsatz

- So genannte Portfolios bieten dem Autor eines Textes die Möglichkeit, dem Bewerter gezielte Einblicke in seinen Prozess zum Zweck der Evaluation zu geben. Die Bewertung von Portfolios ist eine Prüfungsform aus den USA, bei denen Schüler verschiedene Facharbeiten aus dem Unterricht auswählen, sorgfältig aufbereiten und in einer Mappe sammeln. Über Vorgaben können die Bereiche genauer geregelt sein, die in dem Portfolio abgedeckt sein sollen. Die Besonderheit besteht darin, dass der zu Bewertende selbst darüber befindet, welche Arbeiten er zur Leistungsbewertung vorlegt. Bräuer (2000: 22f.) vergleicht das Portfolio mit einem Schaufenster, für dessen Auslage sich der Autor bewusst entscheidet. Es muss aber nicht nur fertige Texte enthalten, sondern kann auch unterschiedliche Produktionsstufen oder ausgewählte Materialien, die den eigenen Lernprozess geprägt haben, »ausstellen«. Der Übergang zwischen einem »Prozess-Portfolio« und einem »Produkt-Portfolio« ist somit fließend. Das Portfolio erlaubt eine individuelle und zugleich sachbezogene

Portfolio

Bewertung, muss aber auf eine nivellierende soziale Bezugsnorm weitgehend verzichten, wodurch die Vergleichbarkeit der Leistungen erschwert wird: »Ausschlaggebend ist dann nicht mehr die mathematisch (und zeitsparend) ermittelte Rangfolge, sondern die Leistung selbst (Bohl 2001: 78).

3.5.2 Kriterien für die lernerorientierte Textanalyse

Schülertextanalyse

Ob nun fördernd oder bewertend-prüfend: In jedem Fall bildet den Ausgangspunkt der Beurteilung eine Schülertextanalyse, anhand der Kompetenzen und Defizite eines Schreibers erfasst werden sollen.

Dass man hierbei über einen Schülertexte zu sehr unterschiedlichen Auffassungen gelangen kann, ist bekannt. Als Beispiel kann auch eine Expertendebatte dienen, die in der Zeitschrift »Der Deutschunterricht« 1994 stattfand. Unter dem Titel »Fehler – Defizit oder Lernfortschritt – Deutung eines Falles« beurteilten verschiedene Deutschdidaktiker den folgenden Text des Siebtklässlers Philipp:
(Vgl. S. 195)
Die Experten-Urteile reichen von der Diagnose einer dysgrammatischen Schreibschwäche bis hin zu »sprachlich als Text durchaus gelungen« (Feilke/Augst 1994, S. 21). Für Feilke/Augst ist der Text einerseits »grammatisch unauffällig«, aber sie bescheinigen Philipp eine »partiell fehlende Bewusstheit gegenüber grammatisch/morphologisch motivierten Schreibweisen«. Nussbaumer, Baurmann und Dehn entdecken in ihren Beiträgen textuelle Fähigkeiten in Philipps Text und wenden sich deutlich gegen eine einseitige Defizitorientierung der Beurteilung und gegen den Störungsbegriff.

Die interessante Debatte zeigt: Ein Grundproblem jeder Textevaluation ist die Frage, welche Kriterien angelegt werden sollen. Nussbaumer (1996: 96-112) schlägt für eine lernerorientierte Schülertextanalyse die Modifikation des »Zürcher Textanalyserasters« vor, eines für Forschungszwecke entwickelten Instruments, das die Unterscheidung zwischen den Grundkategorien »sprachsystematische Richtigkeit« und »Angemessenheit« trifft (vgl. Abbildung, S. 196).

Zürcher Textanalyseraster

Philipps Bildbeschreibung

Bildbeschreibung

Im Hintergrund siet man ein verletzes Mädchen das auf einer Trage ligt mit einer grauen Decke

Klassenarbeit Nr 5

Bildbeschreibung

Im Hintergrund sieht man ein verlestes Mädchen das auf eine Trage ligt. Ein Arzt in weisen Anzug versucht das Kind in einen Krankenwagen zu bringen. Um den Unfalsort stehen mehrere Schüler. Im Schulgebeude besser gesagt im Sekritariat ist eine Sekritarin und ein Kind. Die Schülerin hat den Telefonhörer in der hand es siht so aus als sie gerade versucht den Unfall zu beschreiben. Die Anrufende hat braune Haare und ein knall rotes Gesicht. Es handelt sich wole um ein Sportunfall weil das Mädchen am Telephone eine blaue Sporthose und eine orange farbenes Sporthemd trägt. Die darneben stehende Sekritärin hat den elenbogen auf den Tisch und hält vor Schreck die Hand vor den Mund auch ihr Gesicht ist ganz rot Die Junge Frau trägt eine roten mit weißen punkten besetzen Pallover. Die Dame hat eine Brille und braune Haare. Auf dem Tisch ist eine grüne unterlage auf dieser liegen drei beschrifteten Blatter. Durch den grauen Bleistift oben drauf werden sie gekrönt gegenüber ist eine Stempelablage mit 5 Stempeln. Neben ihnen ligt ein blauer und ein roter Filzstift An der Wand ist ein Kalender der zeigt das an diesen Tag der 15te ist Es siet aus als der Krankenwagen bald losfährt der die blaulenchte ist noch an.

Bildbeschreibung

Im Hintergrund sieht man ein verleztes Mädchen das auf einer Trage ligt. Ein Arzt in weisen Anzug versucht das Kind in einen Krankenwagen zu bringen. Um den Unfalsort stehen mehrere Schüler. Sie warten bis der Krankenwagen entlich losfährt. Im Schulgebeude besser gesagt im Sekritariat ist eine Sekritarin und ein Kind. Die Schülerin hat den Telefonhörer in der hand es siht so aus als sie gerade versucht den Unfall zu beschreiben. Die Anrufende hat braune Haare und ein knall rotes Gesicht. Es handelt sich woll um ein Sportunfall weil das Mädchen am Telephone eine braune Sporthose und ein orange farbenes Sporthemd trägt. Die darneben stehende Sekritärin hat den elenbogen auf den Tisch und hält vor Schreck die Hand vor den Mund auch ihr Gesicht ist ganz rot. Die Junge frau trägt ein roten mit weißen punkten besetzten Pollover. Die Dame hat eine Brille und braune Haare. Auf dem Tisch ist eine grüne unterlage auf dieser liegen drei beschriftet Blatter. Durch den grauen Bleistift oben drauf werden sie gekrönt gegenüber ist eine Stempelablage mit 5 Stempeln. Neben ihnen ligt ein blauer und ein roter Filzstift an der Wand ist ein Kalender der zeigt das an diesen Tag der 15te ist. Es sieht aus als der Krankenwagen bald losfährt den die blauleuchte ist noch an.

Das Zürcher Textanalyseraster

NF-Projekt „Sprachfähigkeiten“ 1992
Cornelia Hanser/Markus Nussbaumer/Peter Sieber

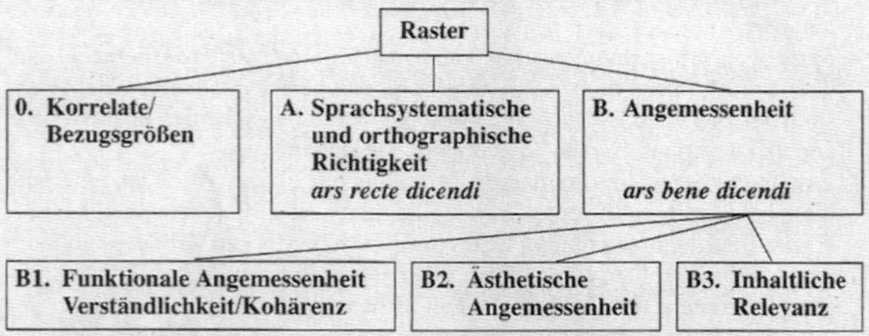

0 Bezugsgrössen/Korrelate
- **0.1 Textlänge. token-Zahlen**
  - 0.1.1 Buchstaben
  - 0.1.2 Wortformen
  - 0.1.3 Teilsätze
  - 0.1.4 Ganzsätze
- **0.2 types-Zahlen**
  - 0.2.1 Lexeme
  - 0.2.2 grammatische Kategorien
  - 0.2.3 Teilsätze (Satzbaupläne)
  - 0.2.4 Ganzsätze
- **0.3 Charakterisierung des Wortschatzes: Grund-/Nicht-Grundwortschatz**
- **0.4 Charakterisierung der Syntax: einfach/komplex; normal/ausgefallen**
- **0.5 Charakterisierung der Kohäsionsleistung: viel/wenig; einfach/schwierig**
- **0.6 Charakterisierung der Komplexität des Themas sowie der Komplexität der Behandlung des Themas im Text**

A. Sprachsystematische und orthographische Richtigkeit
- **O Orthographie**
- **I Interpunktion**
- **M Morphologie**
- **SY Syntax**
- **T Textbau/Satzverknüpfung**
- **SA Semantik von Inhaltswörtern/Autosemantika**
- **SS Semantik von Funktionswörtern/Synsemantika**
- **SK Semantik komplexer Ausdrücke (komplexe Wörter, Wortgruppen, Sätze)**

B B.1 Funktionale Angemessenheit: Verständlichkeit/Kohärenz
- **B.1.1 Gesamtidee, Thema, Absicht des Textes**
  - 1.1.1 In welchem Masse lässt sich im Text eine Gesamtidee erkennen, die den einzelnen Textteilen ihren Ort zuweist?
  - 1.1.2 Welches ist diese Gesamtidee?
  - 1.1.3 Entspricht die Gesamtidee der Aufgabenstellung (wie sie z. B. durch den Titel markiert sein kann)?
- **B.1.2 Aufbau, Gliederung (Textmakrostruktur)**
  Hat der Text eine der Gesamtidee entsprechende Gliederung? Welches sind die einzelnen Glieder?
  - 1.2.1 Innere Gliederung
  - 1.2.2 Äussere Gliederung (graphisch mittels Absatz, Spiegelstrich u.ä.)
- **B.1.3 Thematische Entfaltung**
  - 1.3.1 Lässt sich in der thematischen Entfaltung eine Logik hinter dem Text rekonstruieren? (Texthintergrundslogik THL)
  - 1.3.2 Zeigt sich in der thematischen Entfaltung eine Logik im Text selbst? (Textvordergrundslogik TVL)
- **B.1.4 Grad an Implizitheit/Explizitheit**
  - 1.4.1 Ist der Text so implizit wie möglich?
  - 1.4.2 Ist der Text so explizit wie nötig?
- **B.1.5 Ausdrückliche Rezipientenführung**
  - 1.5.1 Metakommunikative Elemente
  - 1.5.2 Kohäsionsmittel (Verweis-, Verknüpfungsmittel: Pronomen, Konjunktionen, Konjunktionaladverbien u. a.; textstrukturierende Mittel, Wortstellung)
  - 1.5.3 Graphische Mittel (Unterstreichung, Schriftauszeichnung u. ‰)
  - 1.5.4 Explizite Nennung von Produzent und Rezipient; Markierung des Standpunktes des Produzenten
- **B.1.6 Angemessenheit der Sprachmittel (Sachadäquatheit, Funktionsadäquatheit, Ususadäquatheit)**
  - 1.6.1 Interpunktion
  - 1.6.2 Wortformen-, Phrasen- und Satzbau
  - 1.6.3 Textbau
  - 1.6.4 Wahl von Autosemantika
  - 1.6.5 Wahl von Synsemantika
  - 1.6.6 Semantik komplexer Ausdrücke
  - 1.6.7 Registerwahl
- **B.1.7 Erfüllung von Textmusternormen**

B.2 Ästhetische Angemessenheit: Besondere formale Qualitäten
- **B.2.1 Sprachlich-formales Wagnis**
- **B.2.2 Qualität der Sprachmittel (Attraktivität/Repulsivität)**
  - 2.2.1 Wortwahl
  - 2.2.2 Satz- und Textbau
  - 2.2.3 Rhythmus
  - 2.2.4 Registerwahl, Tonlage

B.3 Inhaltliche Relevanz: Besondere inhaltliche Qualitäten
- **B.3.1 Inhaltliches Wagnis**
- **B.3.2 Inhaltliche Wegqualität (Attraktivität/Repulsivität)**

Mit der Unterscheidung in diese beiden Großkategorien wird versucht, die Betrachtung der oberflächenbezogenen, sprachformalen Ebene von der tiefenstrukturellen, konzeptionellen Ebene zu trennen – ein für die Bewertung wichtiger Aspekt, da oft eine fehlerhafte Oberfläche den Blick auf die Texttiefenstruktur verstellt. Allerdings sind »Tiefe« und Oberfläche« textlinguistisch kaum eindeutig abgrenzbar, insbesondere bei stilistischen Problemen. Auch bei einem so differenzierten Raster bleibt die Operationalisierung der funktionalen oder ästhetischen Angemessenheit ein Problem der Beurteilung: Die Frage, woran sich der Erfolg oder die Schönheit einer Text-Sequenz im Detail festmachen lässt. Nicht zu unterschätzen ist auch das Ökonomieproblem, zumal sich hier Rückwirkungen auf die Motiviertheit des Bewerters ergeben könnten (vgl. Grzesik & Fischer 1985: 100ff.). Je ausführlicher ein Raster ist, desto mehr Zeitaufwand erfordert es bei der Anwendung.

Wenn es um die fördernde Beurteilung geht, spielt die Abgrenzung der einzelnen Kriterien eine geringere Rolle. Hier kann der Leser seine individuelle Rezeptionserfahrung kundtun, das zentrale Kriterium ist die Leserangemessenheit, die er im direkten Dialog weniger konkret beschreiben muss. Bei einer bewertenden Beurteilung verlangen die Beteiligten dagegen aber möglichst differenzierte Einzelkriterien, die wenig Interpretationsspielraum lassen, um die schulische Leistungsselektion transparent zu machen und abzusichern. An diese Bewertungskriterien werden die gleichen Anforderungen gerichtet wie an wissenschaftliche Tests:

Empirische Gütekriterien: Validität, Reliabilität, Objektivität

- Validität (Gültigkeit: Wird wirklich das gemessen, was behauptet wird?)
- Reliabilität (Zuverlässigkeit: Ist die Bewertung jederzeit mit gleichem Ergebnis wiederholbar?)
- Objektivität (Unabhängigkeit von subjektiven Einschätzungen der bewertenden Personen)

Diese klassischen empirischen Gütekriterien gehen allerdings von einem eher technischen Verständnis der Leistungsbeurteilung, der »Leistungsmessung« aus, das eine Trennschärfe und Vergleichbarkeit impliziert, die so nicht gegeben ist. Gründe dafür liegen zum einen in der bewertenden Person selbst. Kennt diese die Schüler, ist der Einfluss von Sympathien und Antipathien, Voreinschätzungen, oft auch Vorurteilen kaum zu vermeiden. Zudem fließen selbst bei differenzierten Kriterien in die individuelle Auslegung subjektive Theorien des Bewerters ein. Dazu kommen Bewertungsfehler, die durch situative Bedingungen entstehen; Baurmann nennt zum Beispiel die Reihenfolge der Arbeiten – zu Beginn werde in der Regel strenger beurteilt; eine schwache Arbeit beeinflusse die Bewertung der nachfolgenden Arbeit (vgl. Baurmann 1987: 23). Auch die momentane Motivation, Konzentriertheit und emotionale Faktoren spielen eine Rolle.

So überrascht es nicht, dass ein wichtiges Ergebnis der Forschungen zur Aufsatzbewertung (vgl. z.B. Birkel 2003) die Feststellung ist, dass eine objektive und vergleichbare Bewertung zwar anzustreben ist, aber ein unerreichbares Konstrukt bleibt.

Bewertung in Kenntnis der Lernbedingungen

Man kann jedoch auch umgekehrt argumentieren: Reliabilität und Objektivität sind Kriterien, die den Entstehungskontext einer Leistung ausblenden (Berücksichtigung der Vorarbeit, der Lerngeschichte, der Unterrichtsschwerpunkte, z.B. zu Textsortenwissen und Sprache usw.). Wenn Bewertungen offenbar nicht frei von subjektiven Theorien der Lehrkräfte sein können, sollte das zu bewertende Produkt innerhalb des sozialen Umfelds in Kenntnis der Lernbedingungen von den dort handelnden Subjekten (Lehrer, Mitschüler) evaluiert werden. Da diese auch die Haupt-Adressaten beim Schreiben sind, spiegelt deren Urteil, das innerhalb des Unterrichtsfeldes gefällt wird, die Leistung im Hinblick auf die Beteiligten unter Umständen angemessener wieder als die Einschätzung einer Person, die nicht Teil dieses Kontexts ist. Die »objektive« Außenperspektive kann für die Bewertung der Textqualität möglicherweise »ungerechter« sein als die subjektiv gefärbte Innenperspektive, weil sie von den Entstehungsbedingungen abgekoppelt ist. Fremdbewerter, etwa in Prüfungsaufsätzen, wären dann eher als Korrektiv zu verstehen (etwa zur Kontrolle von Vorurteilen, die innerhalb des Feldes zu einer Fehleinschätzung führen).

Etwas anders verhält es sich mit dem Kriterium der Validität. Hier ist darauf zu achten, dass wirklich fachliche Leistungen bewertet werden, die im Unterricht vorher erarbeitet wurden; bei der Aufsatzbewertung kommt es etwa durch eine mangelhafte Orthografie, die den Blick auf eine gelungene Textkomposition verstellt, zu Verzerrungen. Birkel kritisiert in diesem Zusammenhang, dass Lehrer noch immer zu wenig in der Analyse von Schülertexten, etwa anhand eines empirisch abgesicherten Kriterienkatalogs wie dem o.g. Zürcher Textanalyseraster, geschult seien (2003: 59).

Die drei klassischen Aufsatzkriterien Inhalt, Aufbau und Sprache

Vielleicht leisten die klassischen Aufsatzkriterien Inhalt, Aufbau und Sprache hier mehr, als man ihnen auf den ersten Blick zutraut: In einer empirischen Untersuchung stellten Grzesik & Fischer überraschenderweise fest, »dass die Übereinstimmung mit anderen Beurteilern um so größer ist, je globaler der Zugriff ist.« (Gzesik & Fischer 1985: 211). Eine zu hohe Zahl von Kriterien erwies sich im Vergleich zu einem kleineren Kriteriensatz sogar als weniger valide und reliabel für die Bewertung. Grzesik & Fischer plädieren daher für eine Verbindung von globalem (holistischen) mit einem nach Kriterien differenzierten (analytischen) Verfahren, Baurmann (2002) schlägt unter anderem die Mehrfachbeurteilung nach globalem Ersteindruck durch mehrere Bewerter als Beurteilungsverfahren vor; das Verfahren nimmt nur wenige Minuten in Anspruch, die erteilten Noten können gemittelt werden. Birkel (2003) bezweifelt allerdings die Vergleichbarkeit von Globalurteilen.

Ein wichtiger Faktor dürfte hier der Grad der Routine der Bewerter sein: Bei erfahrenen Lehren scheint ein globales Schätzurteil als Bewertungsmaß durchaus legitim zu sein, während mit dem schulischen Kontext weniger vertraute Personen stärker auf differenziertere Raster angewiesen sind. Allerdings sind globale Schätznoten für die betroffenen Schüler und deren Eltern wenig transparent. Aufgefächerte Kriteriensätze haben daher für die fördernde Beurteilung auch eine wichtige didaktische Funktion: Sie bieten die Möglichkeit einer genaueren Rückmeldung für die Schüler und Ansatzpunkte für eine Weiterarbeit.

Bewertungsraster

Bei der Entwicklung eines Bewertungsrasters für die Praxis sind diese Erkenntnisse zu berücksichtigen.

Zunächst sollte es die Entstehungsbedingungen und Schreibabsichten zur Geltung kommen lassen, vor allem, wenn einem Bewerter nicht oder nur vage bekannt ist, welche kommunikative Intention der Autor verfolgt, etwa beim freien Schreiben. Für eine vergleichende Qualitätsbeurteilung sehr unterschiedlicher Textprodukte sind funktional orientierte Kriterien erforderlich. Dafür müssen zunächst Schreibziele in Bezug auf potenzielle Leser, auch fiktive Leser, erkennbar sein: Wird ein argumentierender Brief an einen Rechtsanwalt, ein entschuldigender Brief an eine Freundin, eine unterhaltsame Abenteuer-Erzählung für eine Jugendzeitschrift geschrieben usw.? Der Bewerter muss dann entscheiden, ob der Text adäquat zur Schreibfunktion, zur gewählten Textsorte, zum gedachten Adressaten und zur Rezeptionssituation verfasst ist.

Ein Vorschlag für ein Bewertungsraster zum »freien« Schreiben nach Bildimpulsen findet sich bei Fix & Melenk (2000: 45ff.). Dort werden zuerst das Grundmuster und der stilistische Modus ermittelt, erst danach geht es um eine Qualitätsentscheidung:

Beispiel

Ermittlung des Grundmusters und des stilistischen Modus'

- *erzählend*
  (Fantasie-, Erlebnis-, Kriminal-, Abenteuer-, Sciencefiction-, Grusel-, Wildwest-erzählung, Märchen, Anekdote, Kurzgeschichte ...)
- *lyrisch*
  (Liebesgedicht, Naturgedicht, sprachspielerisches, politisches Gedicht ...)
- *dramatisch*
  (Kurzszene, Dialog ...)
- *darstellend*
  (Bericht, Reportage, Beschreibung, Interview, Protokoll ...)
- *wertend, expressiv, appellativ*
  (Essay, Reflexion, Tagebuchaufzeichnung, Erörterung, Kommentar, Leserbrief, Interpretation, Werbetext ...)
- *sonstige Muster*

Dabei ist auch der stilistische Modus zu beachten: komisch, tragisch, idyllisch, satirisch, grotesk, parabolisch, didaktisch ...

In der Regel wird das Muster bereits beim ersten Lesen erkennbar. Dagegen gibt es aber auch Textmuster, die weniger eindeutig sind. So kann ein Text inkohärent wirken, wenn man ihn als Erzählung betrachtet, er aber als ein Gedicht konzipiert ist, bei dem Satzfragmente als angemessene Gestaltungsmittel gelten können. Es lohnt sich also ein zweiter Blick auf den Text, um das selbst gewählte Schreibmuster bzw. das damit verbundene Schreibziel zu erkennen.

Die von Grzesik & Fischer vorgeschlagene Verbindung von holistischem und kriterienbezogenem Beurteilen wird auch im folgenden Raster aufgegriffen (vgl. Fix 2002), das sowohl für die fördernde Beurteilung als auch für die Bewertung herangezogen werden kann.

Globalbeurteilung und Kriterienbeurteilung

In einem ersten Durchgang werden Aspekte der Angemessenheit in Form einer Globalbeurteilung eingeschätzt, als Korrektiv erfolgt ein zweiter Durchgang nach klassischen Kriterien. Falls der Text bewertet werden muss, wird zunächst eine Schätznote gegeben; Maßstab ist pauschal die Angemessenheit an Schreibziel und Leser, wobei hier noch nicht in Einzelkriterien differenziert wird, sondern ein Eindruck festzuhalten ist. Erzeugt der Text z.B. Überraschung, Irritation, Neugier, Spannung, anschauliche Vorstellungen, Nachdenken, Gefühle, Betroffenheit, Handlungsbereitschaft usw.?
Je nach Textsorte geht es um
- Originalität (z.B. bei einer Fantasieerzählung),
- Authentizität (z.B. bei einer Erlebniserzählung oder einer Gedankenreflexion),
- Poetizität (»Kunstwollen«, z.B. bei einem Gedicht, vgl. Müller-Michaels 1993).

Diese Schätznote wird zur Seite gelegt, in einem zweiten Durchgang wird nach Punkten eine Note anhand von Kriterien ermittelt, wobei die Punkteverteilung je nach Aufgabenstellung variieren sollte. Die Kriterien können zugleich als Stichpunkte für die fördernde Beurteilung dienen. Sie können daher analog zur Checkliste für Schreibkonferenzen gestaltet sein. Zum Schluss können die beiden Noten verglichen werden; bei Abweichungen müssen die Durchgänge noch einmal überprüft und die Noten entsprechend des nun gefundenen Urteils revidiert werden.

Beispiel

Raster zur Beurteilung eines Schülertextes (ohne Textmustervorgabe)

Vor Beginn der Beurteilung: *Ermitteln Sie*
- *das Schreibziel (z.B. jmd. von etwas überzeugen, etwas darstellen oder erklären, jmd. mit einer spannenden Geschichte unterhalten ...)*
- *die gedachten Adressaten (z.B. Erwachsene oder Jugendliche)*

– das daraus resultierende Textmuster/die Textsorte (Erzählung, Bericht, Beschreibung usw.)
– die Schreibhaltung und den stilistischen Modus (förmlich oder locker, darstellend oder wertend, neutral oder reißerisch, sachlich oder ironisch, ernst oder komisch ...)

*Schätzen Sie auf dieser Basis ein, inwieweit der Text das Kriterium der Angemessenheit erfüllt und geben Sie eine **Globalbeurteilung** ab:*
***Gesamteindruck:** Angemessenheit an*
– die Aufgabe
– die Situation
– die Adressaten
– das gewählte Textmuster

Falls Bewertung: Schätznote von 1-6
Lassen Sie jetzt am besten einige Zeit verstreichen. Ändern Sie eventuell die Reihenfolge.

2. Die Kriterienbeurteilung:
Falls Bewertung: Vergeben Sie 15 Punkte, davon:

a) Inhalt und Aufbau:
Inhalt:
- *Makrostruktur: Ist es klar, um was es geht? Gibt es einen »roten Faden«, einen Zusammenhang (Kohärenz)?*
- *Sind alle wichtigen inhaltlichen Schwerpunkte berücksichtigt oder fehlt etwas (zu impliziter Text)?*
- *Sind Teile des Textes überflüssig oder doppelt vorhanden (zu expliziter Text, Relevanz)?*
- *Bei entsprechender Textsorte: Sind originelle Ideen enthalten?*

Aufbau:
- *Ist der Text überzeugend gegliedert? Ist die Reihenfolge sinnvoll?*
- *Sind die Textteile gut untereinander gewichtet, zu knapp oder zu ausführlich?*
- *Passt das gewählte Textmuster zur Situation?*
- *Sind die Textteile gut miteinander verbunden?*

7-8 Punkte

b) Formulierungen und Stil:

- *Wird ein einheitlicher Stil durchgehalten, sind an manchen Stellen Brüche erkennbar?*
- *Passt der Sprachstil zur Leserzielgruppe (z.B. zu kompliziert, zu plump, zu umgangssprachlich formuliert ...)?*
- *Sind die einzelnen Formulierungen (Satzmuster) für den Leser verständlich, anschaulich, variabel genug?*
- *Sind treffende und angemessene Wörter gewählt (z.B. Fachausdrücke, Umgangssprache ...)?*
- *Sind ggf. spezifische Merkmale der Textsorte berücksichtigt worden (z.B. journalistische Standards bei einer Reportage usw.)?*

4-5 Punkte

c) Sprachliche Richtigkeit und Darstellung:

- *Sind Grammatikfehler (Syntax, Morphologie) im Text?*
- *Stimmt die Interpunktion?*
- *Stimmt die Rechtschreibung?*
- *Ist die Schrift und das Layout angemessen und leserfreundlich (Handschrift, ggf. Computerausdruck)?*

2-3 Punkte

Gesamtbewertung ***15 Punkte***

Die Punkte sind nach dem gymnasialen Schlüssel in Noten umzurechnen (3 Punkte = eine Notenstufe). Vergleichen Sie nun Ihre Schätznote mit der Kriteriennote. Reflektieren Sie Abweichungen und setzen Sie eine Endnote fest. Als Abschluss bietet es sich an, die Arbeiten nach Noten zu ordnen und hintereinander nochmals kurz zu überfliegen. Durch das direkte Ranking ergeben sich beim Vergleich noch letzte Korrekturen an den Bewertungen.

Zusammenfassung:

Es sind zwei Modi der Beurteilung zu unterscheiden: Eine fördernde, die als Begleitung in der Lernphase von zentraler Bedeutung ist, und eine bewertende, die von der Lernphase getrennt erfolgt.
Eine explizite Bewertung verschiedener Prozesskompetenzen im Vorfeld kann problematisch sein, da jeder unterschiedliche Strategien nutzt, um ans Ziel zu kommen. Möglich ist aber die Bewertung manifester Produkt-Zwischenstufen (z.B. über mehrstufige Bewertungen oder Portfolios). Prozessbezogene Methodenkompetenzen

können implizit in die Bewertung eingehen, indem z.B. in der Lernphase erarbeitete Materialien und Überarbeitungstechniken auch in der Bewertungsphase angewandt werden können (etwa Lexika, Checklisten, Schreibkonferenzen). Im Idealfall entscheidet der Schüler als Autor, wann er den Text zur Bewertung freigibt.
Jede Textbewertung ist nur von relativer Gültigkeit und hängt vom Kontext und den angelegten Kriterien ab. Mindestens ein Bewerter sollte den Entstehungskontext kennen, um die Leistung gerecht einordnen zu können. Er muss insbesondere Kenntnisse über die durch die Aufgabe angelegte Schreibfunktion und das konkrete Schreibziel des Schülers haben.
Der Bewerter benötigt textanalytische und linguistische Kenntnisse über den Gegenstand (z.B. Erzählstrukturen etc.). Auf der Basis dieses Wissens kann eine holistische Globalbewertung festgehalten werden. In einem zweiten Durchgang wird diese durch eine analytische Bewertung nach Kriterien, die sich aus dem Unterrichtskontext ergeben, überprüft. Die Bewertungskriterien müssen für alle Beteiligten transparent und möglichst gemeinsam erarbeitet sein.
Bewertungsfehler (z.B. festgefahrenes Erwartungsprofil) können durch einen zweiten Durchgang oder durch einen Fremdkorrektor reduziert werden; hierfür bietet sich auch eine globale Mehrfachbeurteilung durch mehrere Kollegen an.

Aufgaben:

1. Ida (Kl. 2) schreibt den folgenden Text zu einem Bildimpuls:

Das ist ein Mädchen
Die macht Schulaufgaben
Sie macht Deutsch.
Sie muss 10 Wörter schreiben
Sie muss hier sitzen.
Sie will hier gar nicht sitzen.

Ida, Klasse 2

Beurteilen Sie die Qualität dieses ohne Vorgaben geschriebenen Texts einer Zweitklässlerin und begründen Sie Ihre Einschätzung!

- Idas Text ist ein starker Text, weil ...
- Idas Text ist ein schwacher Text, weil ...

2. Thomas (Kl. 8) schreibt den folgenden Text zu einem Bildimpuls:

Beispiel

Drei echte Tierfreunde
Diese drei Kinder schlugen eine Oma nieder und halfen ihr aufzustehen. Ihr fiel das Gebiss aus dem Mund. Jodelnd stopfte sie es wieder rein. Den Arm, den die Kinder abtrennten, ließ die Oma aber liegen. Ein Hund kam vorbei und nahm ihn mit. Völlig gestört rannten die Kinder in die Sparkasse, die in der Nähe war und forderten mit einer Bazooka viel, viel Geld, um es der Oma schenken zu können. Der Bankenchef, der gerade anwesend war, alarmierte raffinierterweise die Polizei. Auf der Flucht mit dem Geld grabschte ein Monster aus dem Gullideckel nach dem Jungen mit der roten Kappe. Er gab dem Monster eine Handvoll Zehnmarkscheine, dann beruhigte es sich wieder. Sabbernd und rülpsend verzog es sich. In den Weiten und Tiefen der Kanäle hörte man noch die ekeligen, Furcht einflößenden Geräusche der Missgeburt mit Echoeffekt. Während dem Rennen schauten die Kinder hinter sich. Sie sahen, wie das Monster ein Polizist nach dem anderen mit sich zerrte. Schließlich kam das Sonderkommando zum Einsatz. So wurden die drei geschnappt. Der Kappendapp ist trotzdem fröhlich, weil er nicht aufgefressen wurde, die anderen traurig, weil sie keine Omahände abhacken konnten. Sie sind nämlich Tierfreunde und wollten Straßenköter damit füttern.
(aus: Fix & Melenk 2000, CD-ROM, Datei G-F-102).

Beurteilen Sie die Qualität dieses ohne nähere Vorgaben, aber für die klasseninterne Veröffentlichung geschriebenen Textes eines Achtklässlers (Gymnasium). Beziehen Sie dabei Kriterien des Rasters auf Seite 201 ff. ein und begründen Sie Ihre Einschätzung.

4 Schreibdidaktik im Kontext des Studiums

4.1 Forschungsmethoden der Schreibdidaktik

4.1.1 Stand der methodologischen Debatte

Methoden wissenschaftlichen Arbeitens

Obwohl der Zweck dieses Bandes ist, »Wissen für die Schule« bereitzustellen, ist ein Kapitel zu wissenschaftlichen Methoden der schreibdidaktischen Forschung sinnvoll – sowohl für Studierende, die eigene wissenschaftliche Arbeiten entwerfen müssen, als auch für Lehrerinnen und Lehrer, die z.B. einer bestimmten Fragestellung innerhalb ihres eigenen Unterrichts gezielt nachgehen oder wissenschaftliche Studien einschätzen möchten.

Hermeneutik Empirie

In der erziehungs- und sozialwissenschaftlichen Diskussion des ausgehenden 20. Jahrhunderts prägte ein Gegensatz zwischen zwei Ansätzen die Debatte um die »richtige« Forschungsmethode: Auf der einen Seite stand das geisteswissenschaftlich-hermeneutische Lager (Hermeneutik: wissenschaftliche Auslegung von Texten, darüber hinaus überhaupt eine Methode zum Verstehen des menschlichen Daseins), auf der anderen das szientifisch-empirische (Empirie: Erfahrungswissenschaft, z.B. über Experimente Hypothesen überprüfen).

In der Germanistik als einer klaren Vertreterin der hermeneutischen Tradition stellte sich diese Alternative im Fall der Literaturwissenschaft bis heute kaum; die Linguistik näherte sich dagegen in verschiedenen Zweigen dem empirischen Paradigma.

Die Deutschdidaktik befand sich zu dieser Zeit zunächst noch im Status einer Umsetzungsdidaktik, die sich nur als Vermittlungsinstanz zwischen der Germanistik und der Erziehungswissenschaft, zwischen fachwissenschaftlich vorgegebenen Inhalten und Lernsubjekten verstand. Die begriffliche Aufspaltung in die so genannte »Fachwissenschaft« im Gegensatz zur »Fachdidaktik« spiegelt dieses frühere Selbstverständnis wider. Eine auf das Problem der Vermittlung von anderweitig vorgegebenen Inhalten, z.B. Textsorten, reduzierte Methodik des Schreibens kann aber nicht den Status einer eigenständigen Wissenschaftsdisziplin für sich beanspruchen. Denn eine wissenschaftliche Disziplin zeichnet sich durch ihren Systemcharakter und die Kontrollierbarkeit der Ergebnisse aus. Die vorgeschlagenen Umsetzungskonzepte wurden jedoch selten empirisch-deskriptiv überprüft; sie waren lediglich präskriptive Handlungsvorschläge zur Verbesserung der Praxis.

Empirische Wende

Der Erwartungsdruck auf die Didaktik stieg in den letzten Jahren enorm, denn gerade im Falle von Unterricht verlangt die Gesellschaft – spätestens seit der PISA-Studie, die deutschen Schülern im internationalen Vergleich eine unterdurchschnittliche Lesekompetenz nachwies (vgl. Dt. PISA-Konsortium 2001) – die Überprüfung der Wirkungsbehauptungen. Innerhalb der Deutschdidaktik traten zunehmend empirische Studien neben die historisch-systematischen Untersuchungen; bei dieser »empirischen Wende« übernahm die Schreibdidaktik eine Vorreiterrolle, in der nun empirische Studien der Frage nachgingen, wie die Fähigkeit zur Produktion eigener Texte durch Unterricht generiert und gefördert werden kann.

Untersuchung des Wissenserwerbs durch Unterricht

In solchen Untersuchungen müssen die Voraussetzungen, Gegenstände, Verfahren und Ergebnisse von Lehr- und Lernprozessen an der Schnittstelle zwischen Subjekt und fachlichem Lerngegenstand – hier im Schreibunterricht – im Hinblick auf konkrete Lerngruppen deskriptiv erfasst werden, bevor anschließend Modelle des Wissenserwerbs entworfen werden können. Das Ziel einer berufsbezogenen Anwendungswissenschaft wie der Sprachdidaktik bleibt die Praxis: Während sich rein sprachwissenschaftliche Modellierungen auf die Bildung von Begriffen der Sache selbst konzentrieren (z.B. Textsorten), gehen didaktische, lernerorientierte Modellierungen darüber hinaus, indem sie den *Erwerb* von Wissen im Unterricht in den Vordergrund stellen. Sie versuchen die Genese (Entstehung) von Fach-Wissen und – Können auf empirischer Basis in der Wechselwirkung von Hypothese und Beobachtung zu beschreiben. Schreibkompetenz und die damit verbundenen Gegenstände (Texte, sprachliche Mittel) sollen als erwerbbare Systeme erfassbar werden.

Quantitativ oder qualitativ?

Innerhalb des empirischen Ansatzes stritten – und streiten teilweise bis heute – zunächst wieder zwei Lager um den methodischen Weg: Es geht dabei um die Frage, ob nur quantitativ angelegte Untersuchungen mit hohen Fallzahlen und genauer statistischer Datenberechnung zuverlässige Ergebnisse ermöglichen oder ob nicht qualitative Studien, bei denen der interpretative Zugriff neben die reine Deskription der gewonnen Daten tritt, geeigneter sind.

In der Psychologie galt zunächst das quantitative Vorgehen (Daten aus standardisierten Tests oder Experimenten werden statistisch repräsentativ ausgewertet) als das wissenschaftlichere; quantitative Verfahren orientieren sich wissenschaftstheoretisch am kritischen Rationalismus, der den Schwerpunkt auf die empirisch fundierte Erklärung von Verhalten legt, dabei aber die subjektiven Theorien der Forscher und den Entstehungskontext weniger berücksichtigt (vgl. Bremerich-Vos 2002: 22).

Dieser Ansatz wurde zunehmend durch anerkannte Methoden der qualitativen Sozialforschung ergänzt, bei denen Daten in der sozialen Realität des Untersuchungsfeldes subjektbezogen und in eher offenen Situationen erhoben und interpretiert werden (vgl. Mayring 1996). In der Deutschdidaktik wurde von Beginn an dem qualitativen Paradigma mehr Sympathie entgegengebracht, was mit der hermeneutischen Prägung der Forscherbiografien zu tun haben mag, aber auch am Gegenstand selbst liegt (dem Spracherwerb im weitesten Sinne), der vielschichtig und in hohem Maß von individuellen Faktoren abhängig ist.

Bildungsstandards

Durch die in den letzten Jahren intensivierte Debatte um Bildungsstandards erfuhr in der Deutschdidaktik zuletzt das quantitative Paradigma einen Aufschwung. Es wurde für die Didaktik allgemein ein methodologisches Defizit konstatiert, das etwa in der Psychologie aufgrund der langjährigen Tradition quantitativer Forschung nicht besteht. Die Notwendigkeit einer quantitativen Datenbasis für die Modellierung des Unterrichtsprozesses ergibt sich zum Beispiel aus der Forderung, in Bildungsstandards das Erreichen bestimmter Kompetenzaspekte für die gesamte Schülerpopulation vergleichbar zu überprüfen; dafür erscheint eine möglichst präzise Operationalisierung dieser Kompetenzaspekte und ihre Normierung über eine größere Probandenzahl plausibel, wenngleich sie wiederum mit anderen methodischen Problemen verbunden ist, denn jedes Herunterbrechen der Komplexität von Lernprozessen auf einfache Fragebogen-Items bedeutet einen Verlust an Information.

Hermeneutik *und* Empirie

Die Verabsolutierung eines Ansatzes wird in der jüngeren Debatte um methodologische Konzepte jedoch weitgehend abgelehnt, eine Überwindung des Gegensatzes vielerorts gefordert (vgl. z.B. Mayring 1997). Hermeneutik und Empirie stehen ohnehin in einem Rückkoppelungsprozess: Die Forscher müssen sich darüber bewusst sein, dass bereits das Formulieren von Hypothesen Interpretationen und subjektive Theorien des Forschers beinhaltet. Der Überprüfung dieser Hypothesen kann man aber nur durch Empirie näher kommen. Dagegen kommen bei der

Diskussion der Ergebnisse wiederum hermeneutische Prozesse zur Geltung.

Kombination quantitativer und qualitativer Methoden

Es geht somit darum, die für eine Untersuchungsfragestellung adäquate Methode zu finden und im Idealfall verschiedene Ansätze miteinander zu verbinden. Gerade die Kombination quantitativer und qualitativer Vorgehensweisen kann besonders fruchtbar sein, wenn dies zur Fragestellung passt. Quantitative Verfahren bieten testökonomische Vorteile, wenn z.B. die Distraktoren (die anzukreuzenden Alternativen in einem Multiple-choice-Fragebogen) klug gewählt sind. Offene Verfahren erfordern dagegen eine inhaltsanalytische, kategoriale Aufarbeitung und eine Mehrfachkodierung durch verschiedene Auswerter: Um möglichst viele Dimensionen des Lern- und Entwicklungsprozesses im Deutschunterricht der Schule abdecken zu können, ist die Kombination quantitativer und qualitativer Verfahren bei der Lernerfolgserhebung unverzichtbar; dies setzt eine theoriegeleitete Modellierung der Lernprozesse voraus. Aber man muss immer damit leben, dass die Komplexität von Unterricht und von Lernprozessen nie Untersuchungsanlagen zulässt, die frei von Störvariablen sind. Groeben fasst diesen Sachverhalt so zusammen: Man habe nur die Wahl zwischen dieser oder jener Unzulänglichkeit, die aber wiederum theoriegeleitet zu begründen ist (vgl. Groeben 2004)

4.1.2 Anlage empirischer Studien zur Schreibdidaktik

Die Detailfragen der Anlage von schreibdidaktischen Forschungsstudien können in diesem Rahmen nicht dargestellt werden und sind jeweils auf die Untersuchungsfragestellungen bezogen zu beantworten; hier ist auch auf die empirische Methodenliteratur und auf weitere Überblicksliteratur zu verweisen (z.B. Eigler 1996). Aber es können Grundsätze und prototypische Planungsschritte des empirischen Vorgehens exemplarisch beschrieben werden; die folgenden Ausführungen verstehen sich somit nicht als präskriptive Rezeptologie, sondern als Beispiel einer möglichen Vorgehensweise.

Forschungsproblem und Fragestellung

In der Regel beginnt die Arbeit mit dem Formulieren eines Forschungsproblems und einer Fragestellung. Zunächst muss man sich – auf der Basis einer ersten Idee, eines Anstoßes aus der Praxiserfahrung, eines eigenen Bedürfnisses, einer Theorie oder eines Modells – einen Überblick verschaffen, was andere Forscher zu diesem Problem bereits publiziert haben, und diese Ergebnisse zusammenfassen. Die angemessene Darstellung der Forschungslage ist zugleich ein erster Baustein für die spätere eigene schriftliche Fassung einer Hausarbeit oder Publikation. Anhand der Zusammenfassungen lässt sich das eigene Forschungsproblem zunehmend klarer abgrenzen, schließlich mündet dies in eine konkrete Fragestellung. Es ist wichtig, schon an dieser Stelle nicht zu global vorzugehen, sondern anhand der Forschungslage kleinere Fragen zu formulieren, die operationalisierbar sind, also in einzelne Handlungselemente zerlegt werden können, die sich beobachten und überprüfen lassen.

Hypothesen

In einem nächsten Schritt lassen sich Hypothesen formulieren. Aufgrund der Ausgangslage (Forschungsbericht, Erfahrungen usw.) vermutet man bereits Antworten auf die gestellten Untersuchungsfragen, die nun aufzuschreiben sind. Hypothesen sind möglichst klar und eindeutig formulierte Behauptungen. Eine Hypothese wie »Mädchen schreiben lieber Geschichten als Jungen« ist noch sehr allgemein, sie kann nur auf einen bestimmten Kontext bezogen gelten: Es kommt zum Beispiel darauf an, welchen Begriff von »Geschichten« die Befragten haben, ob sie an Unterricht dachten oder an die Freizeit usw. Die Aussage kann später somit nur im Rahmen der vorgegebenen Bedingungen einer bestimmten Studie Geltung beanspruchen. Hypothesen werden durch das empirische Vorgehen im günstigen Fall verifiziert oder falsifiziert, es kann aber auch sein, dass sie am Ende einer Untersuchung weiter als Hypothesen stehen bleiben. Man kann dabei mit Nullhypothesen arbeiten, die das Gegenteil der angezielten Hypothese formulieren. Lautet die Hypothese z.B. »Mädchen schreiben lieber Geschichten als Jungen«, müsste die Nullhypothese lauten (sprachlich unschön, aber empirisch exakt): »Mädchen schreiben nicht lieber Geschichten als Jungen.« Die Formulierung »Jungen schreiben lieber Geschichten als Mädchen« geht dagegen über den Sinn einer Nullhypothese hinaus, da sie die Möglichkeit, dass beide gleich gerne schreiben, ausschließt. Das Formulieren einer Nullhypothese ist somit eine gute Übung dafür, noch einmal zu durchdenken, was man genau erfahren möchte.

Grundlagen zur systematischen Hypothesengenerierung und Überprüfung sind im Hinblick auf qualitative Studien noch unzureichend entwickelt. Da Hypothesen im streng empirischen Sinn zumindest falsifizierbar sein sollten, können kleinere Fallstudien mit wenigen Probanden in der Regel lediglich Tendenzen aufzeigen. Dennoch ist das Formulieren von Hypothesen auch hier sinnvoll. Der Anspruch für eine allgemeine Verifikation der Hypothesen kann zwar nicht gestellt werden, weil die Gültigkeit der Ergebnisse auf die untersuchte Population eingeschränkt bleibt; es kann die Forschung aber weiterführen, wenn sich eine Richtung abzeichnet, ob eine Hypothese als solche weiter bestehen kann oder eher verworfen werden muss.

Methodischer Grundtyp

Wenn die Hypothesen formuliert sind, kann darüber nachgedacht werden, welcher methodische Grundtyp der Untersuchung (z.B. Feldstudie, Einzelfallstudie, Experimentalstudie) und welche Forschungsmethoden im Einzelnen (s.u.) gewählt werden.

Validität, Reliabilität, Objektivität

Generell gelten für die Anlage einer Untersuchung die drei Grundkriterien der Empirie, die schon im Kapitel zur Aufsatzbewertung vorgestellt wurden (vgl. Kapitel 3.5):

- Validität (Gültigkeit der gemessenen Variablen für das, was untersucht werden soll),
- Reliabilität (Zuverlässigkeit der Messergebnisse, die unabhängig von den äußeren Umständen auch mehrfachen Überprüfung standhalten sollen) und
- Objektivität (Unabhängig davon, wer die Untersuchung durchführt, soll das gleiche Ergebnis herauskommen).

Diese Kriterien sind Konsens in der quantitativen Sozialforschung. In der qualitativen Richtung wird davon ausgegangen, dass man die Maßstäbe quantitativer Forschung nicht einfach übernehmen könne, sondern sie je nach Vorgehen und Ziel modifizieren müsse, die Geltungsbegründung der Ergebnisse sollte hier flexibler und stärker argumentativ angelegt werden (Mayring 1996: 115). Zudem gibt es kritische Einwände gegen eine starre Fixierung auf die drei Kriterien, stattdessen werden methodenspezifische Kriterien gefordert. Mayring (1996: 119ff.) nennt als allgemeine Gütekriterien qualitativer Forschung

- Verfahrensdokumentation (detaillierte Explikation des Vorverständnisses, der Messinstrumente usw.)
- Argumentative Interpretationsabsicherung (theoriegeleitete Deutung, Überprüfung von Alternativdeutungen)

- Regelgeleitetheit (z.B. Analyseprozess in Ablaufmodellen transparent machen)
- Nähe zum Gegenstand (im Gegensatz zum Experiment möglichst an natürliche Situationen angemessenes Vorgehen)
- Kommunikative Validierung (z.B. Diskussion der Ergebnisse mit den Beforschten, gemeinsame Rekonstruktion subjektiver Bedeutungen)
- Triangulation (verschiedene Datenquellen und Lösungswege für eine Fragestellung miteinander verbinden)

Nachvollziehbarkeit, Generalisierbarkeit, Reproduzierbarkeit

Letztlich stellen diese qualitativen Gütekriterien keinen Gegensatz zu den genannten drei Grundkriterien dar, wenn man diese nicht zu eng definiert. Eine gute empirische Untersuchung wird immer um Nachvollziehbarkeit bemüht sein, sie strebt Generalisierbarkeit und auch Reproduzierbarkeit an. Diese bezieht sich hier nur weniger auf die Daten selbst, sondern auf deren Deskription, Analyse und auf die Rückbindung an Theorien.

Solche prinzipiellen Kriterien, ob nun modifiziert oder nicht, sollten die methodischen Entscheidungen leiten. Wenn etwa durch eine Befragung gemessen werden soll, ob Schüler gerne schreiben, wird die Validität durch die Lehrervariable erheblich eingeschränkt: Schüler mit einer motivierenden Deutschlehrerin schreiben im Unterricht vielleicht lieber als solche, die eine Lehrerin haben, bei der eine unangenehme Unterrichtsatmosphäre herrscht. Die Fragebogendaten sagen somit nicht unbedingt etwas über Schreibmotivation, sondern zugleich etwas über die Beliebtheit der Lehrerin aus – sie sind in Bezug auf die zu messende Variable nicht valide. Mangelnde Validität ist also ein Problem, das quantitative Studien ebenso betreffen kann wie qualitative.

Nicht reliabel sind die Daten, wenn die Fragebogenergebnisse zum Beispiel nachmittags anders ausfallen als in der ersten Stunde: Die Fragebogen-Items waren dann nicht genug auf Konstanz hin durchdacht oder es hätte eben eine mehrfache Befragung über längere Zeiträume hinweg stattfinden müssen.

Nicht objektiv, also intersubjektiv gültig, sind die erhobenen Daten, wenn sie so viel Interpretationsspielraum lassen, dass zwei verschiedene Auswerter die Antworten zwei verschiedenen Kategorien zuordnen. Dieses Problem stellt sich vor allem bei qualitativen Studien, zum Beispiel bei der Auswertung offener Interviews oder der Beurteilung von Schülertexten, wo etwa die äußere Form und die Zahl der Rechtschreibfehler den Blick von der Qualität der Textes auf der konzeptionellen Ebene verdecken können. Hier ist es wichtig, dass die Kategorien immer wieder an Ankerbeispielen von allen Auswertern gemeinsam durchgesprochen werden, es kann auch ein Übereinstimmungskoeffizient errechnet werden. Auf jeden Fall muss eine größtmögliche Eindeutigkeit der verwendeten Begriffe hergestellt werden, die für jeden Beteiligten dieselbe Bedeutung involvieren.

Beobachtung – Beschreibung – Beurteilung

Eine empirische Untersuchung besteht aus dem klassischen Dreischritt Beobachtung – Beschreibung – Beurteilung. Schon vor Beginn der Untersuchung müssen daher bei der Entwicklung des Untersuchungsplans nicht nur Erhebungsmethoden, sondern auch Aufbereitungs- und Auswertungsmethoden geplant werden. Dabei ist zu entscheiden, an welcher Stelle ein quantitatives oder qualitatives Vorgehen der Fragestellung angemessen ist (Überschneidungen sind aber möglich, wie auch die folgende Tabelle zeigt); ggf. sind Modelle der späteren statistischen Auswertung schon in der Planung zu berücksichtigen. Diese Entscheidung sollte nicht nur von den Ressourcen abhängig gemacht werden, sondern inhaltlich begründet sein. Wichtig ist hierbei vor allem, intervenierende Störvariablen auszugrenzen und eine eigenständige Operationalisierung für die jeweils zu untersuchende Variable zu finden. Hierfür eignet sich häufig eine Verbindung von quasi-experimentellen und qualitativ-rekonstruktivem Vorgehen (vgl. Groeben 2004).

Untersuchungsplan

Erhebungsmethoden

Für schreibdidaktische Untersuchungsgegenstände bieten sich zahlreiche Erhebungsmethoden an. Die Erhebungsinstrumente sollten möglichst in einer Pilotstudie erprobt und aufgrund der Ergebnisse optimiert werden, bevor die eigentliche Hauptuntersuchung beginnt (zum Erstellen von Fragebögen, Probanden-Auswahl, Stichprobenanzahl usw. vgl. z.B. Eigler 1996, Mayring 1996, Schlobinski 1996). Die Methoden in der folgenden Übersicht kamen in aktuellen schreibdidaktischen Untersuchungen im deutschsprachigen Raum zur Anwendung:

Untersuchungsgegenstand	Beispiele für qualitative Vorgehensweisen	Beispiele für quantitative Vorgehensweisen
Schreibprozesse	• Teilnehmende Beobachtung (Einzelfall, Gruppen) • »Lautes Denken« der Probanden beim Schreiben • Interaktion mehrerer Probanden bei der Textherstellung • »Peer feedback«: Schüler sprechen über ihre Texte oder Formulierungsprobleme • Prozessportfolios	• Standardisiertes Experiment mit abgrenzbaren Variablen, z.B. Experimental- und Kontrollgruppe, die sich in der Variable unterscheiden, ob im Schreibprozess bestimmte Hilfsmittel eingesetzt wurden oder nicht • Erhebungen anhand von Fragebögen zu mehreren Zeitpunkten des Schreibprozesses
Schreibprodukte	• Dokumentenanalyse von vorgefundenem Material, z.B. Schülertexten, Textherstellungstexten, Zwischenreflexionen, Lerntagebucheinträgen • Analyse mit Hilfe komplexer Textauswertungsraster • Rekonstruktion von Revisionen anhand von Textproduktionsstufen	• Analyse von Schülertexten eines größeren Textkorpus, bei dem die Produktionsbedingungen möglichst standardisiert wurden, auf wenige, klar abgrenzbare Kriterien hin
Schreibentwicklung	• Longitudinalstudie an Einzelfällen • Beobachtungen und Interviews • Biografische Befragungen (offene oder Leitfaden-Interviews zur Reflexion der Schreibbiografie)	• Longitudinalstudie mit wenigen Variablen an größeren Populationen • Querschnittstudie durch verschiedene Altersstufen, z.B. zu einer bestimmten Schreibaufgabe • Untersuchung größerer Textkorpora aus verschiedenen Epochen (auch zu Unterrichtserfolg, s.u.)
Unterrichtserfolg didaktischer Konzepte	• teilnehmende Beobachtung im Unterrichtsalltag • qualitatives Feldexperiment, z.B. zwei Treatments, die sich in der Offenheit oder Geschlossenheit der Vorgaben unterscheiden	• Standardisiertes Feldexperiment mit abgrenzbaren Variablen, z.B. zwei Treatments, die sich in der Variable der Offenheit oder Geschlossenheit der Vorgaben unterscheiden

Untersuchungsgegenstand	Beispiele für qualitative Vorgehensweisen	Beispiele für quantitative Vorgehensweisen
	• Erfahrungsberichte • Lehrerbefragung (offene oder Leitfaden-Interviews)	• Standardisierte Lehrerbefragung • Leistungstests am Ende • Erhebungen während des Verlaufs (state-Fragebögen) und zu Beginn und Schluss (trait-Fragebögen)
Schüler- und Lehrereinstellungen zum Schreiben, zum Schreibunterricht usw.	• Schüler- und Lehrerbefragung (offene oder Leitfaden-Interviews), • Gruppendiskussion, evtl. mit Provokation und Argumentationsimpulsen • Semantisches Differenzial (Assoziationen zu wertenden Begriffen zum Thema)	• geschlossener, standardisierter Lehrer- bzw. Schüler-Fragebogen

Aufbereitungsmethoden

Aufbereitungsmethoden sind zum Beispiel bei mündlich vorliegenden Daten das Protokoll, im Fall einer Aufzeichnung die Transkription, wobei hier verschiedene Verfahren gewählt werden können (z.B. phonetische Transkription, halbinterpretative Arbeitstranskription oder literarische Transkription, vgl. Schlobinski 1996). Bei Videoaufzeichnungen empfiehlt sich über die verbale Wiedergabe hinaus der Einbezug visuell sichtbarer, relevanter Daten (z.B. Gestik, Mimik) in eine kommentierte Transkription. Für eine detailgenaue Aufzeichnung von Schreibprozessen am Computer gibt es entsprechende Software-Programme.

Bei handschriftlich vorliegenden Produktdaten ist ebenfalls eine Transkription für Forschungszwecke sinnvoll, z.B. die Anordnung von verschiedenen Textstufen jeweils eines Schülers in synoptischen Tabellen, die dann in einem Textkorpus gesammelt werden (vgl. z.B. Fix & Melenk 2000). Für die Übertragung aus der Handschrift müssen ebenfalls einheitliche Transkriptionsregeln gelten (z.B. Übernahme von Fehlern, Absätzen usw.). Sollen quantitative Berechnungen angestellt werden, müssen alle dafür erforderlichen Daten in Zahlen kodiert werden – also z.B. auch linguistische Parameter aus Lexik und Syntax (z.B. die Grammatikfehlerquote, die Anzahl der Verb-Types in einem Text usw.). Für die Darstellung sind bestimmte grafische und tabellarische Verfahren etabliert, die der aktuellen statistischen Fachliteratur entnommen werden können.

Auswertungs-methoden

Auswertungsmethoden: Auf die Erhebung und Aufbereitung folgt die Auswertung und Datenanalyse, die möglichst unvoreingenommen sein und nicht von einem Erkenntnis leitenden Interesse verstellt werden sollte. Es ist insbesondere darauf zu achten, dass man nicht schon jetzt – um seine präferierte Hypothese zu beweisen – von der Beschreibung der Ergebnisse auf deren Deutung übergeht. Die Interpretation ist erst der letzte Schritt.

Zunächst muss also rein deskriptiv vorgegangen werden. Bei qualitativen Verfahren, z.B. beim Vorliegen offener Antworten aus Interviews, bietet sich eine inhaltsanalytische Aufarbeitung an (Mayring 1997). Dazu werden aus den erhaltenen Daten induktiv Kategorien gebildet, zu denen Ankerbeispiele gesammelt werden; zur Abgrenzung von Ausprägungen werden Kodierregeln formuliert, die durch Überprüfungen immer weiter verfeinert werden und schließlich zu einem Auswertungskategoriensystem führen.

Bei einer quantitativen Analyse werden Zahlbegriffe durch mathematische Operationen zueinander in Beziehung gesetzt. Während qualitative Aussagen in der Auswertung ein Nominalskalenniveau nicht überschreiten (Beispiel: ja – nein, weiblich – männlich), können quantitative Analysen auf höheren Skalenniveaus erfolgen (Ordinalskala, Intervallskala, Ratio-Skala), anhand derer statistische Operationen wie Korrelationsberechnungen und Signifikanztests durchgeführt werden.

Probleme der Interpretation

Den Abschluss bildet die Interpretation der Ergebnisse, die den empirisch-deskriptiven Pfad verlässt. Bei diesem hermeneutischen Vorgehen ist Vorsicht vor Fehleinschätzungen und Beurteilungsfehlern geboten. Dazu gehören z.B. der »generosity error« (wenn etwa Schülertexte zu positiv eingeschätzt werden, weil man Sympathien für die untersuchten Kinder hegt) oder der »halo-effect«, bei dem der Beurteiler aufgrund ungerechtfertigter Verallgemeinerungen bevorzugt solche Eigenschaften feststellt, die seiner Vorerwartung entsprechen (z.B. wenn die stärkere Wahrnehmung von Problemen auf der sprachlichen Oberfläche eines Schülertextes bei einem Hauptschüler den Blick auf eine gelungene Tiefenstruktur verstellt, weil man diese dort ohnehin nicht erwartet hätte). Auch bei quantitativen Verfahren können Messfehler zu Fehlinterpretationen führen, z.B. wenn Probanden, die die Aufgaben nicht richtig lösen können, einfach die Fragen gar nicht beantworten (man spricht dann von »Selbstselektivität« der Stichproben). Insofern ist ein vorsichtiges Formulieren bei der Darstellung von Ergebnissen und weiteren Forschungsdesideraten einem vollmundigen Gültigkeitsanspruch vorzuziehen.

4.1.3 Beispiel: Untersuchungsplan eines Schreibforschungsprojekts

Die Planungsschritte sollen an dem folgenden eigenen Beispiel einer empirischen Studie konkretisiert werden:

Forschungsproblem:

In der Deutschdidaktik wird die Integration von Lesen und Schreiben gefordert, klare empirische Befunde zum Erfolg eines solchen Vorgehens fehlen hierzu jedoch. Eine Studie soll daher Erkenntnisse zum Zusammenhang von Produktion und Rezeption erbringen. Dazu müssen Einzelfragen auf jeweils einen kleinen, operationalisierbaren Bereich begrenzt werden: Im Beispiel geht es um das Schreiben eines Sachtexts. Es soll untersucht werden, ob der Erfolg integrativen Arbeitens in diesem Bereich größer ist, wenn der Unterricht sich im Sinne der prozessorientierten Schreibdidaktik in drei Phasen gliedert: Von der Produktion eines Entwurfs über die Rezeption von Informationstexten zur Revision eines Endprodukts.

Fragestellung: Die Frage lautet somit präzisiert: Bringt das dreiphasige Konzept gegenüber einem zweiphasigen Unterricht, der direkt mit der Lektüre von Informationstexten beginnt und dann zum Schreiben eigener Texte übergeht, einen Qualitätsgewinn für die Textproduktion? Da hierbei nichts vorweggenommen werden soll, sondern deskriptiv vorgegangen wird, wird die Frage offener formuliert:

- Welche Einflüsse hat die Rezeption von Sachtexten auf die Qualität der eigenen Schreibprodukte zum gleichen Thema (Inhalt, Textmuster/-struktur, Sprache)

- wenn die Lektüre vor der eigenen Textproduktion erfolgt (»Zweischritt«)?
- wenn die Lektüre zwischen Entwurf und Überarbeitung eines eigenen Texts erfolgt (»Dreischritt«)?

Hypothesen:

- Beim »Zweischritt« (Textproduktion nach der Lektüre eines Informationstextes) kommt es zu mehr direkten Übernahmen, die Texte sind weniger individuell als beim »Dreischritt« (Entwurf – Lektüre – Überarbeitung).
- Beim »Dreischritt« wird der eigene Entwurf nach der Lektüre optimiert, es kommt aber zu weniger direkten Übernahmen, der Schreibstil bleibt individueller, es entstehen bessere eigene Texte als beim »Zweischritt«.
- Bei beiden Unterrichtsverläufen sind nicht nur positive Einflüsse zu erwarten (sinnvolle reduktive Strategien, Verwenden von Fachtermini), sondern auch negative Einflüsse in Form unreflektierter copy-delete-Maßnahmen oder Störungen der Kohärenz.

Erhebungsmethode:

Es bietet sich eine qualitative Interventionsstudie an, in der einzelne Variablen in zwei Treatments im Unterricht modifiziert werden; diese kann aber unter Einbezug quantitativer Verfahren ausgewertet werden:

- In einer Gruppe wird nach der Lektüre eines ausgewählten Sachtextarrangements ein eigener Text zum Thema geschrieben.
- In einer anderen Gruppe wird zum Thema zuerst ein Entwurf geschrieben, es folgt die Lektüre der Sachtexte, danach wird der Entwurf überarbeitet.

Eine Kontrollgruppe, die ohne jegliche Lektüre schreibt, wäre zwar denkbar, bringt aber relativ wenig, da die zweite Gruppe ja in ihrer Entwurfsphase genau dies tut. Die zweite Gruppe fungiert somit in der Entwurfsphase zugleich als Kontrollgruppe.

In der Pilotstudie werden zunächst vier Schulklassen einbezogen, je zwei pro Gruppe. Die 7. Klasse wird ausgewählt, weil hier die Arbeit an expositorischen Texten in den Bildungsstandards im produktiven Bereich vorgesehen ist. Das Unterrichtsmodell greift das Thema Ägypten auf, das im Geschichtsunterricht vor nicht zu langer Zeit behandelt worden ist. Dadurch ist gesichert, dass die Schüler ein vages Grundwissen, aber wohl kaum ein Expertenwissen zum Thema mitbringen (weshalb z.B. ein Thema aus dem Computerbereich verworfen wurde). Aus motivationalen Gründen suchen wir den (emotionale Effekte wie Gruseln auslösenden) Teilaspekt »Mumien« aus. Die Schreibaufgabe lautet, einen Text über Mumien für ein (fiktives) Schülerlexikon zu verfassen.

Um die Lehrervariable als Störfaktor zu begrenzen, werden die Stunden vom Untersuchungsleiter selbst gehalten – was wiederum den Nachteil mit sich bringt, dass die Schüler in einer solchen Sondersituation sich nicht natürlich verhalten. Da dies aber für beide Treatments gilt, dürften sich hieraus bei der vorliegenden Fragestellung keine negativen Effekte ergeben. Den Schülern wird zu Beginn der Einheit das Forschungsvorhaben transparent gemacht und der Schreibanlass vorgestellt. In der einen Gruppe wird gleich mit der Lektüre begonnen, in der anderen wird das Vorwissen über Mumien durch Maßnahmen wie das Erstellen eines Clusters zum Stichwort »Mumie« aktiviert, das zum anschließenden Verfassen eines Textentwurfs und zu der Aufforderung führt, den eigenen Text nochmals durchzulesen und sich Fragen zu notieren, über die man noch Informationen beschaffen wolle; so wird bereits eine Spur für die folgende Rezeptionsphase gelegt, die in der nächsten Stunde erfolgt. Abschließend überarbeiten die Schüler ihre Entwürfe. Ein Schlussfragebogen erhebt u.a. Aussagen zum fachbezogenen Selbstkonzept, zu Interessen und Vorerfahrungen, um so Informationen für einzelne Schülerporträts zu erhalten.

Aufbereitungsmethode:

Alle entstandenen Schülertexte werden in jedem Produktionsschritt dokumentiert, im Fall der zweiten Gruppe werden Entwurfs- und überarbeitete Endfassung transkribiert und in einer Synopse gegenübergestellt.

Auswertungsmethoden:

Anhand eines Rasters, das auf der Basis früherer Studien entwickelt wurde, werten nun Kodierer nach intensiver Vorbereitung die Schülertexte qualitativ und – für einzelne Kriterien – quantitativ aus. Dieser Durchgang dient vorrangig der Optimierung des Forschungsinstruments für eine spätere größere Studie.

Eine qualitative Auswertungskategorie ist die Textqualität, die bei mehreren Auswertern nur durch ständigen Austausch annähernd validiert werden kann. Bei der zweiten Gruppe kommt als weitere qualitative Kategorie der Vergleich zwischen Erst- und Endfassung dazu; hier werden die lokalen Revisionen dokumentiert, wobei die qualitativ gewonnenen Zahlen wiederum zumindest für Mittelwertberechnungen quantitativ weiterverarbeitet werden können. Rein quantitative Kategorien sind im Raster der Textumfang, der Anteil der Informationen und Fachbegriffe, die Wortschatzdiversität, das Tempusvorkommen und die Fehlerquoten in Orthografie und Grammatik.

Interpretation:

Abschließend erfolgt die Deutung der Daten, die vom deskriptiven Vorgehen getrennt wird. Im Fall der Beispielstudie zeigte sich, dass die Texte der »Dreischritt-Gruppe« gegenüber der »Zweischrittgruppe« etwas besser waren und die Revisionen zu leichten Textoptimierung geführt haben. Die Tendenz geht somit in Richtung einer Bestätigung der Hypothesen, allerdings nicht im erwarteten deutlichen Ausmaß; aus der genauen Analyse der Einzelergebnisse ließen sich nun wiederum Fragestellungen für weitere Studien ableiten (zur realen Durchführung dieser Studie vgl. Fix & Schmid-Barkow 2005).

Zusammenfassung:

Die Schreibdidaktik hat sich in jüngster Zeit zu einer eigenständigen empirischen Disziplin entwickelt, die die Genese von Fachwissen und -können im Bereich der Textproduktion untersucht und daraus Modelle des Schreibenlernens entwickelt.
Empirische Forschung fühlt sich den Kriterien der Validität, Reliabilität und Objektivität verpflichtet. Sie kann sowohl quantitativ als auch qualitativ vorgehen. In quantitativen Studien werden größere Populationen, häufig vergleichend, anhand klar normierter Items untersucht; qualitative Studien beziehen bei kleineren Fallzahlen

stärker subjektive und kontextuelle Faktoren ein. Beide Vorgehensweisen haben je nach Untersuchungsfrage ihre Berechtigung.
Eine empirische Untersuchung geht nach einem Untersuchungsplan vor, der Hypothesen, Erhebungsmethoden, Aufbereitungs- und Auswertungsmethoden umfasst.
Die Erhebung kann sich in der Schreibdidaktik auf Prozesse, Produkte, Unterrichtseffekte oder die beteiligten Personen beziehen.
Die Deskription der Ergebnisse (Aufbereitung und Auswertung) sollte klar von der Interpretation getrennt sein, denn letztere stellt keinen empirischen, sondern einen hermeneutischen Zugang dar.

4.2 Schreiben wissenschaftlicher Arbeiten

4.2.1 Der schreibende Forscher – der forschende Schreiber

Wer forscht, muss immer auch schreiben; besonders im Fall geisteswissenschaftlich orientierter Fächer kann es aber auch umgekehrt gehen: Man kann forschen, *indem* man schreibt.

Schreibenkönnen ist also eine entscheidende Basiskompetenz, die nicht nur während der Qualifikation, sondern dauerhaft gebraucht wird – sie umfasst einen Großteil der Jahresarbeitszeit. Da verwundert es schon, dass für diese wichtige Arbeit eher geringe Beratungsangebote bestehen. Zum Vergleich nennt v. Werder (2002) eine Zahl aus den USA. Dort gebe es 328 Studiengänge mit 1500 Hochschullehrern, die sich mit literarischem und wissenschaftlichem Schreiben beschäftigen, während bei uns Schreibberatungszentren in Hochschulen immer noch dünn gesät sind. Wer bei uns eine wissenschaftliche Arbeit schreibt, ist in der Regel auf sich selbst angewiesen, ein explizites Training der erforderlichen Kompetenzen findet selten statt. Es muss nicht nur Wissen erworben, sondern auch die Wissenschaftssprache schriftlich beherrscht werden. Als typische Schreibprobleme werden genannt: Unkenntnis der Textstruktur, Kohärenzprobleme, zu frühes Revidieren, unausgewogenes Verhältnis von Vorausplanung, globaler und lokaler Planung sowie Formulierungsprobleme (Esselborn-Krumbiegel 2003: 739). Im ungünstigsten Fall scheitern beispielsweise Doktoranden ausgerechnet am Schreiben und brechen die Promotion ab, weil sie über diese Hürde nicht

Schreibprobleme

hinwegkommen. Schreibenkönnen ist somit die Herausforderung, die alle am Forschungsprozess Beteiligten unabhängig von ihrem fachlichen Niveau gleichermaßen betrifft.

Für das wissenschaftliche Schreiben gelten im Prinzip die gleichen Grundlagen wie für schulisches Schreiben, aber mit etwas spezifischeren Ausrichtungen. Im Folgenden soll daher die »Lust und Last des wissenschaftlichen Schreibens« (Narr & Stary 1999) an einigen Aspekten etwas näher betrachtet werden, um später zu konkreten Tipps für die Schreibberatung zu kommen. Der Anspruch des kurzen Kapitels kann es aber nicht sein, umfassende Informationen zu geben, wie dies etwa Schreibberatungsbücher tun (vgl. z.B. Kruse 2000).

a) Schreiben, Denken und Wissen

Auch ein prominenter Autor wie Hartmut von Hentig bekennt, dass ihm das Schreiben immer Pein bereitet habe: »Schreiben *macht* nicht Schwierigkeiten, Schreiben *ist* Schwierigkeit, genauer: sie ist die eigentliche Erschwerung der mir jeweils gestellten Aufgabe, der jeweils anfallenden Sache. Diese könnten befriedigend und bekömmlich sein, müsste da nicht auch geschrieben werden.« (v. Hentig 1999, S. 19)

Aufgabe und Problem

Es ist bezeichnend, dass von Hentig den Begriff der Aufgabe für das Überschaubare, Lösbare benutzt, Schreiben dagegen als eine Schwierigkeit, als ein Problem charakterisiert, bei dem Weg und Ziel im Voraus nicht detailliert bestimmbar sind. Für das wissenschaftliche Schreiben treffen die problemlösepsychologischen Modellierungen (vgl. 1.2) möglicherweise deutlicher zu als für Schreibnovizen in der Schule. Das Wechselspiel der miteinander verwobenen Subprozesse *Planen, Formulieren und Revidieren* kann hier auf einem reflektierten und routinierteren Niveau stattfinden, wenn auch der wissenschaftlich Schreibende akzeptiert, dass Schreiben nicht einfach das Abbilden bereits fertiger Gedanken ist.

Schreiben und Denken: Dialektische Barriere

Ungeübte Autoren haben sich oft noch nicht klar gemacht, wie stark Schreiben und Denken verknüpft sind. Während des Verfassens eines Textes entstehen gerade dadurch weitere Einsichten, dass man versucht, Gedanken lesbar darzulegen. Je mehr etwas sprachlich explizit auf den Punkt gebracht werden muss, umso mehr werden Widersprüche des bereits Formulierten deutlich;

diese müssen dann in der Folge beseitigt werden, was wiederum zu neuen Widersprüchen führt usw. (eine »dialektische Barriere«, vgl. Dörner 1979, S. 95ff.).

In dieser Dialektik liegt aber nicht nur eine Schwierigkeit, sondern eine Chance: Zum einen ist das Schreiben das zu lösende Problem, zum anderen kann es zu einer Strategie des Problemlösens werden. Es ist konstitutiv für einen Text, dass auch Umwege gegangen werden, die man zulassen muss. Was in wissenschaftlichen Texten präsentiert wird, ist nur eine Erfolgsbilanz vieler, auch missglückter Gedankenverläufe (vgl. Ruhmann 1995, S. 101). Schreiben kann somit eine heuristische Funktion einnehmen, also zur Problemlösung verhelfen, es kann epistemisch wirken, also die Erkenntnis fördern: Nicht nur Gedachtes wird aufgeschrieben, sondern Denken findet durch Schreiben statt.

Heuristische und epistemische Funktion

In der Schreibforschung wird deshalb zwischen der Textherstellungskompetenz (»learning to write«) und der Kompetenz zur Wissensaneignung durch Schreiben (»writing to learn«) differenziert. Dabei scheint die epistemische Art des Schreibens besonders nachhaltig zu sein, wie Befragungen von ehemaligen Lehramtsstudierenden zu ihrem Studium ergeben: Diese erinnern sich später vor allem an Erfahrungen aus Praktika und an das Schreiben von Seminararbeiten. Sie fühlen sich fachlich vor allem in den Gebieten kompetent, zu denen sie selbst etwas geschrieben haben.

Schreiben fördert also nicht nur das Lernen, indem es zu Problemlösungen zwingt, es baut auch neues Wissen auf. Diese Wissenskonstruktion erfolgt unter Rückgriff auf die vorhandene Wissensbasis. Es werden zunächst Strukturen reproduziert, die schon im Gedächtnis auffindbar sind – Fachwissen und sprachliches Wissen. Beim wissenschaftlichen Schreiben ist die Nutzung externer Informationen aber besonders bedeutsam, intertextuelle Rezeptions- und Produktionsprozesse sind eng verbunden. Das vorhandene Wissensnetz wird so im neuen Kontext umorganisiert. Aus dem »Wissen wiedergebenden Schreiben« wird ein »Wissen schaffendes Schreiben« (Ortner 2000, S. 9) – ein kreativer Vorgang.

Wissenskonstruktion beim Schreiben durch Verknüpfung mit externer Informationen

b) Die emotionale und motivationale Basis

Der Schreibprozess kann auch beim wissenschaftlichen Schreiben nicht auf den kognitiven Vorgang begrenzt werden. Nicht zu

Emotionale und motivationale Einflussfaktoren

unterschätzen sind emotionale Faktoren und die Motivation. Kruse greift in seinem Schreibberatungs-Buch (2000) nicht umsonst im Titel die Emotion »Angst« auf: »Keine Angst vor dem leeren Blatt«. Kruse beschreibt darin unter anderem die blockierende Angst, dass das, was man schreibt, nicht gut genug, falsch, banal oder unwissenschaftlich sei; die Angst also, sich vor den Lesern zu blamieren, nicht für intelligent genug gehalten zu werden. Den umgekehrten Effekt haben positive Emotionen: Von der ZEIT (Nr. 17, April 2002) zu Ihrer Promotion befragte Prominente äußerten übereinstimmend, dass das Erfolgsrezept für sie darin bestand, dass sie sich für ihr Thema begeistern konnten. Fehlt die Begeisterung, wird es schwer, auch Phasen durchzustehen, in denen es nicht so gut läuft. Positive Emotionen, das liegt auf der Hand, untermauern die Motivation für eine solche Arbeit. Man sollte sich daher immer wieder fragen: »Was interessiert *mich* am Thema?« und diesen Aspekten Vorrang geben.

c) Die Leserseite

Leserorientierung

Ein gewichtiger Faktor ist schließlich die kommunikative Seite des Schreibens. Eine wissenschaftliche Arbeit ist zwar auch ein Schreiben für mich selbst, aber letztlich zielt sie auf Leser, für die anschaulich und verständlich formuliert werden muss. Man verfolgt also auch eine didaktische Absicht. Nehmen wir ein willkürlich herausgegriffenes Beispiel der Verständlichkeit: Zwei Literaturdidaktiker drücken einen ähnlichen Sachverhalt unterschiedlich aus; es geht um die Darstellung neuer Literaturkonzepte, die einen offeneren Umgang mit Texten fordern. Während Autor 1 in der gleichen literaturdidaktischen Sammelpublikation von der Kritik an »kulturellen Objektivationen als substanziellen Entitäten« spricht, formuliert Autor 2: »Feste Bedeutungszuschreibungen für literarische Kunstwerke geraten in Bewegung (vgl. Bogdal 2001, S. 236 bzw. S. 252). Nun sind es zwar Fachleute, die diese Texte lesen, und diese verstehen auch Autor 1. Fachsprachliche Termini werden für die Exaktheit der Darstellung zweifellos gebraucht, sie sollten also zur Präzisierung dienen, nicht aber die Lektüre eines Textes unnötig erschweren. Man kann es den Lesern häufig auch leichter machen, ohne deshalb unwissenschaftlich zu klingen. Erfolgreiches Schreiben für Leser bedeutet, sich *funktional angemessen* auszudrücken und das richtige Maß zwischen Exaktheit und Verständlichkeit, aber auch zwischen Konvention und Originalität zu treffen.

4.2.2 Tipps zur Unterstützung des Schreibprozesses im Studium

Persönliche Schreibstrategien

Ratschläge für Schreibende stoßen schnell an Grenzen, weil jeder Schreiber seine persönlichen Strategien selbst herausfinden muss. Die eine plant ihren Text so genau, dass sie nach vielen Überlegungen gleich eine fast fertige Fassung auf das Papier bringt. Sie verhält sich wie eine Architektin, die ein Haus vor dem Bau komplett entwirft. Der andere schreibt einfach drauflos, liest sein Geschriebenes mehrfach durch und verändert noch viel daran – wie ein Kunstmaler, der immer wieder neue Pinselstriche setzt, ein Stück zur Betrachtung weggeht und dann etwas übermalt. Tipps für einzelne Prozessschritte hängen somit stark von der individuellen Problemdiagnose ab.

Die folgenden acht Tipps sind also eine subjektive Auswahl für die »handwerklichen« Aspekte, etwa für die Beratung bei wissenschaftlichen Hausarbeiten.

Tipp 1: So früh wie möglich mit dem Schreiben beginnen, am besten sofort

Sofort mit dem Schreiben beginnen

Schreibberater beobachten als häufigstes Problem bei der Textproduktion das Nicht-anfangen-Können (vgl. Ruhmann 1995, S. 87f., Kruse 2000). Aus Angst, etwas falsch zu machen, zögert man eine Festlegung durch Ausdehnen der Vorarbeiten hinaus. Viele verlieren sich auch im Material. Es wird endlos, ja sogar wahllos gelesen und exzerpiert, alles irgendwie für relevant befunden. Die Systematik, der »rote Faden« gerät angesichts des Aspektenreichtums immer mehr aus dem Blickfeld, Denkblockaden nehmen zu.

Wenn man sich sofort dem Schreiben stellt, werden offene Fragen schneller deutlich. Es spricht ja nichts dagegen, schon einmal aus der Alltagserfahrung heraus eine These zu formulieren, wenn man später bereit ist, sie im Falle anderer Erkenntnisse wieder zu revidieren. Das Formulieren von Thesen bedeutet bereits einen großen Abstraktionsschritt ins Thema hinein und ist zugleich eine gute Ausgangsbasis.

Schon beim Sammeln von Fachliteratur kann man arbeitsökonomisch vorgehen, wenn man sofort in vorher angelegte Dateien zu einzelnen Thesen hinein exzerpiert. Folgt dann das nächste Exzerpt, wird es gleich mit dem vorigen verwoben, das vorhandene Material schafft Schreibstimuli. Bei einem solchen Vorgehen ist es hilfreich, sich immer unmittelbar die Quelle zu notieren, z.B. als Fußnote, die im Computer mitwandert, damit später nicht stundenlang nach Literaturbelegen gesucht werden muss.

Der Tipp, möglichst früh mit dem Schreiben zu beginnen, gilt übrigens auch für empirische Arbeiten. So wichtig also z.B. die Entwicklung eines Erhebungsinstrumentes ist: Man muss mit dem Schreiben nicht warten, bis die Erhebungen abgeschlossen sind, sondern kann auch hier die eingangs geschilderte epistemische Schreibfunktion nutzen: Durch das Schreiben etwa eines Einleitungskapitels kann klarer werden, was man eigentlich will. Blockaden haben nämlich häufig damit zu tun, dass die Zielorientierung bei der Bearbeitung eines Problems unklar ist.

Tipp 2: Die eigene Fragestellung präzisieren und Schreibziele notieren

Schreibziele notieren

Von Beginn an gilt es, ständig seine Fragestellung zu reflektieren und die Struktur zu optimieren. Dazu hilft es, Themafragen auszuformulieren. Neben der inhaltlichen Problemstellung ist aber auch die Zielsetzung des Schreibens an sich wichtig. Wer sich Schreibziele formuliert, kann auf diese bei einzelnen Formulierungsentscheidungen zurückblicken, etwa anhand der Frage: *Wozu* schreibe ich *was* für *wen*?

Der inhaltliche Aspekt eines Schreibziels kann so aussehen, wie Michael Ende seine Kapiteluntertitel formuliert: »4. Kapitel, in welchem ein höchst sonderbares Schiff in See sticht und Lukas erkennt, dass er sich auf Jim Knopf verlassen kann«. Hier wird ein Abstract des Inhalts gegeben, das in einer wissenschaftlichen Arbeit so klingen könnte: »4. Kapitel, in dem die Entscheidung für die Erhebungsmethode begründet und von anderen Verfahren abgegrenzt wird.« Natürlich druckt man das später nicht ab, es dient nur während der Erarbeitung als roter Faden. Ein Schreibziel kann auch auf die Struktur-Ebene gehen, bei Jim Knopf: »27. Kapitel, in dem das Buch mit einer freudigen Überraschung endet.« Beim wissenschaftlichen Autor vielleicht: »27. Kapitel, in dem die Untersuchungsergebnisse zusammengefasst werden und den Lesern in prägnanter Form ein Ausblick auf mögliche Konsequenzen gegeben wird.« Es lassen sich in Schreibzielen also nicht nur Inhalte, sondern auch adressatenbezogene, funktionale Maximen festhalten.

Das Schreibziel als »Leuchtfeuer des Handelns (Dörner 1979) gibt den Kurs vor, den Aufbau und die semantische Struktur eines Textes. Es sollte allerdings nicht zu statisch gesehen werden und ist während des Schreibens ständig zu modifizieren.

Tipp 3: Die eigene Schreibstrategie herausfinden

Selbstdiagnose zum Finden der eigenen Schreibstrategie

Am Anfang eines größeren Vorhabens sollte eine Selbstdiagnose stehen, die der Feststellung des eigenen Schreibertyps dient: Gehört man eher zu den »Auf-einmal-Schreibern« oder zu den »zerlegenden Schreibern«, eher zu den Planern oder den Schreib-Denkern? Es gilt ja, die individuell schon vorhandenen Strategien auszubauen und nicht durch unpassende Tipps womöglich gegen diese zu steuern. Dabei kann man Unterstützung suchen, indem man frühere Texte oder Vorfassungen kritisch lesen lässt – am besten ein nicht zu langes Probekapitel, das dafür genauer gelesen wird. Ideal wäre es, wenn die Hochschule eine solche Schreibberatung institutionalisieren könnte. Professionelle Schreiber können in der Regel die Probleme eher klassifizieren und auch metasprachlich wiedergeben. Die Leser sollten allerdings doppelte Experten sein: Fachleute für die Fragestellung und – vielleicht noch wichtiger – Fachleute für das wissenschaftliche Schreiben.

Tipp 4: Verbindliche Rückmeldungen einfordern

Klare Absprachen und Feedback

Im Falle wissenschaftlicher Qualifikationsarbeiten sind die betreuenden Professoren gefragt – sie können diese Expertenfunktionen am besten erfüllen. Dabei kommt es auf gegenseitige Verlässlichkeit und Transparenz an. Es sollten regelmäßig, zum Beispiel zu einem festen monatlichen Besprechungstermin, klare Absprachen zwischen Betreuern und Betreuten getroffen werden, unterstützt durch eine Gesprächsnotiz, die den Beteiligten zugeht. So können Missverständnisse ausgeschlossen werden. Leider kommt es vor, dass Betreuer sich an Absprachen nicht mehr genau erinnern oder gar die Anforderungen immer wieder umdefinieren. Dieser Tipp ist daher zugleich eine Mahnung an die Lehrenden, Betreuungsaufgaben ernst zu nehmen und fördernd, nicht nur fordernd tätig zu werden.

Dennoch bleibt Schreiben vor allem eine selbstständige Tätigkeit, bei der man sich nicht vor Entscheidungen drücken oder diese an die Betreuer delegieren kann. Es sind zwar Erwartungen zu erfüllen, man ist aber in den einzelnen Arbeitsphasen doch weitgehend ungesteuert. Dabei besteht die Gefahr, die quantitative Dimension aus dem Auge zu verlieren und – je nach Typ – sich zu viel oder zu wenig zuzumuten. Daher

Tipp 5: Einen realistischen, nicht überfordernden Arbeitsplan erstellen

Realistische Arbeitsplanung vom Abgabetermin her

Erfahrungsgemäß neigt die Mehrheit im Fall wissenschaftlicher Arbeiten dazu, das Thema zu groß zu wählen und hat Schwierigkeiten damit, Schnitte zu machen. Die »innere Gewerkschaft« sollte daher in Tarifverhandlungen mit dem »inneren Arbeitgeber« über dessen Ansprüche treten. Es kann hilfreich sein, sich Regeln zu schaffen (»jeden Tag eine halbe Seite«), Limits zu setzen (»bis Sonntag muss Kapitel 2 fertig sein«) oder selbst Anreize zu geben (»wenn ich es bis Sonntag schaffe, dann...«). Das Zeitmanagement kann am besten vom Ende her geplant werden: Wann soll die Arbeit (oder der Teil der Arbeit) fertig sein? In die Rückwärts-Planung sind dann nicht nur produktive Phasen, sondern auch Lesephasen und Erholungspausen einzubauen (die »innere Gewerkschaft« sollte entsprechend rebellieren). Außerdem sind Zeitpuffer für Unglücksfälle unerlässlich (der Super-GAU wäre eine kaputte Festplatte – also täglich Dateien sichern!).

Tipp 6: Schreiben in überschaubare Sequenzen zerlegen, vor allem beim Überarbeiten

Genügend Revisionsphasen einbauen

Überarbeitungen finden schon an Prätexten im Kopf beim Formulieren statt. Aber es ist notwendig, sich auch Revisionsphasen vorzunehmen, in denen man einen Text nach einer längeren Pause aus der Distanz heraus wieder liest. Hier kann man den Fokus auf einzelne Ebenen richten, auf die sich die Aufmerksamkeit beim Durchlesen konzentriert (wenngleich alle Ebenen miteinander zusammenhängen), etwa in Form eines Dreischritts anhand der folgenden Kurzcheckliste zur Textrevision (vgl. auch die Checklisten in 3.4.2):

Ebene:	Ist mein Schreibziel erfüllt? Beispielfragen:
Semantische Struktur Inhalt Kohärenz	Sind alle wichtigen inhaltlichen Schwerpunkte berücksichtigt? Ist die Argumentation schlüssig? Sind die Textteile gut gewichtet? Sind die Textteile gut verbunden (Überleitungen)?
Leserbezug Verständlichkeit Stil, Konventionen	Ist das Geschriebene für den Leser nachvollziehbar oder zu voraussetzungsreich? Ist der Stil wissenschaftlich-deskriptiv, informativ, sachkundig, klar argumentierend? Ist der Stil zu unsachlich und zu emotional, zu oberflächlich, zu großspurig, argumentativ zu schwach? Sind Satzbau und Wortwahl verständlich (z.B. Schachtelsätze, Fremdworthäufungen)?
Formale Darstellung Rechtschreibung Zitierweise Layout	Sind Grammatikfehler, Zeichensetzungsfehler, Rechtschreibfehler im Text? Sind Belegstellen, Zitate, Fußnoten usw. korrekt? Sollten andere Gestaltungselemente, z.B. Bilder oder Grafiken, eingesetzt werden?

Tipp 7: Sprachproben anwenden

Klang-, Umstell, Ersatz, Erweiterungs- und Weglassprobe

Mit der Problemerkennung allein ist es aber noch nicht getan; man benötigt auch entsprechende exekutive Verfahren, wenn es nicht nur bei Korrekturen an der Oberfläche bleiben soll. Beim Abwägen von Formulierungsalternativen helfen Proben aus der Grammatik, wie sie v.a. Hans Glinz in die Diskussion eingebracht hat:

- Die Klangprobe: Vorlesen gibt eine neue Sicht auf das Geschriebene, insbesondere auf die Textanfänge, die über die Reaktion des Rezipienten beim Weiterlesen entscheiden.
- Die Umstellprobe: Erproben neuer Varianten, indem Wörter, Satzglieder oder ganze Abschnitte umgestellt werden, z.B. um eine geeignete Gliederungsstrategien zu finden: Vom Allgemeinen zum Besonderen oder umgekehrt, chronologisch, nach Ursache und Wirkung, nach Gleichheit und Unterschied usw.

- Die Ersatzprobe: Fragliche Wörter durch andere austauschen, z.B. beim Abwägen zwischen Einfachheit und begrifflicher Prägnanz. Der »Thesaurus« des Computers schlägt nach der Markierung eines Wortes eine Ersatzliste vor.
- Die Erweiterungs- und Weglassprobe: Zu wenig gesagt oder zu ausschweifend ausgedrückt? Komprimieren oder Dekomprimieren (z.B. durch Umwandlung komplexer Satzgefüge in mehrere Einzelsätze oder das Auflösen eingebetteter Relativsätze)?

Durch das Schreibmedium Computer hat sich der Textproduktionsprozess verändert, weil man Textbausteine problemlos ausschneiden und einfügen kann. Zerlegendes Schreiben wird durch das Medium besonders gut unterstützt.

Tipp 8: Das Feed-Back anwesender Leser nutzen

Arbeit im Team

Einsamkeit ist eines der Hauptprobleme beim wissenschaftliches Schreiben, das in der Regel im stillen Kämmerlein stattfindet. Stille, konzentrierte Phasen (»Wissenschaftsaskese«) sind notwendig, aber man sollte Klausur und Kommunikation in ausgewogener Balance halten und immer wieder den Austausch mit anderen suchen, die in ähnlichen Prozessen stecken. Empfehlenswert sind Doktorandenkolloquien oder Arbeitsgruppen, die sich das über den Tag Geschriebene in einer Schreibkonferenz vortragen. Dabei stößt man auf die gleichen Probleme, die auch Schüler in solchen Gruppenarbeiten haben, so etwa die Schwierigkeit, Sach- und Beziehungsebene auseinander zu halten, wenn es um die Annahme von Kritik geht. Man muss dazu also seine Angst überwinden, sich vor seinem Team zu blamieren und die Vorstellung ausschalten, in den Kollegen potenzielle Konkurrenten zu sehen, vor denen man nicht versagen darf (wie dies in Doktorandenkolloquien bisweilen geschieht). Ist die soziale Konstellation im Team nicht symmetrisch, kann die Schreibkonferenz kontraproduktiv sein.

Zusammenfassung:

Auch die Schreibkompetenz als Basis wissenschaftlichen Arbeitens setzt sich aus zahlreichen Teilkompetenzen auf der kognitiven, sprachlichen, emotionalen, sozialen und organisatorischen Ebene

zusammen: Von der Recherche und Textrezeption über das Formulieren, das zugleich ein »Zu-Ende-Denken« bedeutet, bis zum Überarbeiten, das aus der Problemdiagnose und der Anwendung sprachlicher Operationen besteht.
Angesichts dieser Vielzahl von Kompetenzen mag man sich wundern, dass es überhaupt zu einem Schreiben kommt. Im vorliegenden Buch wurde eine Didaktik des Schreibens skizziert, nach der Schüler Schreiben vor allem durch Schreiben in konkreten Situationen lernen, in denen sie in einem Wechsel von selbst gesteuerter Konstruktion, kritischem Feedback und Experten-Anleitung das notwendige Wissen im Verwendungskontext erwerben können. Diese Erkenntnis gilt auch für Profis. An Hochschulen wird noch zu wenig in realen Funktionen geschrieben, wird in Form traditioneller Hausarbeiten häufig die isolierte Schreibdidaktik der Schule fortgesetzt. Im Studium sollten daher prozessorientierte Arbeitsformen etabliert werden, durch die Studierende von Beginn an zu kleinen, möglichst in Projekte eingebetteten Schreibaufgaben ermuntert werden, um die Basiskompetenz »Schreiben« auf sinnvolle Weise weiterzuentwickeln.

5 Lösungsvorschläge für die Arbeitsfragen

Zu 0

1. Der Text zeigt gut, wie die Schülerin zwischen den verschiedenen Perspektiven hin- und hergerissen ist. Barbara beginnt sachorientiert, indem sie eine soziologische Definition von »Cliquen« versucht. Sie wird in Zeile 3 zunehmend persönlich, wenn sie das Beispiel der Scheidung ihrer Eltern wählt und ihre Erfahrung mit ihren Freunden darstellt. In ein typisches Muster schulischen Schreibens gerät sie, wenn sie ab Zeile 8 nun auch die »contra«-Seite erwähnt: Cliquen können auch schädlich sein, wenn man nicht aufpasst. Zum Schluss erfüllt sie freiwillig das Muster einer kontroversen Erörterung, indem sie nun ein Fazit zieht, das ihre persönliche Stellungnahme mit den Sachargumenten verbindet.

Zu 1.1

1. Das Thema ist vorgegeben, Adressat eines solchen schulischen Schreibens ist der Lehrer als Zensor, die Schreibfunktion ist es, eine gute Note zu erzielen. Der Text ist zwar grammatisch wohlgeformt. Er ist aber pragmatisch vollkommen dysfunktional. Wir haben es hier mit einer typisierten Darstellungsform zu tun, die so in der Wirklichkeit keine Entsprechung hat. Wer soll eine solche Schilderung lesen (außer Lehrern)? Wozu ist sie gut? Doch allenfalls als Etüde im Formulieren, aber da gibt es bessere, denn der Text ist auch innerhalb des eigenen Normsystems didaktisch nicht besonders geglückt: Warum wird eine Vorgangsbeschreibung, für die man z.B. die Textsortennorm eines Allgemeingültigkeitspräsens anstrebt, in eine klassische Schulerzählung eingekleidet, die wiederum typische Elemente enthält (Schlusssatz). Die Musterübung ist somit auch als Hilfe für den Erwerb von Textmusterwissen problematisch.

2. Wenn hier nicht gerade damit gerechnet wird, dass die Eltern die Bastelarbeit übernehmen, sind die Formulierungen nicht angemessen. Es gelingt den Autoren nicht, beim Schreiben die Perspektive der Rezipienten einzunehmen – viele Grundschulkinder können z.B. mit den Wörtern »Helmbusch und Nackenschutz, waagrecht und senkrecht« nichts anfangen. Das Beispiel zeigt, dass bei der sprachlichen Handlung »Instruktion« die Wahl der Formulierungen besonders stark vom gedachten Leser abhängt. Funktional-pragmatisch gesehen ist der Anlei-

tungstext misslungen, da die Umsetzung beim Rezipienten ohne fremde Hilfe nicht funktioniert.

3. Petros weiß schon, dass eine Materialliste erforderlich ist und eine Zeichnung helfen kann – immerhin zwei textspezifische Kompetenzen. Sein eigentlicher Text ist aber narrativ geschrieben; er erzählt (oder berichtet) in Ich-Form und im Perfekt, wie er vorgegangen ist, ohne den Leser wirklich anzuleiten (fehlende Gliederung, fehlende direkte Instruktion anhand expliziter Appelle). Dabei versucht er, die Temporaladverbien zu variieren (dann, danach, jetzt), wie er es beim Erzählen gelernt hat, obwohl die Variation hier funktional nicht notwendig wäre. Problematisch sind zusätzlich die zahlreichen, vermutlich zweitsprachlich bedingten Fehler (etwa das komplexe Wort Orangensaftschachtel). Markus dagegen ist schon näher am instruktiven Textmuster: sein klarer Aufbau beginnt mit einer metakommunikativem Eröffnung (was du brauchst), der Text enthält verschiedene explizite Appellkonstruktionen: 2. Person Singular, Indefinitpronomen »man« als Allgemeingültigkeitsindikator, Infinitivkonstruktion. Er könnte allerdings noch genauer beschreiben (Text ist etwas wenig detailliert: Fadenlänge usw.). Zwischen beiden Texten liegt ein deutlicher Sprung in der Schreibentwicklung.

Zu 1.2

1. Eine Lösung kann hier natürlich nicht vorgelegt werden, aber der Zweck der Aufgabe ist es, die Vorteile und die Grenzen der Schematisierung bei Hayes & Flower zu reflektieren; so ist es möglich, die Gewichtung der einzelnen Modellteile zu überprüfen, etwa die Bedeutung des Vorwissens, des Kontextes (z.B. Zeitdruck und quantitative Vorgabe), des bereits geschriebenen Textes, des Überarbeitens usw.).

2. In der Fachsprache der Schreibforschungsmodelle ausgedrückt: Hier wird die Interdependenz der einzelnen Subprozesse und Formulierungsebenen dargestellt, zugleich die Komplexität des Schreibprozesses, die es erschwert, jeden Aspekt gleichzeitig im Blickfeld zu behalten. Konkret angesprochen sind die Ebenen Inhalt (»Gedanke ...«), Orthografie, Stil, Schreibgeschwindigkeit, Kommunikationsnormen (»Wen-

dung der Gasse ...«). Der damalige Sprachunterricht zwängte die Schüler offensichtlich in ein so enges Korsett, dass die freie Entfaltung der Formulierungsfähigkeit nach Ansicht Gurlitts gefährdet war.

3. Wrobel kritisiert an kognitiven Modellen wie dem von Hayes & Flower, dass sie es sich zu einfach machten, wenn sie Formulieren als ein Übersetzen von Vorgestelltem, von Gedanken in Schriftsprache darstellten. Das Überarbeiten findet nach Wrobel nicht erst nach der Niederschrift auf dem Papier statt, sondern bereits während des Formulierens an Vorstufen des Textes, die sich der Autor im Kopf vorstellt. Einfluss nehmen dabei sowohl die eigenen Schreib- als auch Leseprozesse. Die Prätexte werden ständig umformuliert und nach und nach an die Bedingungen angepasst, unter denen das Schreiben stattfindet; diese ergeben sich aus dem Schreibziel, dem Umfeld und den durch den Text selbst konkretisierten Anforderungen.

Zu 1.3

1. Haydars Text kann dem assoziativ-expressiven Stadium zugeordnet werden. Er weist kaum normorientierte und wenige auf den Leser bezogene kommunikative Signale auf.

2. Die Beispiele lassen sich nach Feilke wie folgt einordnen (vgl. dazu Feilke 1988):

- linear-entwickelnd: Text b; das Mädchen strukturiert ihre Argumentation eher assoziativ, sie reiht Einfälle aneinander und begründet vorwiegend emotional und aus der subjektiven Erlebnisperspektive; sie lässt sich von der *expressiven Problemdimension* leiten (es sind aber schon erste Argumentationen erkennbar, woran sich die Grenzen der schematischen Einteilung zeigen).
- material-systematisch: Text a; die Autorin strukturiert ihren Text nach der Systematik des Problems (z.B. Unterteilung Hauptfach-Nebenfach, weitere inhaltliche Oppositionen), soweit sie diese erkennt (*sachbezogene Problemdimension*), verliert dabei aber gegen Ende immer mehr die Textstruktur, bis sie am Schluss wieder in die subjektive Erlebnisperspektive fällt und das material-systematische Muster verlässt. Da man

hier auch eine deskriptive Themenentfaltung (Beschreibung) feststellen kann, üben Baurmann und Ludwig in diesem Fall an Feilkes Zuordnung Kritik (1990: 23).

- formal-systematisch: Text d; hier steht im Anschluss an die persönlich gehaltene Einleitung das Textmuster im Vordergrund: die klassische Erörterung durch Darstellung von Pro- und Contra-Argumenten. Die Strukturierung erfolgt unabhängig von den anderen Dimensionen, weil man es so gelernt hat: Leitlinie ist die *textuelle Problemdimension*.
- linear-dialogisch: Text c: Der Autor nutzt die leserfreundliche Darstellungsform gezielt, auch unter Einbezug subjektiver Aspekte, bindet diese aber in eine durch das Sach- und Überzeugungsproblem bestimmte Darstellung ein. Der Leser wird direkt angesprochen, persönliche Erfahrungen werden mit dem Sachproblem verknüpft, um mit dem Schwerpunkt auf der *sozialen Problemdimension* zu überzeugen – ein souveräner Umgang mit allen Problemdimensionen, die funktional integriert werden.

Zu 2.1

1. Bei einem Witz erwartet der Leser eine unterhaltende Funktion mit einer Pointe. Der Rahmen »Wartezimmer des Psychiaters« weckt durchaus eine Erwartung skurriler Handlungen. Der Gag liegt darin, dass der Text bewusst gegen das Prinzip der thematischen Kohärenz verstößt: der inhaltliche Zusammenhang »Skat« wird in jeder Folgeäußerung durchbrochen, indem jeweils auf ein anderes Spiel (Schach, Halma und Fußball) Bezug genommen wird. Das Referenzproblem ist nur ein semantisches. Strukturell und grammatisch erfüllt der Text die Kohärenzbedingungen.

2. Inhaltlich bleibt der Text dunkel: Man versteht nicht, worum es eigentlich geht. Die thematische Makrostruktur ist unklar, anders dagegen die Superstruktur, das Textmuster »Tischrede«: Aufgrund der situativen Rahmenbedingungen (die Tischgesellschaft sitzt erwartungsvoll vor ihren Gläsern) haben alle das Gefühl, dass sie »höchst Wichtiges vernommen zu haben meinten oder, sofern ihnen das Ausbleiben sachlicher und zu Ende geführter Mitteilung bewusst geworden war, dergleichen doch nicht vermissten«, so die Gedanken der Zuhörer um den

Protagonisten Hans Castorp im Roman. Pragmatisch-funktionale Elemente können also glücken, selbst wenn thematische Kohärenz nicht gegeben ist, sofern die sonstigen Bedingungen, hier die Superstruktur, von einer dominanten Eindeutigkeit sind.

3. a. »Ultimativ Man« ist durchgehend von Mündlichkeit geprägt. Ein linear-assoziativ reihender Stil, einfache Satzmuster (Nico beginnt meistens mit dem Subjekt »Ich«), grammatische Fehlerhaftigkeit usw. sind dafür Indizien. Hier muss aber die Rezeptionssituation in Betracht gezogen werden. Wenn Nico seinen Text mündlich vorträgt, kann er Gleichaltrige gerade auch wegen der humoristischen Übertreibungen (er hat ja schließlich Außerirdischensprache studiert) gut unterhalten. Den Normen einer schriftlichen Fantasiererzählung wird er damit jedoch noch nicht gerecht. Beim mündlichen Vortrag kann er Lücken durch para- und nonverbale Signale füllen und seinen Text simultan »reparieren«.

b. Der Einleitungssatz erfüllt bereits nicht die Bedingung der thematischen Kohärenz, denn er passt kaum zum Rest. Das »Xylophon« wollte Nico wohl unterbringen, weil die Aufgabe vorsah, zu einem Bildimpuls assoziierte Schlüsselwörter einzubauen. Dann aber spult er innere Bilder des Films »Independence Day« ab, setzt sich als Protagonist ein und verknüpft die Story – durchaus einfallsreich – mit selbsterhöhenden bis selbstironischen »Heldentaten«, die auch noch andere intermediale Einflüsse einbeziehen (Shaolin-Kloster usw.). Hier gibt es weitere thematische Kohärenzprobleme: Wieso verfügt er über einen Hubschrauber und steigt dann in die Air-Force-One, muss aber zugleich ins Weiße Haus einbrechen? Vermutlich, weil an dieser Stelle wieder das Assoziative dominiert – er hätte hier die Air-Force-One noch nicht erwähnen sollen. Das schwerfällige Flugzeug kann sicher keinen Looping machen, hier hätte Nico erst in einen Düsenjäger umsteigen müssen; er bleibt zu implizit, weil er den Film vor Augen hat (wo genau dies passiert). Strukturelle Kohärenz ist gegeben, da sich Nico am klassischen Erzählmuster orientiert: Einer Einleitung folgt ein Hauptteil mit diversen Komplikationen, die der

Held alle lösen kann, bis er zu einem siegreichen Ende gelangt. Die grammatische Kohärenz ist im Wesentlichen vorhanden, man muss dazu allerdings die grammatischen Fehler und die fehlenden Wörter zunächst korrigieren, um dies unverstellt überprüfen zu können. Aufgrund der sprachlichen Einfachheit der Satzmuster genügt Nico zur Wiederaufnahme meist das Pronomen »ich«, ab und zu abgewechselt durch Konjunktionen wie »als« und Adverbien wie »plötzlich«.

4. Das Gelingen des Leseverstehens hängt davon ab, inwieweit der Leser auf eigene gespeicherte kognitive Schemata zurückgreifen kann. Insofern sollte man beim Verfassen eines Textes möglichst viele Maßnahmen ergreifen, dem angezielten Leser entgegenzukommen:

Metakognitive Prozesse	Das Legen einer »Sinnspur« kann solche Prozesse auslösen – die Formulierung der Überschrift, eine beigefügte Grafik oder Zeichnung, ein »Lead« oder »Abstract« (kurze Zusammenfassung vor dem Text) aktivieren das Vorwissen des Lesers.
Bildung einer Superstruktur	Je nach Kontext aktiviert der Leser eine bestimmte Erwartung an die Textsorte, z.B. in einer Zeitung typische journalistische Textsorten. Wird davon stark abgewichen, erschwert das den Leseprozess.
Globale Kohärenzbildung durch reduktive Prozesse	Reduktive Prozesse kann man z.B. durch Absätze, Hervorhebungen wie Unterstreichungen, Randbegriffe und gut gegliederte Zwischenüberschriften erleichtern.
Kohärenzbildende Prozesse durch Inferenz	Inferenzen sind kaum steuerbar, hier ist aber zu klären, wie viele »Leerstellen« man bewusst in seinem Text lässt. Je offener, desto mehr trägt der Leser selbst hinein. Im Fall einer Bedienungsanleitung wird man z. B. möglichst genau, detailliert formulieren, um die Offenheit einzuschränken.
Semantische und syntaktische Prozesse	Die Wahl komplexer Satzkonstruktionen erschwert das Lesen, hier wären also Kürze und Einfachheit Kriterien, die dem Leser helfen könnten. Zu viele verschachtelte Nebensätze ergeben oft den Eindruck eines verquasten Stils.

Worterkennen	Je nach Zielgruppe sollten z.B. Fachbegriffe erklärt werden (evtl. mit Fußnoten). Für Leseanfänger sind z.B. zu komplexe Wortzusammensetzungen ein echtes Hindernis, das man über Nebensätze auflösen kann.
Blickbewegung und basale Wahrnehmungsprozesse	Die Erleichterung solcher Prozesse ist durch das Layout und die grafische Darstellung des Textes möglich, etwa die Schriftgröße, den Zeilenabstand usw.

Zu 2.2

1. Die Aufgabe ist als Impuls zur Reflexion gedacht und bedarf keiner Lösung. In einem Hochschulseminar ergab die gleiche Fragestellung eine deutliche Mehrheit, für die die persönliche Bedeutung des Schreibens im Vordergrund steht: reflexive (sich durch Schreiben über etwas klar werden) und epistemische Funktionen (schreiben, um Erkenntnisse zu gewinnen), also Formen des nicht-kommunikativen Schreibens.

2. Die Antwort finden Sie auf Seite 91f.: Textsortennormen können eine Hilfe für den Erwerb von Schreibkompetenz, also ein Lernmedium sein, wenn Sie als ein Teil der Methodenkompetenz gesehen werden, eine Orientierung unter mehreren. Sie sind nicht selbst der Lerngegenstand, das Ziel des Schreibunterrichts. Dieses Ziel ist vielmehr die situations- und leseradäquate Anwendung mehrerer Kompetenzen beim Verfassen eines angemessenen Textes.

3. a.
- Erzählen: Z.B. ein gemeinsames Geschichtenbuch herstellen, das einen Aspekt in den Vordergrund rückt, z.B. ein Genre: Etwa Gruselgeschichten für die Nachtwanderung«, »Krimis zum Weiterdichten«, »Peinliche Erlebnisse« usw.
- Berichten: Z.B. Herstellen einer Klassenzeitung mit verschiedenen Ressorts: Politik, Sport, Kultur (alles aus dem schulischen und örtlichen Umfeld: Z.B. Schulordnung, SMV-Turnier, Pop-AG).
- Beschreiben: Z.B. Augenzeugensituationen simulieren (Personen aus Phantombildern zusammensetzen und dann beschreiben); Perspektivenwechsel (z.B. aus der Sicht einer Ameise, eines »Aliens« beschreiben).

- Argumentieren: Im Rahmen eines aktuellen Sachverhalts nach einer selbstständigen Recherche anhand sachlich fundierter Argumente einen Standpunkt vertreten, evtl. eine Meinungsseite in der Zeitung gestalten usw.

b. Hier können Sie vorauslesen: Kap. 3.2.4 und 3.3 stellen Beispiele vor.

4. In vielen Schulbüchern spielen funktionale Schreibanlässe nach wie vor keine Rolle. Oft handelt es sich bei der Kontextuierung nur um Verpackungen, hinter denen dann doch das Textnormentraining als zentrales Ziel steht. Im Detail können Sie auflisten, welche Merkmale z.B. dem Erzählen zugeschrieben werden, und ob Sie diese im Zusammenhang mit der Aufgabenstellung für sinnvoll erachten, z.B. das Schreiben einer orientierenden Einleitung, die Einhaltung des Tempus Präteritum, der Gebrauch wörtlicher Rede usw.

Zu 3.1

1. Die folgenden Stichpunkte können Ihre Analyse unterstützen:

»Durchscheinendes« schreibdidaktisches Modell in einem Sprachbuch:

- Welche Terminologie wird verwendet? Finden Sie Begriffe, die auf ein didaktisches Konzept verweisen?
- Welche Textsorten werden thematisiert (Rolle traditioneller Aufsatzarten)?
- Wie sehen die Schreibanlässe und Schreibimpulse aus (z.B. für kreatives Schreiben)?
- Werden Stufen des Schreibprozesses behandelt, z.B. das selbstständige Überarbeiten (Prozessorientierung)?
- Findet Schreiben eingebettet in Situationen statt (funktionales Schreiben)?
- Gibt es eine Verbindung zur Literaturdidaktik (produktives Schreiben)?
- Werden Schreiben und Sprachreflexion integrativ behandelt?

2. a. Zielebene: Die Polaritäten zeigen jeweils die Außenpunkte einer Linie, auf der jeder Position unter bestimmten situativen Bedingungen eine Berechtigung haben kann. Es besteht aber bei der dogmatischen Festschreibung eines Aspekts die Gefahr der starren Einseitigkeit. Die Normenvermittlung ist notwendig, sie braucht aber nicht den Mittelpunkt des Aufsatzunterrichts zu bilden; bei bestimmten Schreibaufgaben tritt sie deutlicher hervor (z.B. bei einem Bewerbungsschreiben), bei anderen weniger (z.B. bei einem Tagebucheintrag); umgekehrt steht das Ziel, die innere Befindlichkeit auszudrücken, nur bei stark subjektiv geprägten Schreibaufgaben im Vordergrund.

b. Dies gilt auch für den methodischen Weg: Der traditionelle Ansatz geht vom Textmuster zum Inhalt, z.B. einem Pro-Contra-Erörterungsschema, das mit Argumenten gefüllt wird. Das kreative Schreiben gibt keine Textstruktur vor, sondern einen Impuls, an dem sich Ideen entfalten sollen. Problematisch ist ein Ausklammern des jeweiligen Aspekts: Ein Unterricht, der keine Impulse zur Entfaltung von Ideen oder zum Einholen von Informationen gibt, kann inhaltsarme, formalistische Texte zur Folge haben; ein Unterricht, der völlig auf Textmuster- und Normvermittlung verzichtet, überfordert möglicherweise schwächere Schüler bei der Anforderung, Texte angemessen zu gestalten.

c. Es zeichnete sich schon bei a) und b) ab, dass die Beantwortung der Frage aufgabenspezifisch zu bemessen ist. Dies gilt erst recht bei der Bewertung. Vorausgesetzt, den Schülern ist bekannt, welche Kriterien angelegt werden, können die klassischen Aufsatzkriterien durchaus sinnvoll sein (vgl. 3.5). Nicht jedes Schreiben muss jedoch mit Noten bewertet werden; eine fördernde Beurteilung kann auch ein verbaler Kommentar eines Lesers sein. Die Entscheidung, ob es sich um einen Text für Leser handelt, sollte tatsächlich beim Autor liegen. Wenn dieser den Text aber zur Lektüre frei gibt, gelten auch intersubjektive Kriterien; der Autor kann dann nicht nur auf seiner Lesart beharren, sondern sollte die Rezeptionsweise anderer, beurteilender Leser akzeptieren (z.B. in einer Schreibkonferenz).

3. Definition a) kommt dem allgemeinen Sprachgebrauch nahe, indem sie Kreativität mit Inspiration (»Einhauchung«, plötzlicher schöpferischer Einfall) in Verbindung bringt. Im Fall der Dichtung rückt dieses Verständnis in die Nähe des »Geniekonzepts«: Je qualitätsvoller die Inspiration, umso größer ist die daraus hervorsprudelnde Dichtkunst. Dem stehen psychologische Definitionen entgegen: b) betont, dass die Elemente gedanklich schon vorhanden sind – sie fliegen dem Autor nicht zu, er setzt sie nur neu zusammen. In c) wird dies präzisiert, indem von Umstrukturierungen gesprochen wird, z.B. ein gesehener Film, ein gelesenes Märchen wird – meist unbewusst – in eine neue Geschichte eingebaut: Das wäre somit kein unkreatives Plagiat, sondern kreatives Umstrukturieren. Fritzsche bezieht in d) diese Sichtweise auf die Schule: Es kommt bei der Beurteilung des Grades an Kreativität darauf an, ob die Idee für den jeweiligen Autor neu ist, nicht für den möglicherweise erfahreneren Leser.

4. Die Schüleräußerungen zeigen, dass es bei der Wahl eines didaktischen Konzepts nicht nur auf die Passung zu den Planungszielen des Lehrers ankommt, sondern auch auf die Angemessenheit an die unterschiedlichen Fähigkeiten und Lerntypen. Die Schüler der linken Spalte können mit offeneren Formen mehr anfangen, weil sie ohnehin Einfälle und einen Äußerungsdrang haben (Michaela) und sich sogar sicherer fühlen, wenn sie auf ihre eigenen Ideen gestellt sind und keine Vorgaben bekommen (Matthias). Genau umgekehrt ist es bei den gegenüber stehenden Äußerungen: Tina findet zwar Ideen, hat aber Probleme, daraus einen Schreibplan zu entwickeln – bei ihr führt die Fülle an Einfällen eher zu einer Schreibblockade; anders Patricia, die beklagt, dass ihr zu einem vorgelegten Impuls gerade nichts einfällt. Und Marco findet das bedrückende Bild für eine Zwangssituation: Ihm geht buchstäblich die Luft aus, wenn er Geschichten schreiben soll. Das Problemfeld, das sich aus diesen Unterschieden für den Unterricht ergibt, ist das der Differenzierung: Ein guter Schreibunterricht wird verschiedene Angebote für verschiedene Schüler machen, wird Hilfen anbieten usw. (vgl. 3.2.2), er kann nicht nur einen einzigen Weg als den Königsweg des Schreibenlernens festlegen – sei es ein traditioneller oder ein ganz offener.

5. Der prozessorientierte Ansatz liegt quer zu den genannten Alternativen: Er ermöglicht es, sich in den Phasen des Prozesses an der Schreibfunktion zu orientieren. Die entsprechenden Übungen kommen dann an entsprechenden Stellen zur Geltung: Kreativitätsimpulse eher zu Beginn des Schreibens, stilistische und textstrukturelle Orientierungen im Lauf des Formulierens und Überarbeitens für Leser. Insofern vermittelt er zwischen den anderen Konzepten, da sich die Prozessmodellierungen auf alle Schreibaufgaben anwenden lassen. »Ein guter Text ist immer traditionell und kreativ zugleich; jedes Schreiben, das einem selbstgesteckten Schreibziel folgt, ist frei. Das bedeutet aber nicht, dass deswegen die schulischen Übungen des Schreibens überflüssig wären. Sie bekommen lediglich den Ort angewiesen, der ihnen zukommt.« (Ossner 1995).

Zu 3.2

1. Gemeint ist: Ein integrativer Unterricht kann dem funktionalen Aspekt von Kommunikation durch die Einbettung der Fachinhalte in umfassende Zusammenhänge besser gerecht werden als ein in Lernbereiche streng isolierter Unterricht, dabei ist aber darauf zu achten, dass bestimmte fachsystematische Erfordernisse nicht ignoriert werden. Der Satz ist nicht unproblematisch, da er impliziert, es bestehe zwangsläufig ein Gegensatz zwischen integrativ und fachsystematisch. Auch unter fachsystematischen Prämissen lassen sich integrative Konzepte realisieren (z.B. die Verbindung von Schreiben und Sprachreflexion oder die Verbindung von Literatur und Schreiben). Die Schuljahrespartitur auf Seite 137 ist deshalb in der ersten Längsspalte nach Arbeitsbereichen untergliedert, in der Querspalte nach Themen. Wer sich fachsystematisch orientieren möchte, kann also die Arbeitsbereiche in dem Plan wieder finden. Man kann einen solchen Plan sowohl vom Fachlichen als auch vom Thematischen her organisieren (z.B. nach einem Kontext für den Lehrplaninhalt »Konjunktiv« suchen oder vom Thema »Wünsche und Zukunftsvorstellung äußern« ausgehen und dieses mit dem Grammatikinhalt Konjunktiv verbinden).

2. Vorschläge (nur als Beispiele – hier gibt es nicht falsch oder richtig!):

Unterrichtswoche und Thematische Einheit	D: Sprechen	D: Lesen / Umgang mit Texten	D: Texte schreiben	D: Rechtschreiben	D: Sprachbewusstsein	(Es folgen weitere Fächer)
1 Augenzeugensituationen	Kriminalspiel: Ein »Kommissar« soll anhand einer Zeugenbeschreibung einen »Täter« ermitteln, der in der Klasse versteckt ist.	Einen Zeitungsartikel mit Phantombild und Täterbeschreibung untersuchen	*Eine Person beschreiben:* Verwendung eines Polizeifragebogens, Täterbeschreibung Entwurf überarbeiten, Kriterien für die Schreibkonferenz		Wortart Adjektiv wiederholen	
2 Augenzeugensituationen		Lesen von Beschreibungen aus der Literatur. Worauf legen die beschreibenden Autoren wert?		Probe (Artikel + Adjektivattribut) für Großschreibung des Substantivs	Wortschatzerweiterung: Treffende Adjektivattribute für eine Personenbeschreibung;	

3 Augenzeugensituationen	Regeln für Schreibkonferenzen		Angebot weiterer Themen: Steckbrief eines Stars, Sportlers; kreative Anwendung beim Erfinden eigener Augenzeugensituationen (z.B. UFO-Sichtung, Meerungeheuer, Ladendiebstahl, Flugzeugabsturz usw.) oder: Wahrnehmung aus der Distanz, Perspektivenwechsel, Beschreiben mit »fremdem Blick« usw.		weitere Attributarten	

Unterrichts-woche und Thematische Einheit	D: Sprechen	D: Lesen / Umgang mit Texten	D: Texte schreiben	D: Recht-schreiben	D: Sprachbe-wusstsein	(Es folgen weitere Fächer)
1 Die Zeitung – eine Klassenzei-tung gestalten	Sich über Zeitungsge-wohnheiten zu Hause austauschen	Untersuchen des Aufbaus einer Tageszei-tung, Aufma-chung, Schlagzeilen, Sparten			Schlagzeilen vergleichen – Sprachstile	
2 Die Zeitung – eine Klassenzei-tung gestalten	Anschluss-kommunika-tion an gelesene Texte	Gegenüber-stellung von Nachricht, Meldung, Bericht, Kommentar – Unter-schiede zwischen diesen Textsorten, Medienver-gleich: Nachrichten in Zeitung, Radio und Fernsehen		Zeichen bei direkter und indirekter Rede	Konjunktiv I in indirekter Rede	
3 Die Zeitung – eine Klassenzei-tung gestalten		Überle-gungen zu unserem Zeitungspro-jekt: Aufteilen in Redaktions-gruppen, Ressorts, Interview als Möglichkeit der Informati-onsbeschaf-fung	*»Von einem Ereignis berichten« (Kl. 7/8)* redaktionelle Arbeit und Redigieren von eigenen Texten	Textentwürfe am Computer überarbeiten	Nachschla-gen von Fachausdrü-cken und Fremdwör-tern	

Zu 3.3

1. Die Vorgabe des Sprachbuchs verlangt zum einen die Anknüpfung an einen Erzählanfang, zum anderen gibt sie zahlreiche Hilfsangebote: Bilder mit Erzählimpulsen, einen Schlusssatz, der auf die Traumgeschichte verweist, das Angebot einer Grundstimmung: lustig oder spannend oder geheimnisvoll. Die Aufgabe ist also eine Mischung aus traditionellem Ansatz mit stark instruktiven Elementen und dem kreativen Schreiben: Die Spur wird relativ eng gelegt; das könnte man als »Eiskanaldidaktik« kritisieren; allerdings werden die Vorgaben als Auswahlangebot präsentiert; sie sind nicht verpflichtend und können insofern für Schreibanfänger sinnvolle Hilfen darstellen.

2. Gülsüms Text ist aufgrund der sprachlichen Oberfläche zunächst einmal sehr unbefriedigend für den Leser, sodass man zu einem defizit-orientierten Urteil gelangt: Die Geschichte enthält zahlreiche Grammatikfehler, die den Sinn entstellen. Aber auch in Bezug auf die Originalität und den Umgang mit den Impulsen erfüllt sie nicht die Erwartungen, auch in einer dritten Klasse. Gülsüm wählt das Bild von der Insel, übernimmt das Wort »Schatzkiste«, ohne darauf hinzuführen, bleibt fragmentarisch in der Ausführung der Erzählstruktur.

3. Betrachtet man Gülsüms Text ein zweites Mal nach der sprachsystematischen Bereinigung, fällt die Beurteilung etwas freundlicher aus; der defizit-orientierte Blick kann nun auch einer kompetenz-orientierten Wahrnehmung Platz machen. Was kann Gülsüm schon? Sie gestaltet keine klassische Schulerzählung, es gelingt ihr aber immerhin ein szenischer Dialog zwischen ihr und dem Männlein. Der abrupte Ortswechsel, das filmschnipsel-artige Anreißen von Bildern, die knappen Äußerungen sind Elemente, die für einen Traum durchaus charakteristisch sein können.

4. a. Leon hat zwei der Reizwörter explizit verarbeitet: »Geräusch« löste die Idee mit dem Sonar aus, das Gerät ist ein wichtiges Handlungselement. Die »Kiste« spielt eine Hauptrolle bei der Rettung vor dem Haimaul. Das Wort »Aufregung« kommt nicht wörtlich vor, aber die ganze

Handlung ist von einer aufgeregten Stimmung geprägt. Insofern kann man festhalten, dass die Irritation, vorgegebene Reizwörter einbauen zu müssen, die Imagination einer Hai-Geschichte ermöglicht und zur Expression in Form einer Action-Handlung geführt hat. Kleinere Probleme in der Ausführung der Handlung sind zwar vorhanden (die Rolle des Wasserflugzeugs ist z.B. unklar: ist noch einer dort, wie weit ist es entfernt usw.), aber es handelt sich um eine insgesamt gelungene, spannende Erzählung, die auch noch eine für diese Altersstufe untypische Spur von Ironie enthält, indem metasprachlich auf das Medium Film angespielt wird (»in so einer Situation taucht in Filmen immer ein U-Boot auf«).

b. Der Kommentar der Lehrerin fordert sehr eng das wörtliche Erscheinen aller drei Reizwörter und irrt zudem, wenn sie das Wasserflugzeug als zentraleren Handlungsträger definiert. Die schlechte Beurteilung erscheint kaum nachvollziehbar.

c. Ein Grund könnte sein, dass sie den vermuteten Rückgriff auf die Filmrezeption negativ beurteilt. Es wäre aber durchaus schon ein kreatives Handeln, Gesehenes in eine neue Handlung umzustrukturieren, und man könnte diese Strategie sogar produktiv einsetzen und den Film selbst zum Impuls erklären (»schreibe eine Geschichte, die ein Element aus dem »weißen Hai aufgreift« – natürlich nicht mit Grundschülern!). Nur trifft es bei Leon überhaupt nicht zu, dass er diesen Film kennt (was allerdings für die Lehrerin schwer in Erfahrung zu bringen ist).

d. Die mit dem Opa gemeinsam erstellte Geschichte erzielt den erhofften Preis, den die Institution Schule zu vergeben hat: eine gute Note. Die Geschichte bleibt aber vollkommen konventionell – ebene eine klassische Schulerzählung, die die erwarteten Darstellungsnormen erfüllt.

Zu 3.4

1. Der Ratschlag der Lehrerin hatte auf das schulische Textmuster der Erlebniserzählung abgezielt, die üblicherweise mit einer Einführung der handelnden Personen und Orte beginnt. Elena hat keine Mühe, diese Forderung zu erfüllen, aber ihr Text verliert dadurch etwas an Spannung und Prägnanz (wozu

muss man z.B. wissen, dass Jonas in Klasse 3b geht?). Auf Nachfragen erklärt Elena, dass ihr ihre erste Fassung besser gefällt und doch viele der von ihr gelesenen Geschichten auch so beginnen würden. Sie hat sich z.B. an Harry-Potter-Kapitel-Einstiegen orientiert, die auch unmittelbar ins Geschehen führen. Der Hinweis der Lehrerin führt die Viel-Leserin so auf eine Stufe der Entwicklung zurück, die sie eigentlich schon durchlaufen hatte. Statt der Forderung nach der Einleitung im Sinne einer schulischen Norm hätte hier eher die Frage helfen können, ob nicht an einer späteren Stelle im Text Genaueres zu den Figuren und der Situation ergänzt werden müsste. Das Beispiel zeigt, dass mit der kontextunabhängigen Forderung nach Erfüllung von Textmusternormen Vorsicht geboten ist und dass Überarbeitungsvorschläge die Voraussetzungen der Schreibenden behutsam einbeziehen müssen.

2.

- Bei der Geschichte handelt es sich um eine (fingierte) Erlebniserzählung, die etwas drastisch und wohl mit pädagogischer Absicht die Abschreckung vor Drogen demonstriert, zugleich aber durchaus Authentizität vermittelt (Andreas Appell bezieht sich auf eine reale Person aus seinem persönlichen Umfeld). Der Bildimpuls »Schuh« wurde integriert, die Aufgabe aus dem »kreativen Schreiben« somit im Grundsatz erfüllt (nach Einschätzung des Deutschlehrers im unteren Mittelfeld). Andreas hat aber nicht viele Revisionen vorgenommen: Die Wortzahl ist nahezu gleich geblieben (122 : 123), Inhalt, Textaufbau, Stil und sprachliche Korrektheit sind ebenfalls auf dem gleichen Niveau. Der Text enthält nach wie vor konzeptionelle Mündlichkeit (»Fragte er uns...«); Die wesentlichen Revisionen sind die Änderung des Geldbetrags (1500 : 300) und der Wegfall des Präpositionalattributs »von Mauern« und des dazu gehörenden Relativsatzes zugunsten einer Passivkonstruktion (vermutlich beim Abschreiben zufällig entstanden).
- Die Schreibkonferenz setzt sich produktiv mit Andreas Text auseinander. Die Diskussion um die Glaubwürdigkeit, vor allem von Barbara initiiert, führt jedoch nur zu einer Änderung: Die Drogenmenge wird nicht reduziert, die Rolle des Dealers nicht verändert, die Todesfolge bleibt; übernommen wird nur

Evas Vorschlag der Änderung des Geldbetrags, außerdem noch die Korrektur des Wortes »Tod«. Andreas ist entweder unmotiviert (er lässt sich von Barbara ungern etwas sagen), nicht anstrengungsbereit (dafür spricht, dass er z.B. auch Rechtschreibfehler unkorrigiert abschreibt) oder er möchte seinen Text nicht verändern, weil er ihn bereits in der Erstfassung gut findet – eine Einstellung, die bei dieser Aufgabenstellung häufig vorkam. Texte aus dem Umfeld des «kreativen« und »freien« Schreibens bieten eine größere Identifikationsmöglichkeit und führen daher zu einer geringeren Revisionsbereitschaft als funktionale, emotional neutrale Texte wie z.B. Inhaltsangaben .

3. Beispiel für einen Kommentar: Lieber Petros, du hast schon eine Materialliste und eine Zeichnung eingebaut – das ist gut. Dein Text ist aber noch eine Ich-Erzählung. Um daraus eine Anleitung zu machen, solltest du

- in der Gegenwart schreiben und den Leser direkt ansprechen (z.B. »Nimm die große Schachtel ...«),
- genauer gliedern (1., 2., 3.),
- die einzelnen Schritte noch genauer beschreiben.

4. Die mit dem Lehrer erstellte Fassung enthält sehr viele Revisionen, die mit dem Raster auf Seite 167 f. genau erfasst werden können. Hier nur ein Überblick:

- Inhaltsebene: Es sind zahlreiche Additionen vorgenommen worden, die der Präzisierung dienen,
- Textaufbau: die Gliederung ist nun in chronologisch abgegrenzte Schritte übersichtlich aufgeteilt,
- Sprachliche Angemessenheit: Die textsortenspezifischen Merkmale (Präsens, direkte Leseransprache, präzise Angaben, keine Ich-Form) werden erfüllt,
- Sprachliche Korrektheit: Die zahlreichen Grammatik- und Rechtschreibfehler sind korrigiert, vergessene Wörter eingefügt.

Ein solcher Vergleich lässt sich auch gut mit Schülern durchführen, um die Notwendigkeit der Überarbeitung an gelungenen Revisionshandlungen zu verdeutlichen.

Zu 3.5

1. Man kann hier zu zwei sehr gegensätzlichen Urteilen kommen:

- Idas Text ist ein starker Text, weil sie das Muster der Anapher gezielt für eine Selbstoffenbarung semantisierend einsetzt: »Die im Bild angelegte Kargheit und Schlichtheit der Form findet in der einfachen, reduzierten Textform Gestalt, wodurch der bedeutsame Ausdruck des Inhalts unterstützt wird.« (Reitz in Kruse 2003: 250).
- Idas Text ist ein schwacher Text, weil sie eine monotone Satzstruktur wählt, die von Simplizität und Grammatikfehlern geprägt ist. Auf das Schreibalter bezogen ist der Text durchaus typisch und nichts Besonderes.

Über diese Frage gibt es auch eine Expertendebatte im Jahrbuch 2003 der Deutschen Gesellschaft für Lesen und Schreiben (Brinkmann u.a. 2003), die zeigt, dass die Entscheidung hier nicht eindeutig ist. Notwendig wären auf jeden Fall nähere Informationen über die Lernbedingungen, den funktionalen Kontext und vor allem über Ida selbst.

2. Auch Thomas Text »Tierfreunde« ist schwer zu bewerten. Legt man ihn etwa Studierenden im Seminar zur Bewertung vor, wirkt er wie ein Spaltpilz. Dabei sind die Urteile nicht einhellig negativ, sondern schwanken zwischen heftiger Empörung (»krank!«) und amüsiertem Schmunzeln (»kreativ!«). Im Gespräch ist man sich zwar einig, dass der Text ein paar strukturelle Mängel aufweist, aber es sind durchaus zwei grundverschiedene Lesarten möglich: eine, die die menschenverachtende Seite aus ethisch-moralischen Gründen als völlig inakzeptable (pubertäre) Provokation ablehnt; eine mildere, die dem Text in Ansätzen durchaus gelungene humoristisch-groteske Züge bescheinigt, die allerdings einige Grenzen verletzen. Analysiert man den Text als Produkt anhand linguistischer Kriterien, wird die Qualitätseinschätzung etwa Kohärenz- und Referenzprobleme berücksichtigen und vielleicht zu einer mittleren Note führen, wie sie der bewertende Deutschlehrer und ein Zweitkorrektor gaben (3,0 und 3,8). Diese eher handwerkliche Einschätzung sagt aber wenig aus. Die Textqualität ist gerade angesichts des ethischen Problems nur einzuschätzen, wenn die Funktionsorientierung (hier auch die Veröffentlichung in der Klasse) ins Spiel kommt. Nehmen wir an,

Thomas hätte für seinen Text folgendes Schreibziel formuliert: »Ich wollte ein übertriebenes Geschehen wie in einem Comic witzig und spannend für meine Mitschüler erzählen.« Aus diesem Hinweis kann der Lehrer entnehmen, dass die Funktion des Grotesken angestrebt wurde, also die spielerische Verbindung von eigentlich Unvereinbarem (Tragisches und Komisches, Banales und Ungeheuerliches). Akzeptiert man, dass hierbei mit Grenzüberschreitungen experimentiert wird, bietet der Text Anlass für wichtige Reflexionen um Unterricht. Es geht um die Frage, wie man groteske Elemente sprachlich so deutlich machen kann, dass jeder den schwarzen Humor als solchen erkennt – etwa im Stil von Monty Python – und, auch wenn er ihn vielleicht ablehnt, nicht dem Missverständnis unterliegt, die Szene hätte einen ernsten Hintergrund. Ob der Text diese Funktion erfüllt, kann letztlich nur im Rezeptionskontext geklärt werden: im Kreis der Leserinnen und Leser, für die er gedacht ist – und wenn diese ihn indiskutabel finden, müsste Thomas das akzeptieren.

Literaturverzeichnis | 6

A

Abraham, Ulf — *Was tun mit Steinen? Gibt es eigentlich ein »Kreatives Schreiben« im Deutschunterricht?*
(1998) | In: Informationen zur Deutschdidaktik (IDE), 22, H.4, S.19-36

Abraham, Ulf — *Stil und Stilistik.*
(2003) | In: Bredel u.a., S. 237-248

Abraham, Ulf; Bräuer, Gerd — *Lernende schreiben und publizieren online, über Sprach- und Kulturgrenzen hinweg. Eine Perspektive für Lehre und Forschung.*
(2005) | In: Didaktik Deutsch, 11, H.18, S. 91-105

Antos, Gerd; Krings, Hans — *Textproduktion.*
(Hg.) (1989) | Tübingen: Niemeyer

Augst, Gerhard; Faigel, Peter — *Von der Reihung zur Gestaltung. Untersuchungen zur Ontogenese der schriftsprachlichen Fähigkeiten von 13-23 Jahren.*
(1986) | Frankfurt u.a.: Lang.

Augst, Gerhard; Dehn, Mechthild — *Rechtschreibung und Rechtschreibunterricht.*
(1998) | Stuttgart: Klett

B

Baer, Matthias — *Diagnose und Förderung der Textproduktionskompetenz von Schülerinnen und Schülern, unter Berücksichtigung kognitiver und metakognitiver Prozesse. Wissenschaftlicher Schlussbericht zum Nationalfondsprojekt Nr. 11-27673.89 und 11-33540.92.*
(1995) | Bern: Universitätsdruckerei

Baer, Matthias u.a. — Das »Orchester-Modell« der Textproduktion. In: Baurmann, Jürgen & Weingarten, R. (Hg.): Schreiben. Prozesse, Prozeduren und Produkte.
(1995) | Opladen: Westdeutscher Verlag, S.173-200

Baumert, Jürgen — *Deutschunterricht empirisch: Fortschritte im Lehren und Lernen?* Vortrag auf dem 15. Symposion Deutschdidaktik.
(2004) | Lüneburg 2004

Baurmann, Jürgen; Ludwig, Otto — *Texte überarbeiten. Zur Theorie und Praxis von Revisionen. In: Boueke, Dietrich & Hopster, N. (Hg.): Schreiben – Schreiben lernen. Rolf Sanner zum 65. Geburtstag.*
(1984) | Tübingen: Narr, S.254-276

Baurmann, Jürgen — *Schreiben: Aufsätze beurteilen.*
(1987) | In: Praxis Deutsch, 14, H.84, S.18-24

BAURMANN, JÜRGEN *Aufsatzunterricht als Schreibunterricht.*
(1990) | In: Praxis Deutsch 104, S.7-12

BAURMANN, JÜRGEN
LUDWIG, OTTO *Die Erörterung – oder: ein Problem schreibend erörtern.*
(1990) | In: Praxis Deutsch, 17, H.99, S.16-25

BAURMANN, JÜRGEN
WEINGARTEN, RÜDIGER *Schreiben. Prozesse, Prozeduren und Produkte.*
(Hg.) | Opladen 1995

BAURMANN, JÜRGEN *Geschriebenes beurteilen.*
(1996) | In: Baurmann, Jürgen & Ludwig, Otto (Hg.): Schreiben: Konzepte und schulische Praxis. Praxis Deutsch Sonderheft. Seelze: Friedrich, S. 154-155

BAURMANN, JÜRGEN
LUDWIG, OTTO *Schreiben: Texte und Formulierungen überarbeiten.*
(1996) | In: Praxis Deutsch, 23, H.137, S.13-21

BAURMANN, JÜRGEN *Förderung und Entwicklung schriftsprachlicher Fähigkeiten.*
(2000) | In: Witte, Hansjörg u.a. (Hg.): Deutschunterricht zwischen Kompetenzerwerb und Persönlichkeitsbildung. Baltmannsweiler: Schneider, S.149-159

BAURMANN, JÜRGEN *Schreiben – Überarbeiten – Beurteilen.*
(2002) | Seelze: Friedrich

BEAUGRANDE, ROBERT DE *Text production toward a science of composition.*
(1984) | Norwood: Ablex

BECKER-MROTZEK, MICHAEL *Schreibentwicklung und Textproduktion.*
(1997) | Opladen: Westdeutscher Verlag

BEREITER, CARL *Development in Writing.*
(1980) | In: Gregg & Steinberg a.a.O., S.73-93

BEREITER, CARL
SCARDAMALIA, MARLENE *The psychology of written composition.*
(1987) | Hillsdale: Erlbaum

BERTSCHI-KAUFMANN, ANDREA *Lesen und Schreiben in einer Medienumgebung.*
(2000) | Aarau: Sauerländer

BIRKEL, PETER *Aufsatzbeurteilung – ein altes Problem neu untersucht.*
(2003) | In: Didaktik Deutsch 15, S.46-61

Bohl, Thorsten — *Prüfen und Bewerten im offenen Unterricht.*
(2001) | Neuwied, Kriftel: Luchterhand

Bogdal, Klaus-Michael
Korte, Hermann — *Grundzüge der Literaturdidaktik.*
(2001) | München: dtv

Borrmann, Andreas
Gerdzen, Rainer — *Recherchieren – aber richtig.*
(2001) | in: Praxis Deutsch 28, H. 167, S. 6-15

Böttcher, Ingrid
Becker-Mrotzek, Michael — *Texte bearbeiten, bewerten und benoten.*
(2003) | Berlin.

Böttcher, Wolfgang u.a. — *Schulaufsätze – Texte für Leser.*
(1973) | Düsseldorf: Schwann

Boueke, Dietrich
Schülein, Frieder — *story grammars – Zur Diskussion um ein erzählstrukturelles Konzept und seine Konsequenzen für die Erzähldidaktik.*
(1988) | In: Wirkendes Wort 1, 125-143

Bräuer, Gerd — *Schreiben als reflexive Praxis. Tagebuch, Arbeitsjournal, Portfolio.*
(2000) | Freiburg: Fillibach

Bräuer, Gerd — *Schreibend(d) lernen: Ideen und Projekte für die Schule.*
(Hg., 2004) | Hamburg: Körber

Bredel, Ursula u.a. — *Didaktik der deutschen Sprache – ein Handbuch, Band 1 + 2.*
(Hg., 2003) | Paderborn: Schöningh UTB

Bremerich-Vos, Albert — *Empirisches Arbeiten in der Deutschdidaktik.*
(2002) | in: Kammler, Clemens & Knapp, Werner: Empirische Unterrichtsforschung und Deutschdidaktik. Baltmannsweiler: Schneider, S. 16-29

Brinker, Klaus — *Linguistische Textanalyse.*
(1988^{2}, 1997^{4}, 2001^{5}) | Berlin: Schmidt

Brinkmann, Erika u.a. — *Kinder schreiben und lesen. Beobachten – Verstehen – Lehren. 10. Jahrbuch DGLS.*
(Hg., 2003) | Freiburg: Fillibach

Bühler, Karl — *Sprachtheorie.*
(1934) | Jena: Fischer

Bussmann, Hadumod — *Lexikon der Sprachwissenschaft.* (1990) | Stuttgart: Kröner

C

Christmann, Ursula; Groeben, Norbert — *Psychologie des Lesens.* (2001) | in: Franzmann, Bodo (Hg.): Handbuch Lesen. Baltmannsweiler, S. 145-223

D

Dehn, Mechthild — *Zeit für die Schrift.* (1994[4]) | Bochum: Kamp

Dehn, Mechthild — *Texte und Kontexte: Schreiben als kulturelle Tätigkeit in der Grundschule.* (1999) | Berlin: Volk und Wissen

Deutsches PISA-Konsortium — *PISA 2000 – Basiskompetenzen von Schülerinnen und Schülern im internationalen Vergleich.* (Hg., 2001) | Opladen: Leske + Budrich

Dörner, Dietrich — *Problemlösen als Informationsverarbeitung.* (1979[2]) | Stuttgart u.a.: Kohlhammer

Dörner, Dietrich — *Die Logik des Misslingens.* (1989) | Reinbek: Rowohlt

E

Edelmann, Walter — *Lernpsychologie.* (1996[5]) | Weinheim und Basel: Beltz

Ehlich, Konrad — *Zum Textbegriff. In: Rothkegel Annely /Sandig, Barbara: Text –Textsorten – Semantik. Linguistische Modelle und maschinelle Verfahren.* (1984) | Hamburg: Buske, S. 9-25

Eichler, Günther — Schreibenlernen. Schreiben – Rechtschreiben – Texte-Verfassen. (1992) | Bochum

Eigler, Gunther — *Methoden der Textproduktionsforschung.* (1996) | in: Schrift und schriftlichkeit, 2.Halbband. Berlin, New York: De Gruyter, S. 992-1004

Eroms, Hans-Werner — *Funktionale Satzperspektive. Germanistische Arbeitshefte 31.* (1986) | Tübingen

Esselborn-Krumbiegel, Helga — *Sprachunterricht in der Erwachsenenbildung: Wissenschaftliches und kreatives Schreiben.*
(2003) | In: Bredel u.a., S. 737-744

F

Feilke, Helmuth — *Ordnung und Unordnung in argumentativen Texten. Zur Entwicklung der Fähigkeit, Texte zu strukturieren.*
(1988) | In: Der Deutschunterricht, H.3, S.65-81

Feilke, Helmuth; Augst, Gerhard — *Zur Ontogenese der Schreibkompetenz.*
(1989) | In: Antos & Krings, S.297-327

Feilke, Helmuth; Augst, Gerhard — *Schreiben, Schreibschwächen und Grammatik in der Schule.*
(1994) | In: Der Deutschunterricht, H.2: Fehler – Defizit oder Lernfortschritt – Deutung eines Falles, S. 19-25

Feilke, Helmuth — *»Gedankengleise« zum Schreiben.*
(1995) | In: Brügelmann, H.; Balhorn, H. & Füssenich, I. (Hg.): Am Rande der Schrift. Lengwil: Libelle, S. 278-290

Feilke, Helmuth — *Die Entwicklung der Schreibfähigkeiten. In: Günther, Hartmut & Ludwig, Otto (Hg.): Schrift und Schriftlichkeit. Ein interdisziplinäres Handbuch. 2. Halbband.*
(1996) | Berlin, New York: de Gruyter, S. 1178-1191

Feilke, Helmuth; Portmann, Paul — *Schreiben im Umbruch. Schreibforschung und schulisches Schreiben.*
(Hg.) (1996) | Stuttgart: Klett

Feilke, Helmuth — *Wege zum Text.*
(2000) | In: Praxis Deutsch, 27, H. 161, S. 14-22

Feilke, Helmuth — *Beschreiben und Beschreibungen.*
Feilke, Helmuth (2003) | In: Praxis Deutsch 30, 182, S. 6-14

Feilke, Helmuth — *Entwicklung schriftlich-konzeptueller Fähigkeiten.*
(2003) | In: Bredel u.a., S. 178-192

Felder, Markus; Fix, Martin — *Recherchieren für die Klassenarbeit: Der »mehrstufige Aufsatz«.*
(2001) | In: Praxis Deutsch 167, S. 39-43

Felder, Markus; Fix, Martin — *Von der Aufsatzerziehung zur Schreibdidaktik am Beispiel argumentativer Texte.*
(2003) | In: Lehren und Lernen, 29, H. 7/8, S.11-20

FINGERHUT, KARLHEINZ — *Deutschbuch – Ideen für den Unterricht; 5/6; 7/8; 9/10.* (2002) | Berlin: Cornelsen

FIX, MARTIN — *Schüler schreiben ihr eigenes Ferienlesebuch.* (1996) | In: Praxis Deutsch, 23, H.137, S.34-39

FIX, MARTIN — *»Deine Geschichte find ich irgendwie komisch!« Schreibkonferenzen als Ausgangspunkt für Sprachreflexion.* (1999) | In: Praxis Schule 5-10, 10, H.2, S.24-29

FIX, MARTIN — *Textrevisionen in der Schule. Prozessorientierte Schreibdidaktik zwischen Instruktion und Selbststeuerung – empirische Untersuchungen in achten Klassen.* (2000) | Baltmannsweiler: Schneider

FIX, MARTIN; MELENK, HARTMUT — *Schreiben zu Texten – Schreiben zu Bildimpulsen. Das Ludwigsburger Aufsatzkorpus. Mit 2300 Schülertexten, Befragungsdaten und Bewertungen auf CD-Rom.* (2000) | Baltmannsweiler: Schneider

FIX, MARTIN — *Argumentieren und Erörtern: Vom Schreibanlasss zum überarbeiteten Text.* (Hg., 2002) | Paderborn: Schöningh

FIX, MARTIN — Verständlich formulieren. (2003) | In: Praxis Deutsch, 30, H. 179, S. 4-11

FIX, MARTIN; JOST, ROLAND — *Spuren der Medienrezeption in Schülertexten.* (2004) | In: Bönnighausen, Marion & Rösch, H. : Intermedialität im Deutschunterricht. Baltmannsweiler: Schneider, S.156-173

FIX, MARTIN; JOST, ROLAND — *Sachtexte im Deutschunterricht.* (Hg., 2005) | Baltmannsweiler: Schneider

FIX, MARTIN; SCHMID-BARKOW, INGRID — *Sachtexte schreiben und verstehen: Von der Produktion zur Rezeption und wieder zurück,* (2005) | In: Fix & Jost, S. 64-82

FIX, MARTIN — *UWE hilft. Ratschläge zum Überarbeiten von Texten im Unterricht. Klassenstufen 7-10.* (2005) | In: Deutschunterricht, 58, H.1, S. 10-14

FLOWER, LINDA; HAYES, JOHN — *The dynamics of composing: Making plans and juggling constraints.* (1980) | In: Gregg & Steinberg, S.31-50

Fritzsche, Joachim — *Zur Didaktik und Methodik des Deutschunterrichts, Bd.2: Schriftliches Arbeiten.* (1994) | Stuttgart: Klett

Fritzsche, Joachim — *Mumm + Witz = Mumpitz? Über Kreatives Schreiben in der Schule und anderswo.* (2000) | In: Witte, Hansjörg u.a. (Hg.): Deutschunterricht zwischen Kompetenzerwerb und Persönlichkeitsbildung. Baltmannsweiler: Schneider, S. 134-148

Fritzsche, Joachim — *Schreibwerkstatt.* (2000) | Stuttgart: Klett

G

Gansberg, Fritz — *Der freie Aufsatz. Seine Grundlagen und Möglichkeiten.* (1950^4) | Leipzig: Voigtländer (1.A.1914)

Gornik, Hildegard — *Methoden des Grammatikunterrichts.* (2003) | In Bredel u.a., S. 814-829.

Gregg, Lee; Steinberg, Erwin — *Cognitive processes in writing.* (Hg.) (1980) | Hillsdale: Erlbaum

Groeben, Norbert — *Auf dem Wege zu einer deutschdidaktischen Unterrichtsforschung?! Vortrag auf dem 15. Symposion Deutschdidaktik,* (2004) | Lüneburg 2004

Grzesik, Jürgen; Fischer, Michael — *Was leisten Kriterien bei der Aufsatzbeurteilung.* (1985) | Opladen: Westdeutscher Verlag

Günthner, Susanne — *Gattungen in der sozialen Praxis. Die Analyse»kommunikativer Gattungen« als Textsorten mündlicher Kommunikation.* (1995) | In: Deutsche Sprache, 23, H.3, S.193-218

Gurlitt, Ludwig — *Der Deutsche und seine Schule.* (1906^2) | Berlin: Wiegandt und Grieben

H

Haas, Gerhard u.a. — *Handlungs- und produktionsorienterter Literaturunterricht.* (1994) | in: Praxis Deutsch 21, H. 123, S. 17-25

Haas, Gerhard — *Handlungs- und produktionsorientierter Literaturunterricht.* (2001, 4.A.) | Hannover: Kallmeyersche

Hanke, Petra — *Methoden des Rechtschreibunterrichts,*
(2003) | in: Bredel u.a., S. 785-801

Hartmann, Wilfried Jonas — *Deutschunterricht im Umbruch: die Aufsatzstudie Ost von 1991.*
(Hg.) (1996) | Frankfurt u.a.: Lang

Haueis, Eduard — *Mit der Schreibforschung weiter im alten didaktischen Trott?*
(1995) | In: Ossner (OBST), S.97-115

Hayes, John; Flower, Linda — *Identifying the organization of writing processes.*
(1980) | In: Gregg & Steinberg, S.3-30

Hayes, John u.a. — *Cognitive processes in revision. In: Rosenberg, S. (Hg.): Advances in applied psycholinguistics. Vol.2: Reading, writing, and language learning. Cambridge/Mass.:*
(1987) | Cambridge University Press, S.176-240

Held, Ursula — *Textüberarbeitung in der Grundschule.*
(2006) | Frankfurt u.a.: Lang

Hentig, Hartmut von — *Eine nicht lehrbare Kunst.*
(1999) | In: Narr & Stary, S. 19-26

I

Ivo, Hubert — *Lehrer korrigieren Aufsätze. Beschreibung eines Zustandes und Überlegungen zu Alternativen.*
(1982) | Frankfurt: Diesterweg

Kintsch, Walter — *The representation of meaning in memory.*
(1974) | Hillsdale, N.J.: Erlbaum

K

Klein, Wolfgang; Stutterheim, Christiane von — Quaestio und referentielle Bewegung in Erzählungen.
(1987) | In: Linguistische Berichte 109, S. 163-183

Kleist, Heinrich von — Über die allmähliche Verfertigung der Gedanken beim Reden.
(1805/1964) | In: ders., Anekdoten. Kleine Schriften. München. dtv, S: 53-58

Klieme, Eckhard u.a. — *Zur Entwicklung nationaler Bildungsstandards. Eine Expertise.*
(2003) | Frankfurt: Deutsches Institut für internationale Pädagogische Forschung (DIPF)

Klippert, Heinz — *Methoden-Training. Übungsbausteine für den Unterricht.*
(1994) | Weinheim und Basel: Beltz

Klotz, Peter — *Grammatische Wege zur Textgestaltungskompetenz. Theorie und Empirie.* (1996) | Tübingen: Niemeyer

Knapp, Werner — *Schriftliches Erzählen in der Zweitsprache.* (1997) | Tübingen: Niemeyer

KMK — *Bildungsstandards im Fach Deutsch für den mittleren Schulabschluss.* (Ständige Konferenz der Kultusminister der Länder in der Bundesrepublik Deutschland, Hg.) (2004) | Bonn

Koch, Peter; Österreicher, Wulf — *Sprache der Nähe – Sprache der Distanz – Mündlichkeit und Schriftlichkeit im Spannungsfeld von Sprachtheorie und Sprachgeschichte.* (1985) | In: Romanistisches Jahrbuch 36, S.15-43

Kolb, Peter — *Aus der Praxis deutschen Unterrichts.* (1924) | Karlsruhe: Braun

Kruse, Norbert — *Literarisches Lernen in der Grundschule – Textschreiben als Herausforderung literarischen Lernens bei Kindern.* (2003) | In: Brinkmann, Erika u.a., S. 233-254

Kruse, Otto — *Keine Angst vor dem leeren Blatt.* (2000, 8.A.) | Frankfurt/New York: Campus

Kügler, Hans — *Literaturdidaktische Theorie der 80er Jahre zwischen Handlungsorientierung und Empirie.* (1988) | In: Praxis Deutsch, 15, H. 90, S. 4-9

Küttel, Hartmut — *Entwicklung der grammatischen Rechtschreibkenntnisse.* (2003) | In: Bredel u.a., S. 380-391

L

Langer, Inghard u.a. — *Verständlichkeit.* (1974) | München: Ernst Reinhardt

Langer, Inghard u.a. — *Sich verständlich ausdrücken.* (2002,7.A.) | München: Ernst Reinhardt

Lehmann, Jakob; Stocker, Karl — *Deutsch, Band 2. Fachdidaktisches Studium in der Lehrbildung.* (1981) | München: Oldenbourg

Linke, Angelika u.a. — *Studienbuch Linguistik.* (1996) | Tübingen: Niemeyer

Ludwig, Otto & Wolff, Gerhart *Berichten im Alltag – Berichten in der Schule.* (1978) | Praxis Deutsch; H. 28, S. 16-24

Ludwig, Otto *Funktionen geschriebener Sprache und ihr Zusammenhang mit Funktionen der gesprochenen und inneren Sprache.* (1980) | In: Zeitschrift für germanistische Linguistik, 8, H.8, S.74-92

Ludwig, Otto *Die Schulerzählung oder Erzahlen in der Schule.* (1981) | In: Praxis Deutsch, 9, H.49, S.15-21

Ludwig, Otto *Einige Gedanken zu einer Theorie des Schreibens.* (1983) | In: Grosse, Siegfried (Hrsg.): Schriftsprachlichkeit. Düsseldorf, S. 37-173

Ludwig, Otto *Geschichte der Didaktik des Textschreibens.* (2003) | In: Bredel u.a., S. 171-177

M

Marthaler, Theodor *Es gibt sechs Aufsatzarten* (1962) | in: Der Deutschunterricht 14/4, S. 53-63

Mayring, Philipp *Einführung in die qualitative Sozialforschung.* (1996) | Weinheim und Basel: Beltz

Mayring, Philipp *Qualitative Inhaltsanalyse.* (1997) | Weinheim und Basel: Beltz

Menzel, Wolfgang *Grammatik-Werkstatt: Theorie und Praxis eines prozessorientierten Grammatikunterrichts für die Primar- und Sekundarstufe.* (1999) | Seelze: Kallmeyer

Merkelbach, Valentin *Korrektur und Benotung im Aufsatzunterricht.* (1986) | Frankfurt: Diesterweg

Merkelbach, Valentin *Kreatives Schreiben.* (1993) (Hg.) | Braunschweig

Merz-Grötsch, Jasmin *Schreiben als System, Band 1: Schreibforschung und Schreibdidaktik – ein Überblick.* (2000) | Freiburg: Fillibach

Merz-Grötsch, Jasmin *Schreiben als System, Band 2: Die Wirklichkeit aus Schülersicht – eine empirische Analyse.* (2001) | Freiburg: Fillibach

Merz-Grötsch, Jasmin — *Methoden der Textproduktionsvermittlung.* (2003) | In: Bredel u.a., S. 802-813

Mezler, J.G. — *Planmäßig geordnete Musterbeispiele nebst Anleitung zur Übung im mündlichen und schriftlichen Gedankenausdruck.* (1871) | Freiburg

Miller, Georg u.a. — *Strategien des Handelns. Pläne und Strukturen des Verhaltens.* (1991²) | Stuttgart: Klett-Cotta (1.A. New York 1960)

Molitor, Sylvie — *Kognitive Prozesse beim Schreiben.* (1984) | Tübingen: Deutsches Institut für Fernstudien (DIFF) – Forschungsbericht Nr.31

Molitor-Lübbert, Sylvie — *Schreiben als mentaler und sprachlicher Prozess.* (1994/1996) | In: Günther, Hartmut & Ludwig, O. (Hg.): Schrift und Schriftlichkeit. Writing and its use. Ein interdisziplinäres Handbuch internationaler Forschung. 2 Halbbände. Berlin und New York: De Gruyter, S.1005-1027

Müller, Astrid — *Wissen und Schreiben. Ergebnisse und Folgerungen aus der Aufsatzstudie Ost.* (1997) | Frankfurt u.a.: Lang

Müller-Michaels, Harro — *Noten für Kreativität? Zum Problem der Beurteilung produktiver Arbeiten im Literaturunterricht.* (1993) | In: Deutschunterricht 46, H.7-8, S.338-348

N

Narr, Wolf-Dieter; Stary, Joachim — *Lust und Last des wissenschaftlichen Schreibens.* (1999) | Frankfurt: Suhrkamp

Nussbaumer, Markus; Sieke, Peter — Was sich in Abituriententexten zeigt. Ergebnisse aus dem Zürcher »Sprachfähigkeiten«-Projekt. (1995) | In: Diskussion Deutsch, 26, H.141, S.15-24

Nussbaumer, Markus — *Lernerorientierte Textanalyse – Eine Hilfe zum Textverfassen?* (1996) | In: Feilke & Portmann, S.96-112

O

Oerter, Rolf u.a. — *Enwicklungspsychologie. Ein Lehrbuch.* (1982) | München

Ong, Walter — *Oralität und Literalität: Die Technologisierung des Wortes.* (1987) | Opladen: Westdeutscher Verlag

Ortner, Hanspeter — *Das kreative Schreiben – halbierte Kreativität und halbierte Schriftlichkeit?* (1998) | In: Informationen zur Deutschdidaktik (IDE), 22, H.4, S.37-52

Ortner, Hanspeter — *Schreiben und Denken.* (2000) | Tübingen: Niemeyer

Ossner, Jakob — *Deutschunterricht für Kinder in der Grundschule.* (1994) | Frankfurt: Diesterweg

Ossner, Jakob — *Prozessorientierte Schreibdidaktik in Lehrplänen.* (1995) | In: Baurmann & Weingarten, S.29-50

Ossner, Jakob — *Schriftaneignung und Schreiben.* (Hg., 1995) | Osnabrücker Beiträge zur Sprachtheorie (OBST), 23, H.51

Ossner, Jakob — *Gibt es Entwicklungsstufen beim Aufsatzschreiben?* (1996) | In: Feilke & Portmann, S.74-84

Ossner, Jakob — *Produktives Schreiben: Interpretieren durch Textproduktion.* (Hg., 2001) | Paderborn: Schöningh

Ossner, Jakob — *Begriff und Beschreibung – zwei Seiten einer Medaille.* (2005) | In: Fix & Jost, S. 120-132

P

Paefgen, Elisabeth — *Einführung in die Literaturdidaktik.* (1999) | Stuttgart: Metzler

Payrhuber, Franz-Josef — *Schreiben lernen. Aufsatzunterricht in der Grundschule.* (1996) | Köln: Dürr

Q

Quasthoff, Uta — *Erzählen in Gesprächen. Linguistische Untersuchungen zu Strukturen und Funktionen am Beispiel einer Kommunikationsform des Alltags.* (1980) | Tübingen: Narr

R

Rehbein, Jochen — *Beschreiben, Berichten und Erzählen.* (1984) | In: Ehlich, Konrad (Hg.): Erzählen in der Schule. Tübingen: Narr, S.67-124

Rico, Gabriele — *Garantiert Schreiben lernen – sprachliche Kreativität methodisch entwickeln – ein Intensivkurs auf der Grundlage der modernen Gehirnforschung.* (1984) | Reinbek: Rowohlt

Ruhmann, Gabriele *Schreibprobleme – Schreibberatung,*
(1995) | In : Baurmann & Weingarten, S. 85-106

Rumelhart, David *Notes on a Schema for Stories.*
(1975) | In: Bobrow, Daniel & Collins, A. (eds.): Representation and Understanding. New York, 211-236

S

Schlobinski, Peter *Empirische Sprachwissenschaft.*
(1996) | Opladen: Westdeutscher Verlag

Schneuwly, Bernhard *Textarten – Lerngegenstände des Aufsatzunterrichts.*
In: Ossner 1995 (OBST), S. 116-132

Schröter, Gotfried *Die ungerechte Aufsatzzensur.*
(1971) | Bochum: Kamp

Schuster, Karl *Das personal-kreative Schreiben im Deutschunterricht.*
(1995) | Baltmannsweiler: Schneider

Seidemann, Walther *Der Deutschunterricht als innere Sprachbildung.*
(1965⁷) | Heidelberg: Quelle & Meyer (1.A. Leipzig 1927)

Sennlaub, Gerhard *Spaß beim Schreiben oder Aufsatzerziehung?*
(1985³) | Stuttgart u.a.: Kohlhammer

Sieber, Peter *Parlando in Texten. Zur Veränderung kommunikativer Grundmuster in der Schriftlichkeit.*
(1998) | Tübingen: Niemeyer

Sieber, Peter *Modelle des Schreibprozesses.*
(2003) | In Bredel u.a., S. 208-223

Spinner, Kaspar *Kreatives Schreiben.*
(1993) | In: Praxis Deutsch 119, S.17-23

Spinner, Kaspar *Kreatives Schreiben.*
(1996) | In: Baurmann, Jürgen und Ludwig, Otto: Schreiben: Konzepte und schulische Praxis. Praxis Deutsch Sonderheft, Seelze: Friedrich, S. 154-155

Spinner, Kaspar *Kreativer Deutschunterricht.*
(2001) | Seelze: Kallmeyer

Spitta, Gudrun — *Kinder schreiben eigene Texte: Klasse 1 und 2.*
(1988) | Berlin: Cornelsen

Spitta, Gudrun — *Schreibkonferenzen in Klasse 3 und 4. Ein Weg vom spontanen Schreiben zum bewussten Verfassen von Texten.*
(1992) | Frankfurt: Cornelsen Scriptor

Spitta, Gudrun — *Freies Schreiben – eigene Wege gehen.*
(Hg.) (1998) | Lengwil: Libelle

Steinig, Wolfgang / Huneke, Hans-Werner — *Sprachdidaktik Deutsch: eine Einführung.*
(2002) | Berlin: E. Schmidt

Sumfleth, Elke / Schüttler, Susanne — *Linguistische Textverständlichkeitskriterien – helfen sie bei der Darstellung chemischer Inhalte?*
(1995) | In: Zeitschrift zur Didaktik der Naturwissenschaften, Jg. 1, S. 55-72

T

Thalheim, Peter — *Unterrichtspraxis Aufsatz: Handbuch für die Sekundarstufe I.*
(1998) | München: Oldenbourg.

Tillmann, Klaus-Jürgen / Volstädt, Witlof — *Funktionen der Leistungsbewertung: eine Bestandsaufnahme.*
(1999) | In: Pädagogik, 5, H. 2, S. 42-46.

Toulmin, Stephen — *The Uses of Argument. Cambridge. Dt. Übersetzung: Der Gebrauch von Argumenten.*
(1958) | Kronberg 1975

U

Ulrich, Winfried — *Wörterbuch: Grundbegriffe des Deutschunterrichts.*
(1979) | Kiel: Hirt

Ulrich, Winfried — *Linguistik für den Deutschunterricht.*
(1992) | Aachen-Hahn: Hahner

Ulrich, Winfried — *Didaktik der deutschen Sprache: Ein Arbeits- und Studienbuch in drei Bänden.*
(2001) | Stuttgart: Klett

V

Van Dijk, Teun — *Textwissenschaft. Eine interdisziplinäre Einführung.*
(1980) | Tübingen: Niemeyer

Vater, Heinz — *Einführung in die Textlinguistik.*
(2001) | München: Fink UTB

W

Wagner, Roland — *Grundlagen der mündlichen Kommunikation.*
(1994) | Heidelberg: BVS

Waldmann, Günter; Bothe, Katrin — *Erzählen. Eine Einführung in kreatives Schreiben und produktives Verstehen von traditionellen und modernen Erzählformen.*
(1992) | Stuttgart: Klett

Waldmann, Günter — *Produktiver Umgang mit Lyrik.*
(1994, 3.A.) | Baltmannsweiler: Schneider

Weinert, Franz — *Kreativität – Fakten und Mythen.*
(1991) | In: Psychologie heute, 17, H.9, S.30-37

Weinert, Franz — *Vergleichende Leistungsmessung in Schulen – eine umstrittene Selbstverständlichkeit.*
(2001) | In: Weinert, F. (Hg.): Leistungsmessung in Schulen. Weinheim und Basel: Beltz, S. 17-31

Werder, Lutz von — *Zum Stand der Forschung und Ausbildung im wissenschaftlichen Schreiben an deutschen Universitäten.*
(2002) | HDZ-Sonderinfo Nr.2

Winter, Claudia — (1998): Traditioneller Aufsatzunterricht und kreatives Schreiben: eine empirische Vergleichsstudie. Augsburg: Wißner

Wrobel, Arne — *Schreiben als Handlung. Überlegungen und Untersuchungen zur Theorie der Textproduktion.*
(1995) | Tübingen: Niemeyer

Wygotski, Lev — *Denken und Sprechen.*
(1986) | Frankfurt: Fischer (1.A. Moskau 1934)

Z

Zimbardo, Philipp; Gerrig, Richard — *Psychologie.*
(1999) | Berlin u.a.: Springer, 7.A.

Register 7